우리 고대 역사의 영웅들

東夷英雄傳

우리 고대 역사의 영웅들

1쇄 발행 2023년 11월
2쇄 발행 2024년 3월

저자   황순종, 나영주
총괄   내용수정/편집/디자인/마케팅   책보고

펴낸이   책보고
펴낸곳   시민혁명 출판사
출판번호 제 2023-000003호
주소 경기도 부천시 길주로 317 블래스랜드 303
대표연락처 booksbogo@naver.com
인쇄   모든인쇄문화사 /인쇄문의 042)626-7563

ISBN 979-11-983903-3-2

보도,서평,연구,논문 등에서 수용적인 인용, 요약하는 경우를 제외하고는 출판사의 승낙없이 이 책의 내용을
무단 전재하거나 복제하는 것을 금합니다.
이 책은 국내 저작권법에 따라 보호받는 저작물입니다.

東夷英雄傳

동 이 영 웅 전

글을 시작하기 전에

　우리 한민족의 선조들이 인류사에서 가장 이른 시기에 문명을 꽃피우기 시작한 것으로 최근에 밝혀지고 있다. 하지만 한족들은 남의 문화를 자기들의 것이라고 우기고 빼앗아 가는 나쁜 습관을 가지고 있으며, 그것은 조상도 예외가 아니었다. 사마천이 역사기록을 할 때, 중화의 기치를 높이 내걸었지만 실상 그 주요 인물은, 우리 동이의 영웅들을 자기들의 조상으로 차용하여 가져갈 수밖에 없었다. 이를테면 중국사의 시작이라는 3황(태호 복희씨, 염제 신농씨 등)과 5제라는 소호 금천씨 이후 요, 순임금에 이르기까지 모두 동이였음이 속속 밝혀지고 있다. 고조선은 동아시아의 문화 선진대국으로 2,000년 넘도록 존속해 온 전례가 없는 나라였다. 선도 사상을 바탕으로 한 덕목을 지닌 동이 영웅 지도자들이 8조의 법(法)과 낮은 세금으로 경영함으로써 백성들은 평안해 밤낮으로 노래와 춤을 즐기곤 하였다. 은나라가 주나라 무왕에게 망하자, 부여에 속한 해동(海東)의 모든 나라는 길이 서로 통하게 되었는데, 부여의 사신들이 해외에 나갈 때는 화려한 금계(錦罽) 의복 위에 밍크 모피와 금은 장식을 입었다고 한다. 이처럼 부여도 대단히 부유하고 주변국에 종교적 정신적 지주 국가로서 1,000년이 넘도록 존속하였다. 부여에서 나온 고구려의 풍습은 책을 매우 좋아해 문지기나 말 사육하는, 지위가 낮은 사람들도 책을 즐겨 읽었는데, 거리마다 공부하는 큰 집을 지어 경당이라고 부르고, 그 자제들은 결혼할 때까지 밤낮으로 그 곳에서 독서와 활쏘기를 익혔다고 한다. 그래서 학문과 용맹을 겸비한 조의 선인, 국랑, 천지화랑 등 무명의 위인뿐만 아니라 살수대첩의 을지문덕, 비도술의 연개소문 등 걸출한 위인이 많은 것이다. 고구려의 조의선인 명림답부는 좌원대첩을 승리로 이끌어 한나라를 멸망에 이르게 하였고, 광개토호태왕은 서기 403년에 중원을 차지하고 아시아를 호령하였다. 또 백제는 동성왕을 비롯하여 22개의 담로를 경영하는 창성한 문화 대국, 백가제해를 이끌었으며, 신라도 6세기에 세계 최초로 거대한 장육존상을 만드는 기술력과 화려한 문양비단 제직기술을 보유하고, 세계 최고의 금속가공품과 비단을 수출하는 실크로드 문화강국으로 존속했었으며 장보고와 같은 세계적인 무역인을 낳았다. 발해도 중앙아시아의 쇄엽성까지 이르도록 영향력을 미쳤으며, 그 후 왕건의 고려는 전 세계에 이름을 떨친 무역강국으로 역사에 선명하게 기록되었다.

이 책은 우리 동이의 위인들을 살펴보자는 취지로 시작하였는데, 그 동안 왜곡되고 숨겨졌던 우리 민족의 영웅인 복희씨, 신농씨 및 소호씨의 전기부터 시작하여 새로이 밝혀진 사실들을 추가하여 힘껏 서술해 보았다. 여기에 수록한 인물의 시대적 하한으로 남북국시대의 장보고와 정연까지를 포함해 33개의 전기를 실었다. 이외에도 훌륭한 분들이 많은데 빠뜨렸거나 위대하신 업적을 다루는데 부족하지는 않았나 하는 걱정이 앞서지만, 후일 기회가 된다면 보다 나은 작품을 기약할 수 있지 않을까 기대해 본다.

2023년 11월
황 순종, 나 영주

목   차

1. 마고(麻姑) 여신과 황궁씨

2. 태호 복희씨

3. 염제 신농씨

4. 치우 천왕

5. 소호 금천씨

6. 단군 성조

7. 백익

8. 명궁 이예

9. 백이와 숙제

10. 한후(韓侯)

11. 서언왕

12. 북부여 시조. 해모수 단군

13. 신라 시조. 혁거세 거서간

14. 고구려 시조. 추모 대왕

15. 고구려 비운의 왕자들. 해명과 호동

16. 백제 시조. 소서노 여왕

17. 고구려. **명림답부**

18. 고구려. **밀우와 유유**

19. 고구려. **미천 대왕**

20. 고구려. **광개토 호태왕**

21. 신라. **충신 박제상**

22. 백제. **동성 대왕**

23. 고구려. **을지문덕 장군**

24. 고구려 대막리지. **연개소문**

25. 신라. **젊은 화랑들**

26. 신라 태대각간. **김유신**

27. 신라. **태종 무열 대왕**

28. 신라. **문무 대왕**

29. 신라 태대각간. **김인문**

30. 백제. **의자 대왕**

31. 백제 의병장. **부여복신**

32. 대진국 시조. **대조영**

33. 신라. **장보고와 정연**

東
夷

東海

고대 한자 뜻 풀이 자전 「설문해자」
'夷' 문자 정의

 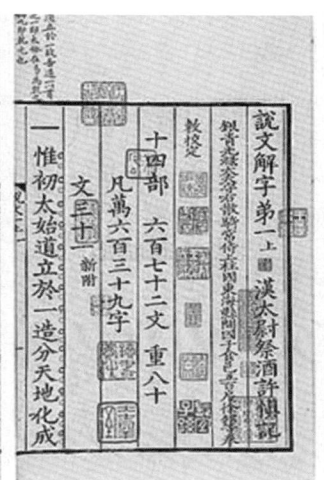 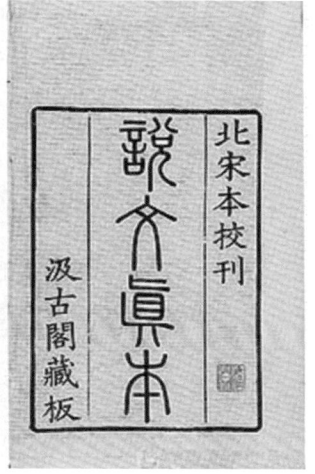

동이의 夷는 동쪽의 큰 활을 사용하는 민족, 너그럽고, 공평한 민족이란 뜻입니다.

중국에는 한자의 '훈'이란 것이 존재하지 않습니다.

'오랑캐' 이 라는 것은 존재하지 않습니다.

자학적. 악의적 해석입니다.

중국 공산당 국어사전, 신화사전 동이 夷 위치

동이는 산동성, 강소성 일대

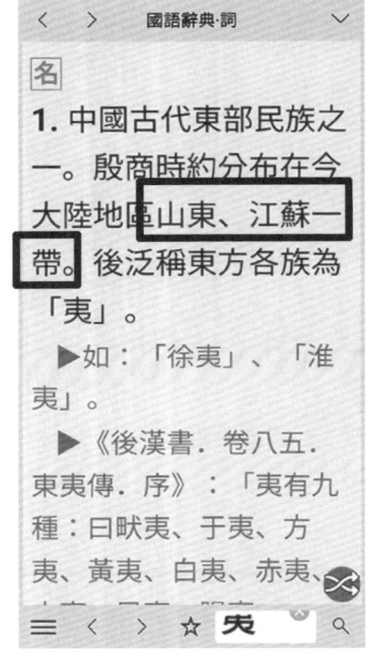
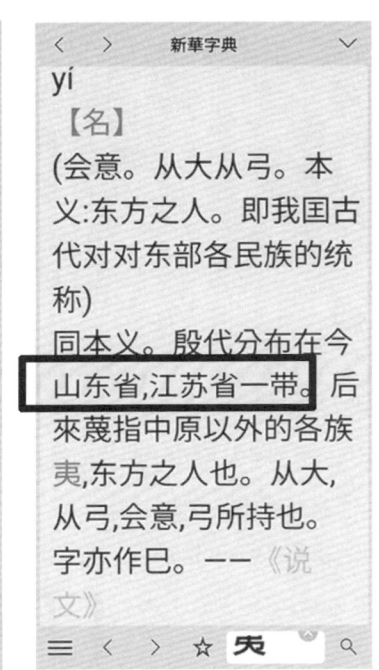
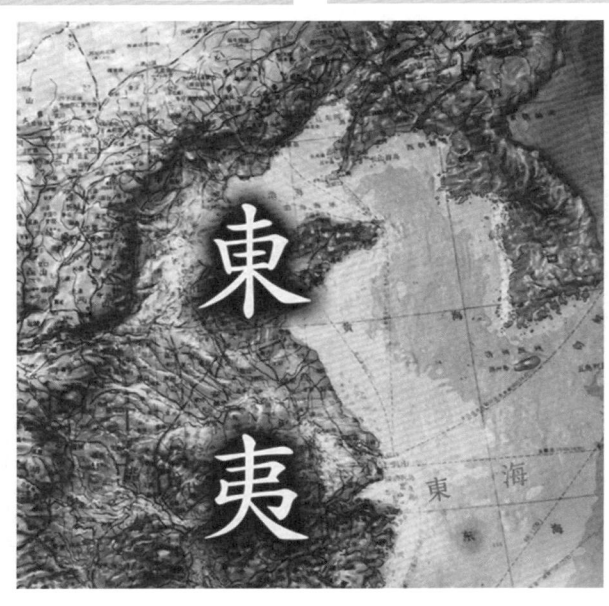

고구려, 백제, 신라에서 고려까지 모두 東夷

동이 5개
고구려 백제 신라 왜국 일본
구당서권 299 열전

東夷
高麗 百濟 新羅 倭國 日本

고려는 원래 동이로 실제 중국의 지배를 받지 않았다
고려사 열전 49

東夷 = 右夷

동이 = 우리

1. 마고 여신과 황궁씨

　선천시대에 마고성(城)은 실달성(城) 위에 허달성(城)과 나란히 있었다. 처음에 햇볕만이 따뜻하게 내려 쪼일 뿐, 눈에 보이는 물체는 없었다. 오직 8려(呂)의 음(音)성만 하늘에서 들려오니 실달성과 허달성이 모두 이 음에서 나왔다.
　마고성과 마고 또한 이 음에서 나왔다. 이것이 짐세(朕世; 선천과 후천 사이의 중간시대)이다. 짐세 이전에 율려가 몇 번 부활하여 별들이 나타났다. 짐세가 몇 번 종말을 맞을 때 마고가 궁희와 소희를 낳아 두 딸에게 5음 7조를 조절하게 하였다.
　이것은 처음 인류가 생겨난 창세의 신화적 이야기이다.
마고라는 여신이 있는 마고성이 선천시대부터 있었는데 그것이 하늘에서 들려온 음(소리)에 의하여 생겼다는 것이다. 선천시대에 별들이 생겼으며 그 후 짐세 말에 마고 여신이 두 딸을 낳아 천지운행의 원리인 5음 7조를 조절하게 했다는 것이다.
　이 신화는 『부도지(符都誌)』에 실려 있는 이야기다.
5세기 초 신라의 충신 박제상이 지은 것으로 현전하는 우리 역사서 중에 가장 오랜 것이다. 박제상에 대해서는 뒤에 그의 전기를 실었다. 박제상의 후손들에게 비밀히 전해오다가 1980년대에서야 『부도지』라는 제목으로 출간된 이 책은, 박제상이 원래 저술한 『징심록』이라는 방대한 책의 15개 세부 분야별 내용 중의 하나인 「부도지」만을 옮긴 것이다. 부도(符都)라는 말은 하늘(즉 마고 여신)의 뜻에 부합하는 도읍지로서, 환웅들의 신시나 단군들의 도읍을 이른 것이다.

궁희는 황궁씨와 청궁씨를 낳고
소희는 백소씨와 흑소씨를 낳으니,
　이 4명의 천인에게는 율(律)을 맡겨 관(管)을 쌓아 음을 만들게 하고 4명의 천녀에게는 여(呂)를 맡겼다.
　후천시대의 운이 열려 마고 여신이 실달성을 끌어당겨 천수(天水)에 떨어뜨리니 물 가운데 땅이 생겼다. 또 여러 차례 변하니 역수(曆數)가 시작되고 기·화·수·토가 서로 섞여 낮과 밤 및 사계절이 구분되고 풀과 짐승을 길러내었다. 마고는 4명의 천인과 4명의 천녀에게 명령하여 출산하였다. 이에 천인들이 천녀들과 혼인하여 각각 3남 3녀를 낳으니 이들이 땅 위에 처음 나타난 인간의 시조였다.
　자손이 불어나 3천명에 이르렀으나 당시 성 안의 사람들은 품성이 순정하여 능히 조화를 알고, 지유(地乳)를 마시고 사는 까닭으로 혈기가 맑았다. 귀에는 오금(烏金; 금과 구리의 합금)이 있어 천음을 듣고 길을 갈 때는 뛰고 걸을 수 있어 왕래가 자유로웠다. 또한 소리를 내지 않고도 말하며 때에 따라 형상을 감추고도 행동하고 그 수명은 다함이 없었다.
　백소씨족의 지소씨가 어느 날 지유를 마시려고 하였으나 샘에 사람이 너무 많아 번번이 마시지 못하여 배가 고파 쓰러졌다. 어지러운 중에 포도를 보고 따 먹으니 5가지 맛이 나고 매우 좋았다. 사람들에게 이야기를 하니 모든 종족 중에 포도를 먹는 자가 많았다. 백소씨가 크게 놀라 이를 금지하고 지키니 이는 스스로 삼가는 자재율을 버리는 것이었다. 마고는 성문을 닫고 물 구름 위를 덮고 있는 실달성의 기운을 거두어 버렸다.
　열매를 먹고 사는 사람들은 이가 생기고 그 침은 뱀의 독과 같이 되었으며 눈은 올빼미와 같이 밝아졌다. 그리고 피와 살이 탁해지고 심기가 혹독해져 마침내 천성을 잃었다. 귀에 있던 오금이 변하여 하늘의 소리를 들을 수 없게 되었으며 발은 무겁고 땅은 단단하여 걷되 뛸 수는 없었다. 사람의 수명은 조숙하여 죽음이 바뀌지 못하고 썩게 되었다.
　이에 사람들이 원망하니 지소씨가 부끄러워 무리를 이끌고 성을 나가 멀리 숨어버렸으며 다른 종족 중에도 많은 사람이 나가 흩어지니, 제일 어른인 황궁씨가 이를 불쌍히 여겨 말하였다.
 "여러분이 미혹하여 본바탕이 변하였기 때문에 성을 나가게 되었으나 스스로 몸과 마음을 열심히 닦으면 천성을 되찾을 것이니 정성껏 노력하시오."
 성을 떠났으나 뉘우치는 자들이 모여들어 지유를 얻고자 성 밑을 파니, 샘의 근원이 사방으로 흘러내려 단단한 흙으로 변하고 성 안에는 젖이 말라버렸다. 이에 모든 사람이 풀과 과일을 취하니 맑고 깨끗함을 유지 할 수 없게 되었다. 어른인 황궁씨가 이에 마고여신에게 사죄하고, 스스로 5가지 맛, 5미(五味)의 사건에 책임을 지고 근본을 회복하겠다고 다짐하였다.
 그는 여러 종족들에게 알렸다.
 "5미의 재앙이 거꾸로 밀려오니 이는 성을 나간 사람들이 천지의 이치를 모르고 어리석어졌기 때문이다. 청정은 이미 없어지고 성이 장차 위험하게 되었으니 이를 어찌할 것인가?"
 때에 천인들이 나누어 살기로 하고 성을 보전코자 하므로 황궁씨가 천부의 신표를 나누어 주고 칡을 캐 식량 만드는 법을 가르쳐 4개의 방향으로 나눠서 살 것을 명령하였다. 이에
 청궁씨는 동쪽으로 운해주로 가고,
 백소씨는 서쪽으로 월식주로,
 흑소씨는 남쪽으로 성생주로,
 황궁씨는 북쪽으로 천산주로 갔다.
천산주는 매우 춥고 위험한 땅이었으나 황궁씨가 스스로 근본회복의 고통을 이겨내려는 맹세의 뜻이었다.
 이후 천 년의 세월이 흐르는 동안 처음 성을 나간 지소씨의 자손들도 각 주에 섞여 살아 그 세력이 자못 강성하였다. 그들은 근본을 잊고 성질이 사나워져 새로 나온 종족들을 무리를 지어 해하곤 하였다. 나누어진 종족들이 서로 멀리 떨어져 정착하니 왕래가 별로 없었다. 이에 마고 여신이 궁희·소희와 더불어 성을 보수하여 물로 청소하고 성을 허달성 위로 옮기니, 그 물이 넘쳐 운해주의 땅을 크게 부수고 월식주의 사람을 많이 죽게 하였다.

마고 여신의 첫째인 황궁씨는 천산주에서 미혹을 풀고 근본을 찾는 일에 주력하여 무리에게 천지의 도를 닦고 실천하도록 이끌었다. 첫째 아들 유인씨에게 명령하여 인간 세상의 일을 밝게 하도록 하고 밑의 두 아들들은 다른 주를 순행케 하였다. 그리고 황궁씨 자신은 천산에서 돌이 되어 길게 음을 울려 인간들의 어리석음을 없애려 하려는 그 약속을 이루었다.

이에 유인씨가 천부3인(印)을 물려받으니 이것은 천지본음을 새긴 징표로서 근본이 하나임을 알게 하는 물건이었다. 유인씨는 나무를 뚫어 마찰로 불을 만들어 어둠을 비추고, 몸을 따뜻하게 하며 음식을 익히는 법을 가르치니 백성들이 기뻐하였다.

유인씨가 천 년을 지내고 아들 환인씨에게 천부3인을 주고 산으로 들어가 재앙을 물리치는 제사를 전하고는 나오지 않았다.

환인씨는 인간 세상의 이치를 증거하는 일을 크게 밝히니 만물이 편안하고 사람들이 점차 본래의 모습을 찾게 되었다.

이는 황궁씨로부터 환인씨까지 3세의 3천 년 동안 하늘의 도를 닦아 실천하는데 공력을 다 들인 결과였다.

환인씨의 아들 환웅씨는 태어날 때부터 큰 뜻이 있었다. 천부인을 계승하여 제사의식을 행하였다. 당시 사람들이 입고 먹는 일에만 열심이므로 웅대한 하늘의 도를 알게 하고 무여율법 4조를 만들어 환부로 하여금 집행하게 하였다. 그 내용은 사람의 행적을 깨끗하고 막힘이 없게 하며, 모은 재물이 있으면 그 공을 밝혀 공정하게 하는 것이었다. 또 간사하고 미혹한 자는 광야로 내쫓고 큰 죄를 범한 자는 섬으로 내쫓아 죄가 그곳에 남지 않게 하는 것이었다.

한편 궁실을 지어 사람이 살게 하고 배와 수레를 만들어 타게 하였다. 환웅씨가 처음으로 물(海)에 배를 띄워 4해(海)를 순방하며 천부의 도를 닦게 하고 모든 종족과 소통하여 근본을 잊지 않게 하였다. 환웅씨는 돌아와 8개 나라의 말과 2개의 글을 익히고, 역법을 정하는 한편, 의약술·천문·지리를 저술하여 세상을 널리 이롭게 하였다.

지금까지의 전설은 『부도지』의 내용을 간추린 것이다.

황궁씨가 돌이 된 연유로 해서, 후대인들이 돌을 떼어낼 때는 먼저 황궁씨에게 제사를 항상 지냈었던 것이고, 우리 민족은 고대로부터 돌을 사랑하여 사람 이름에 돌·바우·석·쇠 등의 글자를 많이 넣었던 것으로 보인다. 또 귀에는 오금이 있어 천음을 들을 수 있었던 시절을 상기하고자 하여, 홍산문화의 남신상, 여신상 또한 귀를 뚫고 귀고리를 하고 있는 것으로 여겨진다.

환인·환웅에 관하여 그 이전의 역사를 구체적으로 밝힌 것은 『부도지』가 전승되며 우리 역사의 시원을 밝히는 데 있어 참으로 소중한 기록이 아닐 수 없다.

『부도지』는 박제상의 후손이 보관해 오던 원본을 잃어버려 그 전에 외운 내용을 재생하였다는 약점이 있었으나, 근세조선 초기 매월당 김시습이 이 책을 보고 상세하게 기록한 『징심록 추기(追記)』가 있어 그 내용의 신빙성을 높여 주고 있다. 김시습은 5살 때 세종대왕이 궁궐로 불러보았을 만큼 소문이 자자한 신동이었으며 세조 반정 때 생6신의 한 명이었다. 그는 많은 문집을 남겼는데 유불선 3교의 정신을 아우른 사상과 탁월한 문장으로 일세를 풍미하였다.

김시습은 박제상에 대하여 이렇게 말하였다.

"그러므로 『징심록』을 쓴 근본이 옛 글에 근거하여 깨달은 이에게서 나온 것이 분명하다. 그 옛 글은 비단 한 문중에 전해진 것만이 아니요, 공이 보문전 이찬 10년 사이에 반드시 그 상세한 것을 얻었을 것이다." 박제상이 깨달은 사람이며, 애국충절로 희생한 분이지만 보문전 태학사로서 학식이 높았기에 그의 저술을 신뢰할 수 있다는 평가이다. 또 책의 내용에 대해서도 이렇게 논하였다. "『징심록』의 기록이 멀리는 태고의 일에 관계하고 넓게는 우주의 일에 관여하여 그 광대함은 진실로 말할 수 없으며, 우리 동방 창업의 역사와 하토(夏土; 중화) 변이의 기록은 사람으로 하여금 참으로 숙연하게 한다. ·· 그 신시 왕래의 설과 유호씨의 전교의 일이 진실이니, 옛 천하의 법이 모두 여기서 나왔으나 잘못 전해져 변한 것이다."

2. 태호 복희씨

　우리 민족 최초로 그 이야기를 조금이나마 알 수 있는 위인은 다름아닌 태호 복희씨다. 그러나 복희씨를 우리 동이 민족으로 아는 사람이 과연 얼마나 있을까?
　씨란 원시 씨족사회의 우두머리를 말하는 것으로 이해되고 있지만, 실제로 복희씨 당시는 씨족사회보다 훨씬 진보된 부족국가 단계였으며 진일보한 고대국가 단계로 나아가고 있었다. 게다가 복희씨는 현재 중국인들이 자기들의 조상인 것처럼 기록하여, 우리는 태호 복희씨가 우리의 조상인 사실조차 알지 못하고 살아왔다.
　태호 복희씨를 중화의 시조라 하여 처음으로 기록한 사람은 당나라 때의 역사가 사마정이다. 그는 고대 중화의 으뜸가는 역사학자로 평가되는 사마천과 같은 집안으로서, 사마천이 중화의 시조로 5제의 시작이라는 황제(공손 헌원)로부터 중화의 역사를 기록한것으로는 약하다고 보았다. 그리하여 중화 역사의 시조는 5제 이전에 3황이 이미 있어 그 첫째인 복희씨를 중화의 시조로 생각하여, 사마천의 『사기』가 「5제본기」부터 시작한 것을 보완하여 그 앞에 「3황본기」를 만들어 넣은 장본인이다.
　그는 3황으로 태호 복희, 여왜, 신농을 꼽았다.
이 부분도 지금 중국의 사학자들 사이에 논란이 많아 정설이 없는 상태로, 역사의 왜곡이 얼마나 무서운 일인가를 보여주는 좋은 사례가 되고 있다.
　이 3황 5제는 모두 중화에서 우리 민족을 부르는 동이(東夷)로서 우리의 조상이다. 이 영웅전에서는 3황 가운데 여기의 복희씨와 다음의 신농씨, 그리고 5제의 첫째인 소호씨의 3제왕에 대해서 다루었다. 그런데 이들에 대해서는 국사 시간에 가르쳐 주지 않는다. 중국사를 배우게 될 때 3황 5제라는 성덕의 제왕들이 있었다는 신기한 사실을 알고나서, "중국은 참으로 복 받은 훌륭한 나라구나!" 하고 부러워한 기억이 난다.

여기서 동이라는 말에 대해 간단하게나마 알아두어야 대한민국 국민답다고 생각된다. 동이란 우리의 입장에서 부르는 호칭이 아니라 중화 사람들이 우리를 부른 호칭이다. 현재 오랑캐 '이' 라는 뜻은 중국에는 존재하지 않는, 국내에 잘못 전승되는 풀이다.

동이(東夷)에서 동은 중화의 동쪽에 위치한 것을 나타내며, 이(夷)라는 글자는 큰 대(大)자와 활 궁(弓)자가 합쳐진 글자이다. 즉 서쪽의 이민족은 서융, 남쪽은 남만, 그리고 북쪽은 북적으로 불렀다. 사방을 이리 부른 것은 중화가 작은 나라였으며 그 주위가 모두 같은 이민족 즉 고조선에 속한 거수(渠帥)국들 이었음을 뜻한다. 동이는 사방의 고조선 사람들이 중화인들에 비해 신체도 크고 마음도 넓을 뿐 아니라 크고 성능이 뛰어난 활을 잘 만들어 잘 쏘기 때문에 얻은 이름이다.

고대에 활은 칼이나 창같이 근접전이 아니라 멀리서 미리 적을 제압할 수 있는 첨단 무기였기 때문에, 중화인들은 동이의 활과 화살의 제작을 매우 귀하게 여겼다.

『예기』나 『설문해자』 같은 책에는 동이에 대하여 지극히 좋은 표현이 실려 있다.

> 동방에서는 어질고 생명을 좋아하여 만물이 땅에 기반을 두고 난다. 고로 천성이 유순하고 도로써 다스리기 쉬워 군자국·불사국이 있기에 이르렀다. 대개 땅에 있는 사람들이 자못 순리의 성품이 있다고 하나, 동이는 오직 큰 것을 쫓으니 대인이다. 살피건대 그곳은 하늘이 크고 땅도 크며 사람 또한 크니 (大자는) 사람의 형상을 말한 것이다.

고조선이 정치적·사회적으로 안정되어 있는 현실을 짐작할 수 있으며, 하늘과 땅과 사람 모두 크다고 했으니 대국으로서의 경제

문화의 높은 수준을 말한 것이다. 군자는 원래 임금이란 뜻이지만 공자가 말한 바 소인과 구별되는 이상적 인간상인데 그런 사람이 살고 다스리는 나라가 군자국이며, 또한 천성이 유순하고 도를 닦으면 오래 사는 신선이 되므로 신선들이 죽지 않고 사는 불사국도 있게 되었다. 그러므로 성현이라는 공자조차 9이 (9개 동이의 총칭)에서 살고 싶어 하였다고 한다.

다시 복희씨의 이야기로 돌아오면 사마정에 의해 복희씨는 자기의 뜻과는 상관없이 3황의 비조로 중화의 시조가 되었다. 하나의 나라를 일으키는 일은 보통 사람이 아무렇게나 할 수 있는 일이 아니며, 당대의 뛰어난 영웅이라야 감당할 수 있는 매우 어려운 역할이다. 그렇다면 사마정은 중화의 건국이라는 엄청난 역할의 주인공으로 왜 하필 복희라는 인물을 골랐을까? 그것이 역사적 진실이기에 그리했다고 보면 오히려 너무나 싱거운 선문답처럼 될 것이다. 그러나 그가 중화 역사의 최전성기인 당나라 사람으로서 복희씨를 대 중화(中華)의 시조로 택했을 때는 복희씨가 참으로 대 중화의 시조에 합당한 모든 것을 갖추었기 때문이다.

이처럼 대단한 위인과 영웅의 풍모를 두루 갖춘 복희는 과연 어떠한 모습이었으며 또 어떠한 정치를 통해 백성들에게 얼마나 혜택을 베푼 훌륭한 지도자였을까? 중화의 기록에 따르면 태호 복희씨는 산동(山東)지역에서 태어났다고 한다. 복희의 어머니는 화서라고 하는데 어떤 여인인지에 대하여는 알려져 있지 않다. 다만 용의 몸에 사람의 머리를 가졌다는 뇌신의 큰 발자국을 밟은 뒤 복희를 낳았다고 한다. 복희의 아버지에 대해서는 우리의 기록인 『태백일사(太白逸史)』「신시본기(神市本紀)」에 보면 태우의 환웅의 12명의 아들 중 막내라고 전한다. 환웅은 고조선 이전에 있던 신시라는 나라의 통치자의 호칭이었다. 신시는 배달국이라고도 하는데 우리 민족이 세운 첫 나라로 알려져 있으며, 18명의 환웅께서 1,500년 동안 다스리다가 단군의 조선으로 이어졌다고 한다.

18명이 1,500년이라면 한 사람이 80년 이상 다스렸다는 말인데 이는 현대인의 입장에서 거짓으로 생각될 것이다. 그러나 중요한 옛 역사를 기록한 사람이 아무런 근거도 없이 허황한 사실을 날조했다고만 보기는 어렵다. 그러므로 여러 각도에서 연구하여 그 이유를 알아낼 필요가 있다. 가령 고대인이 가진 시간 개념이 지금의 1년과는 달랐을지 모르며 한 계절을 1년으로 했다면 지금의 20년 간씩 다스렸다는 계산이 나온다. 또 다른 가정을 해 본다면 고대의 통치자는 종교적 지도자로서 신선이었기에 상당히 장수했다고 기록할 가능성은 없을까? 기독교의 성서의 영웅들도 아담은 930세, 노아는 950세, 최장수자 므두셀라는 969세이니까 말이다.

복희씨가 신시의 동이 출신임을 보았으나 중국의 유명한 학자 중에는 그를 묘족의 조상으로 보는 설이 유력하다. 묘족은 복희씨 당시에는 구리(9黎)라 하였고 얼마 후의 5제 시대에는 3묘(苗)라 하여 황하와 양자강, 중원 근처에 살았다. 3묘가 복희의 직계 후손이라는 점은 묘족의 전설에 복희에 관한 내용이 많이 있기 때문인데 이는 타당한 것이다. 그러면 고대의 9리와 3묘는 우리 동이와는 어떤 관계였을까?

9리에 관한 많은 기록을 보면 치우씨가 그 군주로 기록 된다.

치우씨는 복희씨보다 후세의 대영웅인데 두 사람이 같은 민족임을 알게 된다. 치우씨는 전쟁의 신으로 추앙되는 인물인데 신시의 환웅의 한 분이었다. 그러므로 그가 다스린 구리는 신시에 속한 거수국의 하나였다. 다른 말로 하면 넓은 의미의 동이에 9리가 포함되어 있었다는 뜻이다. 그러므로 20세기 중국의 저명한 사학자 부사년은 복희가 동방의 부족이라는 것은 고대로부터 공인되어 온 일이라고 하였다.

구리는 치우천왕 당시에 중화의 공손 헌원씨 (중국에서는 황제 黃帝라 함)와 70회가 넘는 치열한 전쟁을 벌일 정도로 관계가 극도로 나빴다. 그 이후 구리의 후신인 3묘도 중국의 제순・제우에 이르기까지 계속적인 투쟁을 하였으나 점차 밀려 옮겨 갔다. 그리하여 3묘는 이후 또 남만 (南蠻; 중국 남쪽의 이민족)으로 이동된 이들은 우리 동이와는 구별되기 시작했다.

중국 남쪽의 초(楚)나라는 원래 이 남만족의 나라였다가 서기전

8세기 춘추시대에 들어 중원의 패권 경쟁에 뛰어들면서 주나라의 일원이 되었다. 그러므로 초의 군주인 웅거나 춘추 5패의 한 주역인 문왕은 스스로 만(蠻)족임을 자처하였다. 초나라의 군주들은 웅씨 성이었는데 웅씨는 신시의 주요 성씨 중의 하나였으므로 초나라의 만(蠻)족(이전의 구리 및 3묘)은 결국 동이의 한 갈래인 셈이다. 다음에 볼 영웅인 염제 신농씨 또한 웅씨의 갈래임을 미리 언급하고자 한다.

 초나라는 복희씨 당시부터 중원 남쪽에 있던 오랜 나라인데 복희씨가 비파를 만들어 가변이라는 곡을 만들자 초나라에서도 노상이라는 곡을 지었다고 한다. 복희의 도읍지는 지금 하남(河南)성의 진(陳)이었으므로 초는 그 남쪽이었음을 알 수 있다. 복희씨는 또 동방으로 태산에 올라 토단을 쌓고 천신에게 제사지냈다고 한 것으로 보면 진과 초, 태산의 위치가 더욱 분명해 진다.

 이제 묘족에 전해오는 복희에 관한 전설을 보자. 그 골자는 복희는 여동생 여왜와 함께 아버지를 도와 뇌공과 싸웠는데 뇌공의 홍수 공격 때문에 인류가 전멸하게 되고, 복희 남매만 살아 남아 부부가 되어 인류가 지속되었다는 것이다. 고대 대홍수의 전설은 세계 각지에 퍼져 있는데, 그 중 대표적인 것은 성경에 노아의 방주에 탄 사람 소수만 살아남았다는 내용이다. 복희 전설에 노아의 방주에 해당하는 것은 다름이 아닌 표주박인데, 속이 비고 물에 뜨니 좋은 방주가 되었을 것이다.

 여동생이자 부인이 된 여왜는 위에 언급한 대로 사마정이 복희에 이어 3황의 두 번째로 기록하였다. 이 설은 신빙성이 없어 보이지만 필자 나름대로 그 개연성을 추측해 본다면 이렇다. 복희씨는 자손을 본 뒤 일찍 세상을 떠나고 여왜는 번창한 자손들을 데리고 오래도록 살며 세상을 다스리니 성덕의 제왕이 되었다고···

 복희와 여왜를 그린 채색 견화가 신강 위구르 자치구 투루판에서 멀지 않은 무덤에서 20세기 초 발견되었다. 사람 얼굴에 용의 몸을 가진 2명이 하반신은 서로 칭칭 감은 채 그려져 있는데 하반신은 용이라기보다 뱀같이 보이기도 한다. 그래서 그런지 사마정은 복희와 여왜의 몸은 뱀이라고 하였으며, 복희를 이은 여왜가 제도는 고치지 않고 단지 생황이라는 악기만 만들었을 뿐이라고 기록했다.

투루판 채색 견화의 복희와 여왜는 손에 컴퍼스와 자를 쥐고 있다. 이것은 설계를 하고 물건을 만드는 도구이니 두 신은 창조신으로 묘사된 것으로 보인다.

이와 관련해서 흥미로운 사실은 초(楚)나라 굴원의 『초사』에 "창조신인 여왜에게 몸이 있으니 누가 이를 만들었을까?" 하고 의문을 제기한 점이다. 고대인의 관점에서도 창조주라는 여왜의 실체에 대해 납득하기 어려움을 토로한 대목이라고 생각된다. 여왜에 관해서는 또 천지가 무너진 것을 보수했다는 설화도 있다. 『회남자』에 보면 하늘을 떠받치는 4개의 기둥이 부서지고 온 땅은 찢어지며 홍수가 넘치자, 여왜가 5색 돌을 불러 하늘을 보수하고 거북의 다리를 잘라 기둥을 세우는 한편, 흑룡을 죽여 기주 땅을 구제하고 석회를 쌓아 홍수를 막았다고 했다. 천지창조까지는 아니지만, 질서가 무너진 세계를 온 힘을 다해 원래대로 되돌려 놓았다는 이야기이다.

태호와 복희라는 이름에 대해 다소 설명이 필요하다.

태(太)는 크다는 뜻이고 호(昊)는 기운이 넓다는 의미이니 성인군자로서의 품행을 묘사한 말이다.

복(伏)은 엎드린다, 희(羲)는 기운을 뜻하는데 군주로서 제사할 때의 엄숙한 기품을 그린 듯하다. 복희는 또 포희라고도 불리는데 이는 제사상에 올릴 희생물을 준비한다는 뜻이다. 당시 군주가 종교적 지도자였기에 여러 신과 조상에게 드리는 제사의식이 가장 큰 일이었으며 제사의 종류에 따라 그 절차와 제물의 종류가 모두 달랐으니, 복희씨는 이러한 제사들을 체계적으로 만든 권위자였다고 보겠다. 복희의 연대는 서기전 3,000년 경에 대홍수가 있었다고 하는 사실과 무관하지 않고, 이 때에 하늘 제사가 비로소 처음 발생하였다는 것과도 연결된다고 본다.

복희씨는 어릴 때부터 작은 나뭇가지를 가지고 이리저리 늘어놓아 8괘를 창안했다고 전한다. 다음에 볼 신농씨는 이 8괘를 또다시 8가지로 변화시켜 64괘를 만들었다는데 이것이 우주의 생성과 작용을 설명하는 동양 역(易)학의 토대가 되어, 후에 주나라 때의 주역으로 발전하고 집대성되었다고 전해지는데, 이처럼 원래 주역은 우리 한역(韓易)으로 불려야 한다.

　복희씨의 성은 풍씨(風·鳳)였으며, 그 후손 중에 춘추시대에 임·숙·수구·전유라는 제후들이 있었다. 복희를 보면 동방에서 모든 문명이 발생한 것으로 봐야한다.
　물건에 대한 중국어 '뚱시(東西)'란 바로 '동쪽에서 서쪽으로 온 것'을 뜻하는 단어이다. 즉 서쪽에는 물건이란 것이 존재하지 않는다. 또 주역에서 천제는 '진에서 나온다(帝出乎震)'라고 하였는데 진방향이란 동북 방향인 간방(艮方)이다.
　복희 여왜 인물화를 보면 눈의 크기가 그리 크지 않으니, 복희 여왜를 숭상하던 투루판 사람들은 유럽인이 아니라 동양인이었다. 또 남녀 모두 상투머리를 하였고 여왜는 곤지연지를 하였다. 곡령의 속옷을 입어 바람의 침입을 막고, 티베트 장족 복식의 손을 덮는 소매로 폭이 좁고 길다. 상의는 허리에서 주름을 잡은 것으로 승마에 편리하도록 마름질한 우리 민족의 한복 철릭과 유사하다. 마름질법은 스키타이 계통과 한복이 서로 유사한데, 이러한 형태는 동이 및 북이의 복식이다. 또 태양 빛을 방사상으로 표현하고 수 많은 별들과 연주문이 들어 있는데 이는 동이의 우주 자연 및 광명체 숭배신앙을 기본 바탕으로 형성하고 있음을 뜻한다.

3. 염제 신농씨

태호 복희씨 다음으로 3황 가운데 두 번째 등장하는 지도자가 신농씨이다. 그러나 두 사람 사이의 관계는 아직 밝혀지지 않았으며 시간적 연속성 여부도 분명하지 않다. 복희씨 시절은 전설적 요소가 많지만 신농씨는 처음으로 문자를 만들어 그릇에 새겨놓았기 때문에, 이 시기부터는 역사시대로 보게 된다는 점에서 매우 중요한 의미가 있다. 문자의 발명은 인류 역사에 큰 획을 긋는 전환점이 되므로 신농씨의 업적은 참으로 놀랍고 칭송할 만하다. 중국의 한 학자는 청동기의 금문을 해석해 제왕들의 족보를 캐냈는데 그 결과 또한 매우 놀랍고 충격적인 것이었다.

낙빈기라는 이 중국 학자에 따르면 신농씨와 그 이후의 5제로 불리는 소호 금천씨로부터 제요·제순에 이르기까지 모두 동이로서 우리의 조상임이 드러난다. 중국인들이 우리의 조상을 자기들의 조상으로 가져간 것으로, 일본 왕실의 조상이 백제인인 경우와 같다고 하겠다. 그리고 낙빈기가 밝힌 또 하나의 흥미로운 사실은 신농씨와 헌원 공손씨의 두 집안끼리 결혼하여 사위에게 제왕의 자리를 물려주었다는 점이다. 이를테면 신농의 사위인 소호가 제위를 이었으며, 요의 사위인 순이 역시 제위를 물려 받았던 것이다.

그러나 사마천이 저술한 『사기』에는 사위가 아닌 아들이 계승한 것처럼 기록하여, 모계사회의 흔적을 지워버리고 유교에 바탕한 부계사회 체제를 갖추려고 하였다. 그리고 중화의 자존심을 세우기 위해 중화의 시조로 위의 공손 헌원씨를 5제의 첫 번째인 황제로 기록하여 그를 중화인처럼 가장하였다.

그러나 위에서 본 대로 공손씨는 동이였을 뿐만 아니라 실제로는 제왕이 되지 못하였고, 대신 그의 아들인 소호가 실제 5제의 첫 인물이 되었다.

 신농씨는 신시의 안부련 환웅 때 웅씨 집안의 소전이라는 거수국의 아들로 태어났다고 한다. 여기의 웅씨는 곰을 토템으로 삼는 부족의 거수(우두머리)로 보이는데, 훗날 단군왕검의 왕후가 된 웅녀와 같은 집안인 것이다. 신농의 아버지 소전씨는 강수라는 강에서 병사를 감독하는 자리에 있었다는 외에는 달리 알려진 것이 없다. 신농의 어머니는 여등으로 알려져 있으며 거수 유교씨의 딸이었다. 중화의 기록에는 여등이 화라는 곳의 북쪽에서 놀다가 신의 감응을 받고 신농을 낳았다고도 씌어 있으나, 신과 관련시킨 것은 고대인들이 성인이나 영웅에게 드리는 선물이거나 아니면 여등의 태몽이 아니었나 싶다.

 신농은 강수에서 자랐기 때문에 성이 강(姜)씨로 가문의 시조가 되었다. 그는 어려서부터 여러 가지 풀을 맛보아 약을 만들었다고 한다. 당시 그는 사람들의 병을 고칠 수 있는 훌륭한 의술을 베푼 것으로 보이는데, 이러한 연유로 해서 그는 '농사의 신'이라는 뜻의 신농이란 이름을 얻었다. 약초를 만드는데 그치지 않고 여러 가지 식용 작물을 재배하여 식생활을 크게 개선하였으며, 쟁기와 괭이를 만들어 그 용법을 가르침으로써 성인 군주로서 확실하게 자리매김을 하였다. 그는 또한 8괘를 겹쳐 64괘를 만든 역(易)술의 신이었으며, 5줄 거문고를 만든 음악의 대가인 동시에 사람들에게 교역을 가르친 상업의 신이기도 했다. 다소 과장된 측면이 있겠지만 다재다능한 그의 천재성은 의심의 여지가 없으니 참으로 위대한 지도자가 아닐 수 없다.

 신농씨의 후손인 강씨들 중에는 고대 역사상 유명한 인물들이 많이 배출되었다. 요·순의 5제 시대에 재상이었던 공공의 후손들이 하나라를 세운 제우(帝禹) 밑에서 4악이라는 지금의 장관급 자리에 있으면서, 당시 큰 재난이었던 장기간의 홍수를 다스리는데 큰 공을 세웠다. 그 결과로 신·려·제·허 등의 땅에 제후로 봉함을 받았다.

그 후손 중에 유명한 사람으로 강태공이 있다. 원래 이름은 강상으로서 낚시로 세월을 기다리다가, 주(周)나라를 일으킨 무왕에게 발탁되어 은(殷)나라를 멸망시키는 데 일등 공신이 되었다. 이때가 서기전 12세기였으므로 신농 때로부터는 1,400년 뒤가 된다. 무왕은 그를 태공으로 받들어 모시고 동쪽 제(齊)나라의 제후로 봉했다.

태공의 부임 초기 이웃 래(萊)나라가 공격하여 영구 땅을 놓고 다투었다. 래는 동이로 고조선의 거수국이었다. 태공은 정치를 새롭게 하고 래의 풍속을 존중하여 의례를 간소화함으로써 래의 공격을 거두게 하였다. 같은 동이 사이였으므로 협상으로 잘 풀어나갈 수 있었던 것이다.

주나라는 대대로 강씨 집안의 여성과 긴밀한 관계가 있어 왔다. 먼 옛날 주나라의 시조인 후직의 어머니는 강원이었는데 그녀는 유태의 나라에서 시집왔다 (실제로 후직의 어머니는 간적이라는 여성인데 곧이어 살펴볼 것이다. 사마천이 『사기』에서 강원으로 바꿔버렸다). 주나라 중흥의 시조라 일컫는 고공단보는 역시 유태 여성 태강을 비로 맞았다. 그리고 은을 물리치고 중원의 주인이 된 무왕 또한 읍강이란 강씨 여인을 왕비로 맞이하였다. 이러한 전통을 볼 때 강태공의 발탁은 결코 우연한 일은 아니었던 듯하다.

한족들은 주나라로부터 실질적인 중화 민족의 나라가 시작된 것으로 보기도 한다. 그러나 그러한 생각이 잘못이라는 사실이 드러나고 있으니 그것은 앞의 중국 낙빈기라는 학자에 의해서다.

그가 밝혀낸 5제시대의 왕실 계보에 따르면 아주 흥미진진한 사실들이 많다. 그 중 대표적인 것이 바로 주나라의 시조 후직의 출신이다. 그는 5제의 3번째인 제곡의 아들로서 어머니는 제곡의 차비 간적이다. 간적은 또 우도 낳았는데 그는 앞에 언급한대로 하나라의 시조가 되었다.

5제는 모두 동이인 신농씨와 공손씨의 후손임을 이미 보았으므로 그 후손인 하나라의 우나 주나라의 기(후직의 이름) 또한 중국에서 말하는 화하(華夏)가 아니라 동이임이 드러난다.

이것뿐이라면 흥미가 절반밖에 안 될 것이나 우리를 제대로 재미있게 해 주는 사실은, 하나라와 주나라 사이에 존재했던 은(또는 상)나라의 시조 설 또한 간적과 남매 사이로 동이라는 점이다.
　은나라가 동이라는 사실은 중국에서도 보편적으로 알려져 있었는데 낙빈기가 확실한 근거로 이를 뒷받침한 것이다. 우와 기의 어머니인 간적이 설과 남매라면 설은 우와 기의 외삼촌이 된다.
　세 사람이 같은 시대에 하·은·주의 작은 나라들을 열었는데 이 나라들이 번갈아 중원에서 겨우 1,500년 정도 지속한 것이고, 바로 동·북쪽 옆에서 고조선이 천자국으로서 훨씬 그 이전부터 있으며 법도를 가르쳐 주었다.

4. 치우 천왕

치우 천왕은 동이 구리국의 천자이다.
또한 묘족이 조상으로 모시는 분이다. 하늘 천이라는 글자는 당시 아무나 함부로 사용하지 못하였다. 치우 천왕은 신시의 제왕인 환웅의 한 분으로서 우리의 발음으로 '자오지 환웅'이라 하는데, 18분 환웅 가운데 그 족적을 많이 알 수 있는 분이며, 나머지 17분은 그 이름만 전해올 뿐 그 외에는 알 수가 없으니 몹시 안타까운 일이다. '자오지' 명칭에서 '자오'는 '땅을 넓힌다'의 뜻이며 '오'는 '삼족오'의 '오'로서 태양을 상징하는 말이다. 또 'o'나 'u'는 '위' 또는 '키우다' 등의 의미가 있다. 뒤에 붙이는 '지'는 '치'로 변하기 전의 소리로서 '이끄는 사람'이라는 뜻이다. 'cha'나 'chi'는 '군사의'라는 의미로 옛 만주·몽골어이다. 따라서 '자오지'란 '군의 우두머리', 군사적으로 확대된 '군신軍神'을 의미하는 이름인 것이다. 허나 치우(蚩尤)라는 글자의 한자 뜻을 우리는 어리석다는 '치'와 심하다는 '우'로 잘못 해석하며, 우리의 대영웅을 스스로 비하하고 있다.
치우 천왕의 실체를 우리 국민들은 잘 모르는데, 이는 아무도 가르쳐 주지 않았기 때문이다. 그러나 그는 4천 5백 년 만에 우리 곁에 갑자기 나타났었다. 우리 축구 국가 대표팀에게 전략과 용병술로 말이다. 때는 월드컵 경기가 2002년 우리나라에서 개최되던 역사적 순간이었다. 대한민국 선수들은 붉은 유니폼을 입고 투지와 전술로 싸웠으며, 온 국민은 '붉은 악마'가 그려진 새빨간 상의를 입고 혼신을 다해서 응원했다. 도깨비처럼 뿔이 두 개나 달렸고 무서운 얼굴의 이 붉은 악마의 정체는 무엇인가? 대부분의 국민들에게 매우 낯선 이 귀신이 바로 치우 천왕이었다. 당시 누가 치우 천왕을 알고 또 그렇게 군사의 신답게 형상을 잘 디자인 하였는지 모르겠으나 진심으로 고맙다.

치우 천왕에 대해서는 쇠와 구리를 써서 병장기를 만든 것과 공손 헌원씨와 끝없는 전쟁을 하였다.『삼성기』라는 우리의 기록을 보면 치우 천왕은 '신과 같은 용맹이 뛰어나 구리로 된 머리와 쇠로 된 이마를 하고 능히 큰 안개를 일으키며 세상을 다스렸다'고 하였다. 또 '광석을 캐고 쇠를 주조하여 병기를 만드니 천하가 놀라 크게 두려워 하였다'고 했다. 여기의 '구리 머리와 쇠로 된 이마(銅頭鐵額)'에 대하여 『규원사화』에서는 치우 천왕이 처음으로 갑옷과 투구를 만들었는데 당시 사람들이 이를 알지 못하여 그리 묘사한 것이라고 하였다.

『세본(世本)』「작편(作篇)」과 『규원사화』에는 '치우가 5가지 병기를 발명했다'라는 기록이 나온다. 이것은 동아시아에서 최초로 치우가 금속을 사용하여 무기를 만들었다는 것을 말해준다. 치우가 당시 다른 부족에 앞서 먼저 선진적인 병기를 발명한 사실은 『관자(管子)』「지수(地數)」편에도 나와 있다. "치우는 갈로산에서 흘러나오는 금속수를 이용하여 검(劍), 개(鎧), 모(矛), 극(戟)을 제조하고, 큰 활과 호복나무 화살 등을 많이 만들어, 탁록, 구혼에 올라 연전연승하니, 그 형세가 마치 비바람과 같아서 세상의 만민이 두려워 엎드리고 그 위세는 천하에 떨치게 되었다. 한 해 만에 9개 제후국가를 겸병하였다. 또 옹호산에서 흘러나오는 금속수를 이용하여 장과, 단과, 끈 달린 방패를 제조하고 새로 병사를 정비하고 양수, 공상에서 한 해 만에 다시 12개 제후국을 합병했다" 라고 기록되어 있다. 흐르는 물속에 양털을 담가두면 사금, 사철이 달라붙게 되는 원리를 활용하여 나중에 양털을 말려서 금속을 분리해내었던 것이다.

무기 극이란 끝이 갈라져 있는 가닥창으로서, 백적(白狄)의 중산 선우국(單于國)의 특이한 형태의 창을 보면 생김새를 미루어 짐작할 수 있다. 그런데 이러한 3가닥으로 갈라진 특이한 형태의 무기는 고구려에도 등장한다. 고구려의 무기는 갑옷과 쇠뇌, 활과 화살 뿐만 아니라 끝이 갈라진 창, 긴 창, 짧은 창 등과 정련하지 않은 동철이 있었다. 또 조선시대에 포졸들도 삼지창을 들었다. 즉 서기전 2,700년 치우 천왕의 동이 구리국에서 시작된 청동 및 철기 제조기술은 후대 그대로 이어져, 금은입사 향로, 상감 환두대도 등 전 세계적으로 차별적인 금속가공 기술이 접목된 명품을 낳게 된다.
 치우 천왕의 군대는 막강하여 적수가 없었다. 형제와 종실의 무리 가운데 장군으로 삼을 만한 사람 81명을 선발하여 부장으로서 모든 군사를 통솔케 하였다. 그런데 공손 헌원이 계속 도발해 와 싸움이 끊이지 않았다. 공손씨가 이렇게 신시에 도전한 이유는 그의 선조가 신시로부터 벌을 받아 헌구로 추방당했기 때문으로 보인다. 또는 산서성 남부에 전쟁터 진(鎭)의 명칭이 매우 많은데 소금이 나는 염지를 쟁탈하고자 쳐들어 온 것으로 보고 있다. 혹은 당시 공손씨는 신농씨의 후계자로 제위를 이어받을 위치에 있었는데, 이와 관련하여 치우 측의 간섭으로 인한 갈등이 있었는지도 모르겠다. 결과적으로 공손씨는 제위에 오르지 못하였으며, 그의 아들 소호 금천씨가 신농씨에 이어 중원의 통치자가 되었다.
 헌원은 재차 병사와 군마를 크게 일으키고 치우의 갑옷을 흉내내어 군사들에게 갑옷을 제작하여 입혔으며 또 지남 수레를 만들었다. 치우가 천체를 관찰하고 민심을 살피니 중토에 왕성한 기운이 점차 번성해지고, 염제의 백성들이 단결하여 가볍게 모두 죽여버릴 수 없으며, 더욱이 각각의 백성들이 그들의 군주를 섬기는데 무고하게 함부로 죽일 수 없음을 깊이 깨달았다. 이에 돌아갈 것을 마음먹고 힘써 싸워 이기되 추격 습격은 하지 않고 물러 나왔다. 이때 공을 세운 부장 가운데 전사한 자가 있었는데, 사기에서 이른바 '마침내 치우씨를 사로잡아 죽였다' 라고 한 것은 아마 이를 두고 한 말일 것이다.
 치우는 회(淮)·대(岱)의 땅에 할거하고 있으면서 헌원이 동쪽으로 나오는 길을 막고 있었으나, 치우가 죽자 점차 물러서기에 이르렀다. 그런데 치우가 죽었을 때 민심이 들끓었으며 이에 치우의 얼굴을 청동제기에 새기자 비로소 민심이 조용해졌다고 하였는데, 이를 보면 치우는 속임수에 의해 죽임을 당했을 수도 있다.
　　사마천은 역사를 사실대로 기록하지 않고 중화역사의 시작을 자기가 뜻하는 대로 바꾸어 버렸다. 5제로부터 시작되는 그의 『사기』에 첫 제왕으로 시조가 되는 사람은 공손씨라고 하여 황제(黃帝)라는 호칭을 부여해 주었다. 그리고 실제의 제왕이었던 그의 아들 소호를 아예 역사에서 사라지게 하였다. 그의 의도는 동이로 잘 알려진 태호나 그의 법을 이은 소호가 중화의 시조라고 해서는 안되고, 중화가 빛나기를 바랬기 때문에, 신시에서 가장 투쟁적이고 비교적 덜 알려진 공손씨를 건국의 영웅으로 내세워 만들었던 것이다.
　　이같이 황제를 영웅으로 만들려다 보니 모든 기록을 조작하거나 왜곡하지 않을 수 없었다. 이제 그 현장을 살펴보자.

> 치우가 천하를 어지럽혀 황제의 명령을 듣지 않으므로
> 황제는 제후들로부터 군사를 징집하여 치우와
> 탁록의 들에서 싸워 드디어 치우를 잡아 죽였다.

　　치우가 천하를 어지럽혔다고 하여 그가 일개 제후인 것처럼 썼으나, 앞에서 말했듯이 중화의 다른 여러 문헌에는 그가 구리국의 군주이자 천자임을 밝혀 놓았다. 또 탁록이란 곳에서 싸워 단번에 치우를 잡아 죽였다고 하였으나 이는 사실과 전혀 다르며, 황제의 영웅화 작업을 위해 우리의 위대한 영웅을 희생물로 삼은 것이다.
　　사마천은 이같이 중화의 깃발을 높이 쳐 올린 댓가로 중화의 위대한 역사가로 숭앙되고 있는데 이는 참으로 어이없는 일이다. 전쟁이란 상대를 죽이고 이겨야 하는 것이지만, 역사 기록 또한 전쟁처럼 상대를 죽이고 이겨야 진실이 되는 것일까? 하기야 일제 식민사학자라는 천황주의자들이 시조 단군과 3국의 시조들을 희생물로 삼아 우리 역사를 말살한 것과 일맥상통하는 한심한 작태가 아니겠는가?
　　치우의 나라는 당시 대국으로 중무장한 강한 군대를 가지고 있었음에 비하여 공손씨의 나라는 소국에다 특별히 강한 군대를 가

졌다는 증거가 없다. 그리고 사마천이 단 한 번으로 기록한 양측의 전쟁은 『규원사화』에 의하면 10년 동안 70여 차례나 싸운 것으로 되어있다. 전쟁의 승패에 대해서는 명확하게 언급하지 않았으나 이렇게 많은 싸움에서 공손씨가 치우씨의 강병을 상대로 잘 버틴 것으로 보인다. 한편 황보밀은 『제왕세기』에서 공손씨가 치우와 무려 55번 싸웠다고 했으며, 낙빈기의 『금문신고』에도 이러한 사실을 지적한 것을 보면 『사기』의 사마천 기록은 날조와 다름없음을 깨닫게 된다.

공손씨의 입장에서 치우와의 싸움이 매우 어려운 상황이었음을 보여 주는 내용이 『전국책』에도 보이는데, 그것은 공손씨가 이웃의 서융이나 연나라·진나라 등에 지원군을 요청했으나 실패한 데서 알 수 있다. 흥미로운 사실은 공손씨가 "무리를 이끌고 이리저리 옮겨 다니며 일정한 거처가 없었으며, 병사로 하여금 병영을 호위하게 하였다"고 그의 어려운 처지를 『사기』 속에서도 사마천이 묘사해 놓았다는 점이다. 이런 상황에서 치우를 단번에 잡아 죽였다는 사마천의 기록은 공상 소설이 아니라면 그의 희망 사항에 불과하다고 하겠다.

이 모든 사실을 증거하며 사마천이 허위 기록을 했다는 것을 명백하게 알 수 있는 내용이 다름이 아닌 『사기』의 「봉선서」에 나와 있다. 그것은 진시황이 8신에게 제사를 지냈는데 첫째는 하늘에게, 둘째는 땅의 신에게 제사한 뒤, 셋째로 군사의 신으로 치우를 제사했다고 하였다. 진시황은 치우로부터 2,300년 뒤의 사람인데 그동안의 역사상 가장 위대한 전쟁 영웅을 군사의 신으로 모신 것이 틀림없다. 치우가 황제에게 반역을 꾀하다 한 번 싸움에 잡혀 죽은 하찮은 제후에 불과했다면, 천하의 왕들 중에 최고라는 뜻으로 처음 황제를 일컬은 진시황이 무슨 이유로 치우씨를 제사했을까? 대답할 필요가 없는 자명한 일이란 바로 이런 것을 의미한다.

「봉선서」에는 이것만이 아니다. 한나라를 세운 고조 유방도 항우와의 전쟁에 나가기 전에 언제나 치우씨에게 제사를 올린 후에 출전했다고 한다. 또 한나라가 선 뒤에는 축관에게 명령하여 도읍 장안(長安)에 치우사를 세워 관리로 하여금 늘 제사케 하였다고 한다. 그가 동이의 전쟁 영웅을 사당에 모신 것은 지금 서울 동묘에 관운장을 모신 것처럼 국적을 초월한 영웅에 대한 존경의 표시일 것이다.

치우 천왕은 강한 군사력을 바탕으로 청구(青丘)를 개척하여 넓혔다고 한다. 그러므로 청구는 신시의 새로운 거수국이 된 것으로 볼 수 있다. 청구는 고려·조선시대에 우리나라의 별칭으로 통용된 이름인데 그 유래가 이같이 오랜 것이다. 이는 다시 한번 우리가 치우의 후손임을 확인하게 되는 것이다.

청구는 치우 천왕 당시로부터 1,300년 뒤인 주나라 초기에 성왕이 개최한 국제 대회에 참석한 나라 중의 하나로 기록에 다시 나타난다. 또 그 1,000년 뒤인 한나라 초기에도 기록에 나타나 2,300년 동안이나 같은 이름으로 같은 곳에 존재한 나라였다. 이렇게 오랜 역사를 가진 나라는 세계적으로도 유일한 예가 될 것이다.

청구의 위치는 해동 300리라 하여 중국 동부 지역임을 알 수 있는데,『산해경』에는 중국 동남쪽의 대인국으로부터 북쪽으로 군자국 등 수 개국을 지나 청구국이 보인다고 하였다.

『사기』의 주석서에는 치우의 무덤의 높이가 7장인데 백성들이 10월에 늘 제사를 지낸다고 했다.

5. 소호 금천(金天)씨

　소호 금천씨는 공손 헌원의 맏아들이며, 신농씨의 사위 자격으로 신농에 이어 중원의 통치자가 되었다. 소호(少昊)라는 별명은 태호 복희씨의 가르침과 법을 이어받은 분신이라는 뜻이며 또 그가 복희씨와 같은 동이임을 뜻한다. 그런데 앞에 언급하였듯이 사마천이 소호를 5제로 기록하지 않아 그의 제왕으로서의 덕이나 업적 같은 일들이 숨겨져 있다. 그러나 그 후손들의 다양한 구성과 활동으로 인해 그의 존재는 우리 고대사에 있어 대단히 의미심장한 위치를 차지하고 있다.
　『습유기』에 의하면 소호는 금덕(金德)으로 왕이 되었으며 서방의 주인으로 금천씨, 금궁씨(金窮氏)라고도 한다, 어머니 황아는 밤에는 베를 짜고 낮에는 옥비둘기를 돛 끝에 달고서 뗏목을 타고 물가에서 놀다가 소호를 낳으니 서해안에 많은 뽕나무 이름을 따서 궁상씨, 상궁씨라고 했다. 또 5마리의 봉황이 각 방향 색상에 따라 소호의 뜰로 모여들어 그를 봉황씨라고도 한다.
　금천씨라는 호칭은 '황금'(또는 쇠; 고대에 모두 보물처럼 귀한 물건)과 '하늘'을 귀하게 여기는 전통에서 비롯된 것으로, 일족이 하늘에 제사하는 일을 가장 중요하게 여기며 황금으로 하늘의 신상을 만들어 제사하기 때문에 붙여진 이름이다. 치우때 이미 청동과 철을 다루기 시작하였고 이후 강철 제련의 '쇠/금' 기술을 창안한 동이의 금이란 철(銕) 글자와도 관련이 있어 보인다. 그러므로 소호씨 일족을 '금·하늘 겨레'라고 할 수 있는데, 중국의 주학연(朱學淵)이란 물리학자이면서 언어학자는 이들이 여진족이라고 하였다. 그는 소호의 아버지가 공손씨인 사실은 모르면서도 공손씨와 소호씨가 모두 동이로 금·하늘 겨레인 것을 제대로 보았다. 또 그가 말한 여진족이란 금나라와 청나라의 성씨인 '아이신'을 말하는데 아이신이란 (황)금이란 뜻이다. 여기서 금씨의 중간 시조로 신라의 김씨인 김함보를 말한다.

주학연은 공손 헌원씨의 성 '공손'도 '애신(愛新; 아이신을 한 자로 표기한 것)'과 같은 것으로 애신 헌원이 황금 성씨(즉 여진과 신라의 김씨)로 추정할 수 있다는 것이다.

이와 같은 그의 추정은 사실로 드러나는데 『삼국사기』 「김유신 열전」에는 김씨에 관하여 이렇게 기록되어 있다.

신라 사람들이 자칭 소호 금천씨의 후예이므로
성을 김이라 한다고 하였으며, 김유신 비문에도
'헌원의 후예요 소호의 종손'이라고 하였으니‥‥

소호 금천씨의 금(金)이 신라의 김(金)씨로 된 것을 알 수 있으며, 공손 헌원과 소호가 같은 혈통임도 정확히 밝혀 놓았다. 이런 것을 보면 위에 주학연이 소호 금천을 여진족이라 한 견해는 고조선의 동이로 수정해야 옳다.

한편 「문무대왕 비문」에 보면 그가 '투후 제천의 자손'이라는 구절이 있다. 이 투후란 한나라 때 김일제라는 사람이 제후로 있을 당시 제후국 왕의 호칭이었다. 문무대왕의 선조 김일제는 파란만장한 삶을 산 주인공인데 『한서』에 기록된 내용을 간추리면 대략 이렇다.

김일제는 원래 흉노 휴도왕의 태자였다. 흉노는 진·한나라 때 이름으로 중원의 북쪽에 있었다. 진시황이 흉노를 막기 위해 저 유명한 만리장성(사실은 천리 밖에 안됨)을 쌓았으며, 한 고조 유방이 흉노와의 전쟁에서 죽을 고비를 넘길 만큼 당시 흉노는 강성했다. 그 후 무제 때는 한나라가 강성하여 흉노, 위만조선, 월나라 등을 정벌하여 잠시 힘의 균형이 잡히게 되었는데, 당시 전쟁에서 김일제는 포로가 되었다.

14세의 어린 김일제는 어머니와 함께 노비가 되어 양을 쳤으나 훌륭한 어머니 덕분에 제대로 교육을 받아 성실한 사람으로 성장하였다. 그가 훗날 무제에게 지난 일을 이야기하자 무제는 그 어머니에게 큰 상을 내렸으며, 그녀가 죽자 그녀의 초상화를 그려 감천궁에 걸어놓게 하였다. 김일제는 그 앞을 지날 때마다 엎드려 절하고 실컷 울었다.

김일제는 몇 년간 왕궁의 말들을 돌보았는데 어느 날 한 무제가 그의 건장한 체구와 기품있는 모습, 잘 기른 말을 보고 마감으로 임명하였다. 이후 그는 근면함과 충성스러움, 본분을 지켜 임무를 완수하는 자세로 무제에게 인정받아 시중, 부마도위, 광록대부로 승진했으며 천금의 상도 받았다. 외국인이 노비에서 단계적으로 올라 경이라는 관직에 오른 것은 일찍이 없던 일이었다.

한 무제가 김일제의 두 아들을 좋아하여 늘 옆에 두고 데리고 놀았다. 그러다 보니 큰 아들이 방자하게 되어 어전에서 공공연히 궁녀를 희롱하기까지 했다, 우연히 그 모습을 본 김일제는 화가 치밀어 그 자리에서 그를 죽여버렸다. 한 무제는 노하고 애통해 하였으나 한편 김일제를 더욱 존경하게 되었다. 김일제는 한 무제 곁에 수십 년을 있었지만 잘못이 없었고 상으로 준 궁녀도 가까이 하지 않았다. 한 무제는 김일제의 딸을 후궁으로 맞으려 했지만 김일제는 완곡하게 거절하였다.

시중복사 망하라 등 망씨가 한 무제를 암살할 계획으로 거사하였으나 김일제는 늘 경계하여 이를 탐지하고 있었다. 망하라가 칼을 숨기고 한 무제의 침실로 돌진할 때 김일제가 그를 덮쳐 잡았다. 이로 인하여 그의 충심과 효, 절개는 널리 명성을 얻었다. 그 후 김일제가 죽자 성대한 장례가 치러져 행렬이 무릉에 이어졌고 경후의 시호를 받았다. 그의 가풍이 정직함과 관대함이었고 자손들 역시 자중했기 때문에, 왕망 때까지 현손 김흠과 김준이 제후로 봉해지고 경의 자리에 올랐다.

왕망의 외척 김씨가 해외로 망명한 1세기 초에 신라에는 김알지라는 인물이 등장하는데 그는 신라 김씨의 시조라고 한다. 그런데 그의 후손이 뒤에 미추왕으로 왕위에 오르면서부터 신라는 김씨가 왕위를 세습하여 김씨의 왕조가 되었다. 그러므로 문무대왕의 선조 김알지는 한나라에서 망명 온 김일제의 후손임이 틀림없을 것이다. 흉노 태자의 후손이 신라에 와서 왕이 되었다는 신기한 이야기지만 사실 조상의 뿌리를 캐보면 신라와 흉노는 같은 소호의 후손임이 드러난다.

여기서 한 가지 의문을 가질 것인데 그것은 바로 김일제의 후손이 하필이면 바다 건너 먼 한반도, 그것도 가까운 서해가 아닌 경상도로 왔을까 하는 점이다. 그러나 이는 신라의 본토가 대륙의 산동성과 그 남쪽의 중국 동해안 지역에 존재했었던 사실을 모르기 때문이다. 신라가 동일한 대륙에 함께 위치하였기 때문에 한나라에서 쉽게 망명해 올 수 있었던 것이다. 또 한나라 이전 진시황 때 만리장성의 노역을 피하기 위해 연·제·조나라 등 동북부 사람 수만 명이 신라의 전신인 진한으로 도망 온 것을 보면 신라가 중원에 가까이 있었음을 알 수 있다. 이후의 삼국사기 문무대왕전에서도, 신라가 백제의 옛 땅을 차지하기 위하여 당나라와 싸운 곳들이 한반도가 아닌 대륙이었으며 백제·신라 모두 그곳에 있었음을 수많은 중국 사서들이 밝히고 있다.

흉노의 조상에 대하여 사마천은 『사기』 「흉노열전」에서 하나라를 세운 제우의 후예라고 하여 순유라고 썼다. 그리고 요·순 이전에는 흉노 선조들의 나라로 산융, 험윤, 훈육 등의 종족이 있었다고 했다. 그의 말대로라면 제우의 후예인 흉노는 우리와 같은 핏줄이 된다. 그러나 사마천의 의도는 흉노를 중화인의 후예로 만들려는 의도에서 거짓으로 기록한 것이다. 순유라는 인물은 하나라의 마지막 왕 폭군 걸의 아들 훈육으로서 흉노로 도망가서 살았다고 『사기』 주석서에서 말한다. 사마천도 요·순 이전에 훈육이란 종족이 이미 있었다고 했는데 그 훈육이 1,000년 후인 하나라 말기의 사람이라고 하니, 이런 엉터리 주석을 하는 것은 어떻게 하든 흉노의 조상이 중화인이라는 사마천의 입장을 대변한 것으로 중화 사관의 비근한 예라 하겠다.

또 흉노의 옛 나라였다는 산융은 춘추시대까지 존속하였고 그 후 오환·선비로 이어져 흉노와는 다른 갈래인데도 사마천은 산융을 흉노의 조상으로 보았다. 그런데 오환·선비의 전신이라는 이 산융(山戎)은 동호(東胡)라는 이름과 함께 고조선의 별칭 또는 거수국의 하나였다. 결국 사마천은 우리 조상을 흉노의 조상으로 갖다 썼는데 이 또한 매우 흥미로운 대목으로, 한 무제 때에 북으로 조금 후퇴하기는 했지만 전성기의 흉노 영역은 서쪽의 강·저족을 아우르며 실로 광대했었는데 흉노는 고조선의 거수국의 위치에 있었다.

이러한 사실을 다른 각도에서 살펴 보자. 중화에서는 북쪽에 있던 흉노 등을 북적(北狄)이라 부르는 한편 서쪽의 진(秦)나라 등 이민족을 서융(西戎)이라 하였으나, 이것은 엄밀하게 구분되는 호칭이 아니었으며, 흔히 서북쪽의 민족들을 총칭하여 융적(戎狄)이라 하였다. 그러므로 흉노나 진나라나 같은 계통의 민족이었는데, 진나라의 조상이 다름이 아닌 소호씨로서 신라 김씨의 조상과 같다는 사실이 매우 흥미롭다.

『사기』「봉선서」에 보면 진나라에서 소호에게 제사를 지낸다고 하여 소호가 그들의 조상임을 알 수 있다. 그런데 사마천은 같은 『사기』의 「진본기」에서는 아래와 같이 허위로 기록하였다.

> 진나라의 조상은 전욱의 묘예다.
> 전욱의 손녀를 여수라고 하였다.
> 여수가 베를 짜고 있는데 제비가 알을 떨어뜨리자,
> 여수가 이를 삼키고 대업을 낳았다.

앞에서 지적했듯이 사마천은 소호를 역사에서 밀어냈기 때문에 여기서도 그를 진나라의 조상으로 기록하지 못하고, 소호 다음에 5제가 된 전욱 고양을 진나라의 조상으로 내세웠다. 위 문장에서 전욱만 소호로 바꾼다면 그의 손녀가 여수라거나 그녀가 대업을 낳았다는 이야기는 사실일 것이다.

진나라가 소호의 후손이라는 사실은 성씨를 통해서도 확인된다. 소호는 성씨가 영(瀛)씨인데 진시황의 이름은 영정(瀛政)으로 같은 영씨의 핏줄임을 알게 된다. 그리고 영씨의 후손 중에는 제후가 되어 그 봉국 이름으로 성씨를 삼은 사람이 십여 명에 이르렀는데, 그러한 동이의 나라에는 서(徐)・담(郯)・황(黃)・강(江) 등의 나라가 있어 그 위치는 중국의 동쪽인 동이 지역이었다.

그런데 시대적 구분 및 위인의 업적을 살피다 보면 단군 성조, 혹은 2세 부루 단군으로 보이는 백익의 성씨 역시 영씨라고 한다. 영씨와 같은 계통의 1성이 분화한 것으로 웅, 잉, 언, 은, 의씨 등이 있는데, 앞에서 본 초나라의 웅씨와 은나라의 은씨도 모두 동이임을 한번 더 확인할 수 있다.

소호는 나라를 세우고 소호지국(少昊之國)이라 불렀다.

소호의 부족은 새를 숭상하여 이를 관직명으로 삼았다. 이에 대하여 『춘추좌전』에서 담자(郯子)가 이렇게 말했다.

"(자신의 선조인 소호가) 즉위하자 봉황이 날아들었다. 이로 인해 소호는 새로써 법도를 정하고 이를 관직명으로 삼았다. 봉조씨(鳳鳥氏)는 역(歷)을 주관하였고 현조씨(玄鳥氏)는 춘분과 추분의 시기를 구별하는 일을 담당하며, 백조씨(伯鳥氏)는 하지와 동지를 구별하는 일을 관장하였다. 청조씨(靑鳥氏)는 양기가 만물의 힘을 열어주는 일을 관장하고 저구씨(雎鳩氏)는 사마(司馬)를 관장하며 축구씨(祝鳩氏)는 사도(司徒)를 담당했다. 시구씨(鳲鳩氏)는 사공(司空)을 맡았고 상조씨(爽鳥氏)는 사구(司寇)를 관장하며 골구씨(鶻鳩氏)는 사사(司事)를 담당하였다."

서기전 24세기는 푸날루아(punalua) 모계제 시대였다. 여러 남편과 여러 부인이 한 가정을 이루는 양급제(兩級制) 시대인데, 지금까지 '우리 남편, 우리 부인'이라고 습관적으로 말하는 것은 이래로부터 전해진 말이 아닐까? 즉 당시는 왕위를 사위에게 넘겨주던 시기로서 지금 아들이라고 알려진 자(子)는 본래 사위이며, 우리가 아들이라고 하는 것은 당시에는 남(男)이라고 하였다.

고양씨의 3대 족보가 보정시에서 출토된 당우 3과병명(唐虞 三戈兵銘)에 기재되어 있는데, 씨칭과 족칭은 모두 하나의 소리계통(聲系)에 속하며, 이를 통해 당시의 정치 권력의 역학 관계 등 일어난 정치 상황을 쉽게 이해할 수 있다고 하였다. 여기에 새겨진 글자들을 보면 맨 위의 청동검에는 할아버지들(祖), 다음 청동검에는 백익·단군·마한시조 아버지들(父), 마지막 청동검에는 순임금·형제들(兄)의 이름이, 즉 3대에 걸친 이름들을 표기한 것이라고 한다. 형제들끼리 부인들을 공유하던 푸날루아 제도는 은나라보다 몇백 년 이른 시대이므로 이 청동기는 확실하게 은나라 시대의 이전의 것이라고 중국 낙빈기는 말하였다.

그러나 중국에서는 공식적으로는 서기전 1,800년 이전의 청동기가 존재하지 않는다. 이는 은나라의 건국연대인 서기전 1,766년보다는 앞설 수 없다고 정해 놓았기 때문이다. 이것은 하나라 이전의 신농으로부터 백익에 이르는 집단의 실체를 부정하기 위함이다. 따라서 이전 시기의 청동기라 할지라도 은대 이후의 것이 되버리고 마는 것이다. 그 결과 서기전 2,500년대의 청동기를 서기전 1,800년대에 만들어진 것으로 둔갑시켰으며, 이로 시작하여 동주에 이르러 본격적으로 꽃피운 것으로 청동기 연대를 정리함으로써 주나라의 금문은 질과 양의 면에서 훌륭하게 발달하다 그 후대에는 갑자기 사라지는 것으로 꾸며놓았다.

실은 문화가 발달하였던 은나라 시대의 청동기가 후대인 주나라 시대의 것보다 훌륭한데도 말이다. 사용하던 한자의 숫자도 은나라가 주나라 시대보다 오히려 더 많았다고 한다.

이러한 조작에 의해 서주의 것은 고금문이 되고, 동주의 것은 말기의 금문이 되어버리고 모두 갑골문보다도 시기가 늦어지게 된 것이다.

6. 단군 성조(聖祖)

단군 성조는 신시의 위업을 이어 조선이라는 통일 왕조를 시작하신 개천절의 영웅이다. 신시의 통치자를 환웅이라고 하였으나 조선에서는 단군이라고 불렀는데 초대 단군 성조의 이름은 왕검이라 전한다.

왕검은 한자화된 이름으로 원래의 이름은 임검이었으며, 그의 이름이 제왕을 뜻하는 우리 말의 보통 명사인 임금으로 되었다. 이러한 사실은 『부도지』에서 "환웅씨가 임검씨를 낳았다"고 한 데서 확인된다.

단군 왕검을 성조라고 부르는 것은 우리나라를 처음 개창한 조상에 대한 지극히 당연한 호칭이다. 그러나 고조선을 말살하기 위해 광분했던 일제 식민사학자들이 단군은 신화이며 실재한 인물이 아니라는 학설을 만들어낸 이후 학자들조차 지금까지도 이런 생각을 가지고 국민들을 잘못 가르치고 있어, 단군 성조라는 표현에 대해 국수주의적 편견이라고 보는 시각이 있는 듯하다. 참으로 개탄할 일이지만 우리 사회가 식민지 역사관의 잔재를 청산하지 못했기에 이런 일도 생긴 것이다.

그러면 단군에 관한 기록이 과연 신화인가? 물론 신화가 아니라 역사적 사실의 기록이다. 그 이유도 지극히 간단하다. 앞에서 복희씨에 관한 부분은 신화적 내지 전설적 요소가 다소 있었지만, 신농씨로부터 치우씨와 소호씨에 이르기까지 중국 기록에 근거한 역사, 바로 그 뒤 기록인 단군을 어떻게 신화라고 말 할 수 있다는 것인가?

한웅(환웅)씨가 임검씨를 낳았으니, 때에 4해(海)의 여러 종족들이 천부의 이치를 익히지 아니하고 스스로 미혹에 빠져 세상이 고통스러웠다. 임검씨가 천하에 깊은 우려를 품고 천웅의 도를 닦아 계불의식을 행하여 천부삼인(天符三印)을 이어받았다. 갈고, 심고, 누에를 치고, 칡을 먹고, 그릇을 굽는 법을 가르치고, 교역하고 결혼하고 족보를 만드는 제도를 공포하였다. 임검씨가 뿌리를 먹고 이슬을 마시므로 몸에는 털이 길게 자랐는데, 4해를 널리 돌아다니며 여러 종족을 차례로 방문하니, 백년 사이에 가지 않은 곳이 없었다.

위의 내용은 『부도지』 12장에 나오는데, '갈다'의 뜻은 밭을 가는 것뿐만 아니라 돌을 갈아 생활필수품들을 만드는 것이고, 일찍이 실크를 생산하고 이를 소·말과 함께 주변에 교역하여 풍요롭게 살 수 있도록 했는데 단군 자신은 편한 삶을 포기하고 종족의 화합과 언어의 통일을 위하여 원행을 마다하지 않았다. 또 사해를 다니느라 몸에는 털이 길게 자란 것이며 이로 인해 임검씨의 초상화가 풀옷을 입은 것처럼 묘사되었다. 널리 퍼져 살게 된 이후 차츰 언어가 변하고 마고의 법을 잊어버린 족속들의 화합과 율려 복본을 위해 단군 임검은 방문했던 것이며 그리하여 구리족을 중심으로 통일을 가능케 했다. 이러한 원행은 신라 화랑의 덕목이자 선도사상과 풍류로서 면면히 이어지게 된다.

임검씨가 돌아와 부도를 건설할 땅을 택하였다. 즉 동북의 자방(磁方)이었다. 밝은 산과 맑은 물이 만리에 뻗어 있고 물과 육지가 서로 통하여 열 방향으로 갈리어 나갔다. 인삼과 잣과 7색 옥돌이 가득하니 자삭(磁朔)의 정이 모여 바야흐로 물체를 만드는 복된 땅이었다. 태백산 밝은 땅 정상에 천부단을 짓고 사방에 보단을 설치하였다. 보단의 사이는 각각 3첩의 도랑으로 통하게 하였다. 도랑의 사이는 1,000리였으며, 도랑의 좌우에 각각 관문을 설치하여 지키게 하였다. 이는 마고 본성에서 그 법을 취한 것이었다. 부도의 아랫 부분은 나누어 마을을 만들었다.

여기서 단군이 선택한 부도지 땅을 찾아보자. 고대인들은 자기 력을 미지의 힘으로 생각했으며 자기가 많은 곳을 신성시하여 그 곳에 신전을 건립했다. 물과 육지가 만나면서 동시에 물이 10갈래로 갈리어 나간다니 혹시 열수가 근처에 있는 것이 아닐까? 또 태백산은 섬서성, 산서성, 하북성 등에 다수 존재하고 있다.
『설문해자』를 보면 인삼은 상당(上堂)에서 난다고 하였는데 인삼은 산서성, 하북성, 요동성에서 산출된다. 『본초경집주』에도 인삼은 상당과 요동에서 난다고 하였다. 자삭방에서 난 인삼은 장생하게 해 주는데 방삭초, 불로초라고 하는 것이며 부도지역이 아니고서는 얻을 수 없다고 하였다.
인삼과 잣, 옥의 (천)부인은 불함삼역의 특산이요, 4해(海) 종족들의 하늘의 은혜였다고 하였다. 잣은 침엽수로 더운 남쪽 땅에서 자라지 않고, 현재까지 우리 민족은 잣을 먹을 뿐만이 아니라 한복에도 단추의 기능으로 잣물리기 장식을 하고 있는데, 이는 잣을 하늘이 주는 복으로 생각하기 때문이다.

황궁씨의 후예 6만명을 부도에 이주시키고, 나무를 베어 '뗏목 8만'을 만들어서 신부를 새겨 천지의 물에 흘려보내 4군데 물의 종족들을 초청하였다. 이를 보고 모여들어 박달나무 숲에서 신시를 크게 열고, 계불로 마음을 깨끗이 하여 하늘을 살피고, 마고의 족보를 밝히고, 천부의 음에 준하여 그 말과 글을 정리하였다. 북극성과 칠요의 위치를 정하여 넓고 평평한 돌 위에서 속죄의 희생물을 구워 제사를 올리고, 모여서 노래하며 천웅의 악을 연주하였다. 칠보의 옥을 채굴하여 천부를 새긴 방장해인(方丈海印)을 나누어 주었고, 매 10년마다 신시를 여니 말과 글이 같아지고 사람들이 크게 화합하였다.

위에 묘사된 부도는 황토나 광야지가 아닌 것이, 뗏목을 8만 개나 만들려면 나무가 많은 산지일 것이며, 뗏목이 흘러 사방으로 다다르려면 상류에서 제작하여 둥글게 흐르는 강물을 이용한 듯하다. 예로, 황하는 3면 방향으로 흐르기에 4군데 물의 모든 족속을 모을 수가 있다.

『습유기』를 보면 단군의 '뗏목' 이야기가 나온다. 단군이 개국하던 시기와도 딱 맞고 뗏목이 4해를 일주한다는 사실도 일치한다. 이에 단군은 신화가 아니며 기록이자 역사임이 다시 한 번 더 확인된다. 『습유기』에 전해지는 기록을 보자.

> 요 재위 30년, 서쪽 물(西海)에 거대한 '뗏목'이 떠 있었다. 뗏목 위에 빛이 있어 밤엔 밝게 빛나고 낮엔 사라졌다. 물(海)에 있던 사람이 멀리서 그 빛을 보고는, 커졌다 작아졌다 하는 품이 마치 별이나 달이 깜박거리는 줄 알았다고 했다. 뗏목은 항상 4해를 돌면서 떠다니다가 12년에 한번 일주하기를 반복한다. 관월사 또는 괘성사라고도 한다. 우인(羽人)이 그 뗏목에서 살고 있다. 신선이 이슬을 머금고 씻어내면 해와 달도 어둑어둑해진다. 우·하 말엽에 이르러 뗏목에 대해 기록하지 않게 되었다. 물(海)를 오가는 사람들만이 그 신비하고 아름다움을 전했다.

『삼국유사』에 보인 단군에 관한 내용을 분석해도 결론은 같다.

『위서(魏書)』에 말하기를 "2천 년 전 단군왕검이 아사달에 도읍하고 나라를 열어 조선이라 하였으니 요와 같은 시대였다."

이 부분은 중국의 『위서』라는 책을 인용하였는데 신화적 요소는 전혀 없다. 그리고 요임금과 같은 시대인 서기전 24세기에 조선을 세웠다고 했으므로 이들은 공통적이다. 그런데도 일본인들은 단군과 고조선은 없었던 존재로 취급했다. 그 이유는 고조선의 역사가 일본의 역사보다 무려 2천년이나 길어 식민지배를 하는 일본의 체면이 말이 아니기 때문이었다.
『삼국유사』는 이어 또 이렇게 썼다.

『고기(古記)』에 말하기를 "옛적에 환인의 아들 환웅이 여러 번 천하에 뜻을 두고 세상을 구하려고 하였다. 아버지가 아들의 뜻을 알고 아래로 삼위·태백을 보고 홍익인간 할 만하다 하여 천부인(天符印) 3개를 주며 가서 세상을 다스리게 하였다. 환웅은 3천명의 무리를 이끌고 태백산 정상의 신단수 아래 내려가니 이를 신시라 하였으니 이가 환웅천왕이다.···이때 곰과 호랑이가 있어 한 굴에 살며 늘 환웅 신에게 사람이 되기를 원하여 빌었다. 환웅은 쑥과 마늘을 주며 먹되 백일 간 햇빛을 보지 않으면 사람이 된다고 하였다. 곰과 호랑이는 그것을 먹고 참으니 곰은 여자의 몸이 되었으나 호랑이는 참지 못하여 사람이 되지 못하였다. 웅녀는 혼인할 상대가 없어 매일 신단수 아래서 잉태하기를 빌었다. 환웅이 잠시 인간이 되어 그녀와 혼인하매 아들을 낳으니 단군왕검이라 불렀다. 제요 즉위 50년 경인에 평양성에 도읍하고 처음 조선이라 칭하였다.····나라를 다스린 지 1,500년, 주 무왕이 즉위한 기묘년에 기자(箕子)를 조선에 봉하매, 단군은 장당경(藏唐京)으로 옮겼다가 뒤에 아사달에 돌아와 은거하여 산신이 되니 1,908년이 흘렀다."

다소 길지만 골자는 환웅이 웅녀와 혼인하여 단군을 낳았으며 하나라보다 일찍 나라를 열었다는 것이다.
여기서는 『고기』를 인용했다고 하였는데 단재 신채호 선생은 『조선상고사』에서 같은 내용을 『단군고기』에 있다고 하였다. 앞에서 환웅은 신시 통치자의 칭호임을 보았는데 여기의 환웅은 아마도 마지막 환웅이었을 것으로 추측된다. 다만 그를 하느님 환인 (일연스님은 불교 용어인 '제석'이라 풀이하였다)의 아들이라고 표현하였을 뿐이다. 영웅의 신격화는 옛사람들의 일상적인 표현방식인데 이 정도를 가지고 신화 운운하는 것은 언어 도단이다.

곰과 호랑이의 이야기는 곰과 호랑이를 토템으로 하는 종족을 상징한다는 사실은 이제 상식에 속하는데, 식민사학자들이 아니라면 이런 것을 가지고 신화라고 우기지는 못할 것이다. 또 단군의 역년 1,500년 또는 1,900년은 한 분의 단군을 의미하는 것이 아니라 많은 고조선 단군들의 역대 지위년도를 통합한 것으로 전혀 이상할 것이 없다. 산신이 되었다는 부분도 당시 고조선의 종교인 신선도의 관념에 따라 신선으로 이해된다.

『삼국사기』에 단군 왕검을 선인(仙人) 왕검으로 기록하였는데, 선인은 즉 신선으로 종교적으로 높은 경지에 이른 사람을 일컫는 말이었다고 보면 된다.

위의 기록에서 단군이 도읍한 곳은 평양 또는 아사달이라고 하였다. 이 평양이라는 지명 때문에 단군 성조의 도읍지를 지금 북한의 평양이라는 낭설을 일본인들이 만들어냈다. 고조선이 한반도 서북쪽에 위치한 약소국이었다는 허구를 우리에게 심어주기 위해서였다. 그리하여 일제의 조선사편수회가 조작을 시작하였던 100여 년 전이나 지금이나 학교에서 동일하게 가르치고 있다. 물론 우리의 강역이 한반도와 만주로 대폭 축소된 조선시대 이후에 그렇게 생각한 역사가들도 있었지만, 단재 신채호 선생을 필두로 근대적 역사학 방법론으로 단군의 도읍을 중국 대륙으로 논증한 사학자들이 상당수 있었다.

단군 성조의 도읍한 평양이나 아사달이 지금의 평양이 아니라 대륙에 있었을 것이라는 점은 이 책을 읽는 독자들에게는 쉽게 이해가 될 것이다. 신시의 치우 천왕의 나라인 구리나 청구 등이 대륙에 있다고 볼 수 있는데 환웅의 아들인 단군이 거기서 가까운 곳을 버리고 수천 리 멀리 지금의 북한 평양으로 옮겨야만 할 불가피한 사연이 있었을까? 중국의 숱한 기록들을 보면 단군의 도읍이 대륙에 있었다는 사실은 너무 명확하다. 그러나 의심이 많은 사람들을 위하여 쉽게 알 수 있는 문헌을 하나만 보기로 하겠다.

『산해경』「해내경」에는 "동해의 안쪽, 북해 가에 조선이 있다"고 설명해 놓았다. 이것만큼 간단하면서도 명확하게 고조선의 위치를 말한 기록도 드물다고나 할까? 고조선이라는 나라가 중국 동해의 안쪽에 있으며, 동시에 북해라고 한 발해(渤海)의 가장자리에 있다고 하였으니, 이 고조선이 현재 북한 평양에 도읍하지 않은 사실은 누구라도 알 수 있을 것이다.

그런데 당시의 발해가 현 발해가 아니고 산동과 대륙의 중간에 위치한 대륙택이라는 이론이 새로이 제기되고 있다. 전에는 산동이 섬이였다. 해수면의 변화와 황하의 퇴적으로 인해 강이 메꾸어지는데, 이에 발해란 산동 태산을 둘러싸고 있는 초승달 형상의 큰 물줄기를 일컫는 것이였다. 『우공』에서도 "해대(海岱)란 바로 청주(靑州)이다"라 하였다.

초기 단군왕검 당시의 기록을 보면 『사기』에 제순 때 중원의 북쪽에 산융, 발, 숙신이 있다고 하였다. 이 산융이 고조선의 거수국임을 앞에서 언급하였는데 여기의 발도 마찬가지다. 그리고 숙신은 조선을 달리 한자로 표기한 것으로 같은 나라를 말한다. 공자나 사마천은 조선이라는 이름 대신에 숙신이라는 용어를 주로 썼다. 서기전 7세기의 춘추시대에 오면 『관자』라는 책에는 『사기』의 발·숙신 대신 발·조선이라고 표기하여 숙신이 조선과 같은 실체임을 알게 한다. 즉 여기서 중요한 사실은 고조선이 중원의 바로 북쪽에 있었다는 점이다. 고조선이 만약 북한 지역에 있고 그 도읍이 북한 평양이었다면 중원은 한반도 내에 있어야 한다. 다시 말해 현재 경기도가 당시 중원이 되어야 하는 해괴망측한 결과가 된다. 그런데도 아직도 중·고등학교 국사 공부시간에 고조선의 수도가 평양에 있었다고 배우고 있다.

역사의 진실은 고조선이 한반도의 약소국이 아니라 대륙의 광대한 영토를 아울러 가진 선진 대국이었다는 것이다. 이제 이러한 사실을 증명해 보자.

단군 성조께서는 나라를 9부로 나누어 다스렸다고 하는데 신채호 선생은 조선의 9부를 청(또는 남藍), 적, 백, 현, 황, 견, 우, 방, 양부라고 설파하였다. 그런데 중화에서 우리 동이를 총칭하여 9이(夷)라고도 하였으니 이 말은 공자가 숙신(조선)이라는 국가 명칭 대신 민족 명칭으로 잘 쓰던 말이다. 『후한서』에 보면 9이의 이름을 견이, 우이, 방이, 황이, 백이, 적이, 현이, 풍이, 양이 등의 아홉이라 하였다. 이를 신채호의 9부와 비교해 보면 그 중 7개의 이름이 일치하며, 다른 둘은 각각 풍이, 양이와 청부, 양부이다. 이것으로 보면 조선 9부의 이름을 따서 중화에서 9이라고 부른 것을 알 수 있다. 그 과정에서 약간의 착오가 있었다고 보이지만, 중국의 다른 기록에는 청부(남부)에 대응하는 남이(藍夷)와 양부에 대응하는 양이도 기록된 것을 볼 때, 신채호의 9부 명칭은 정확한 자료에 의거한 것임을 알 수 있다.

이 9이의 위치를 추적할 수 있다면 고조선의 강역이 대체적으로 드러나게 될 것이다. 필자는 이에 관한 자료가 부족한 상황에서나마 퍼즐을 맞추는 식으로 9이의 강역을 추적해 보았다. 그 결과 9이는 그 기록 순서대로 중국의 가장 서쪽에서부터 시작하여 서북을 거쳐 북쪽을 가로질러 동북과 동쪽에까지 이르는 것으로 나타났다. 이는 중화의 북쪽에 고조선이 있었다는 기록이 사실임을 뒷받침해 준다. 그리고 9이의 범위가 서쪽의 서융은 물론 북쪽의 북적과 동쪽의 동이를 포괄하는 것을 알 수 있는데, 이를테면 서융의 하나였던 진나라와 북적의 대표격이라 할 흉노 등도 앞에서 본 것처럼 고조선의 범위 안에 있던 동족임을 다시 확인할 수 있다.

첨언해서 말하자면 가장 서쪽의 견이는 뒤에 견융으로 불러 서쪽의 이(夷)가 융(戎)으로 변해가는 것을 알 수 있고, 백이와 적이는 뒤에 백적과 적적으로 불러 북쪽의 이(夷)가 적(狄)으로 변해가는 것을 알게 한다. 중화인들의 부르는 호칭에 따라 원래 한 뿌리이던 우리 민족이 서로 별개의 민족으로 바뀌게 되는 것이다. 그리고 현이(玄夷)는 발해 연안에 있던 동이의 종주국 '고조선'을 가리키는 말이며, 풍이(馮夷)는 조선 9부의 이름에는 없지만 중화 동쪽에 있던 복희씨의 출신지이기 때문에 그의 성씨인 풍을 따라 풍이로 부른 듯하다.

이렇게 광대한 나라 고조선은 신시의 유업을 이은 것이었으니 단군은 과연 어떻게 나라를 다스렸을까? 당시는 제정일치 시대로 종교적인 일이 곧 정치로 가장 중요한 제왕의 역할이었으니 『부도지』에는 이렇게 썼다.

사방의 여러 종족들이 천부의 이치를 익히지 않고 미혹에 빠졌으므로 두루 순행하여 깨우치니 백 년 사이에 가지 않은 곳이 없었다. 미혹함을 풀어 근본으로 되돌아갈 것을 맹세하여 부도 건설을 다짐하니, 이는 종족들이 모여 달라진 언어와 풍속을 고치고 천부의 이치를 깨닫게 하기 위함이었다.

황궁씨 이후 잃어버린 낙원을 되찾기 위한 노력을 이어받아, 새 나라에 부도를 세워 흩어진 사방의 종족들을 깨우치는 구심의 역할을 다짐한 것이다. 그리하여 십 년마다 신시를 열어 여러 종족의 대표들을 모으니, 말과 글이 같아지고 천하가 하나로 되어 사람들이 화합하였다. 또 신시와는 별도로 두 강이 교차하는 중심지에 조시(朝市)를 설치하고 8택(澤)에 해시(海市)를 열어 매년 10월 제사를 드리니 사방에서 육지와 바다의 토산물을 바쳤다. 산악 종족들은 사슴과 양을 바치고, 해양 종족들은 물고기와 조개를 바쳐 송축하기를, '고기와 양을 희생으로 조제에 받들어 올리니, 오미의 피를 신선하게 하여 창생의 재앙을 그치게 하네'라고 하였다. 이를 가리켜 '조선 제사 朝鮮祭'라 하였다. 이로부터 나라 이름이 '조선'이 된 것은 아닐까? 또 산의 종족과 바다의 종족이 모두 모여 교류하고 제사를 지내고 새해맞이 제사와 추수감사 제사를 지내고 모여 잔치하며 물자를 교류하였다. 이에 4군데의 물(四海)에서 산업이 일어나고 교역이 왕성해지므로 천하가 넉넉하여 부족함이 없었다.

이때 중원은 요(堯)가 다스리고 있었는데, 5제 시대의 나라 이름은 우(虞)나라로 고조선의 거수국과 같은 지위에 있었다. 그런데 요는 부도의 법을 따르지 않고 5행의 법을 만들어 제왕의 도를 주장하며 당도를 세워 대립하였다.

그는 황궁씨의 후예인 묘예(苗裔; 구리의 후예인 3묘, 묘족)를 쫓아내니 그들은 동·서·북의 세 방향으로 흩어졌다. 이는 먼 옛날 5미의 변이 있은 이후로 인간 세상의 2번째 큰일이었다.

이에 단군 성조께서는 유호씨 부자에게 가서 요를 깨우치라 명령하였다. 요는 그들을 공손히 대접하니 유호씨는 하빈과 여러 곳에 옮겨 살며 그를 감시하였다. 이때 요는 유호씨의 아들 순(舜)의 사람됨을 보고 다른 뜻을 품어, 일을 맡기며 두 딸로 유혹하니 순이 미혹하여 아버지 몰래 그녀들을 아내로 삼고 요에게 협조하였다.

지금까지 『부도지』를 토대로 서술하였으나 당시 중화와의 관계는 우리 고대사에 있어 매우 중요한 부분이므로 상세하게 검토하기로 하겠다. 순의 아버지가 유호씨라고 하였는데 『사기』에는 '고수'라고 하였으며 우리의 『단기고사』에도 그렇게 되어있다. 『사기』에는 고수가 장님에 완고하며, 처가 죽은 뒤 후처에게서 얻은 아들을 사랑하여 늘 순을 죽이려 했다고 썼다. 그러나 『단기고사』에는 고수가 고조선의 명문가 출신으로, 순이 요에게 벼슬하므로 불화하여 고수가 순을 죽이려 했다고 하였다.

우리의 기록들에서는 순의 아버지가 순을 죽일 만한 상황이 이해되지만, 『사기』의 기록대로라면 미천한 집안의 장님이 굳이 아들을 죽여야만 할 이유를 찾기 어렵다. 이는 사마천이 중요한 사실들을 숨기기 위한 것으로밖에 생각할 수 없다. 앞에서 본 중국인 낙빈기에 의하면 순은 5제의 두 번째인 전욱의 손자이므로, 순이 미천한 집안이라는 사마천의 말은 거짓임이 드러난다. 전욱의 다음은 사위인 곡이 제위를 이었으므로 전욱의 아들은 5제에 들지 못했는데, 그가 누구인지 모르나 순의 아버지라야 순이 전욱의 손자가 될 수 있다. 그러므로 순의 아버지가 바로 고수로서 전욱의 아들인 것이다. 그런데 사마천은 이를 감추기 위해 고수를 전욱의 5대손으로 만들었으나 제왕의 5대손이 왜 미천한지 알 수 없다. 또 5대손이면 그 아들 순은 6대손으로, 요의 딸들과는 3대의 세대차가 있으므로 결혼 상대가 될 수 없다.

한편 순의 아버지를 유호씨라고 한 것은 고수라는 이름을 말하지 않고 그의 나라 이름인 성씨를 호칭한 것이다. 이것이 정상적인 기록 방법인데 『사기』에서는 순의 아버지를 나라를 가진 씨로 기록할 수 없으므로, 미천한 신분임을 보이기 위해 고수라는 이름을 쓴 것이다. 유호씨는 순이 요를 돕는 것을 누차 경계하였으나 순은 듣지 않고 현자를 찾아 죽이고 3묘를 정벌하니, 이때의

51

일에 대하여 『부도지』에 이렇게 썼다.

> 유호씨가 마침내 참지 못하여 (순을) 꾸짖고 그(요를 말함)를 토벌하니, 순은 하늘을 부르며 통곡하고 요는 몸을 둘 땅이 없으므로 순에게 양위하고 자폐하였다.

이와 유사한 내용은 『태백일사』에도 보인다. 이러한 기록들을 보면 중화의 기록이 얼마나 많이 조작된 것인지 알게 된다. 공자가 『서경』에서 요를 중화의 시조로 만든 것은 위에서 보듯이 그가 대국 고조선에 대항한 정신을 높이 평가하여 성군으로 미화한 것에 불과하다. 그리고 요·순시대를 이상향으로 설정하기 위하여 선양설을 만들어냈으나, 위에서 보았듯이 선양의 실체를 알고 나면 참으로 허망한 생각만 들 뿐이다.

유호씨는 이후 둘째 아들 상에게 그 형인 순을 치게 하니 수년 동안 싸워 마침내 당도를 혁파하였다. 요는 유폐 중에 죽고 순은 창오의 들로 도망하여 무리가 사방으로 흩어졌다. 이때 우(禹)는 아버지를 처형한 순에게 원한이 있었으므로 그를 추격하여 죽였다. 순의 두 처도 역시 강물에 몸을 던져 자결하였다.

우 역시 요의 무리이기 때문에 제왕을 칭하고 고조선에 대항하여 유호씨를 공격해 왔다. 그러나 여러 번 패하여 모산의 진지에서 죽었다. 그의 아들 계가 대군으로 유호씨를 치러 왔으나 번번히 패하고 말았다. 유호씨와의 싸움은 공자의 『서경』에도 나오는데 그 결과에 대하여는 전혀 언급이 없이 군사들에게 훈시한 말만 써놓았으니, 『부도지』의 기록이 사실에 가까울 것이다.

사마천은 공자의 설을 발전시켜 『사기』에서 허위의 역사를 만들어냈다.

> 요가 즉위한 지 70년 만에 순을 얻어 등용하였으며 다시 20년 만에 연로하여 은퇴하고, 순에게 천하의 정사를 대신 맡아보게 하고 또한 천자로 추대하였다. 요는 제위를 물려준 지 28년 만에 붕어하였다.

요약하면 요 임금이 즉위한 뒤 118년 만에 붕어했으므로 만약 20세에 즉위하였다면 138년을 살았다는 것이 되니 우선 믿기가 어렵다. 또 90년 동안 재위에 있었다고 하였으나 중국인 낙빈기가 밝힌 계보에 따르면 그의 재위 기간은 38년에 지나지 않는다. 왜 이렇게 요의 재위를 오래도록 만들어야 했는지 이해하기 어렵다. 우리나라에서는 고구려의 태조대왕이 94년 동안 재위에 있기는 하였으나 7세에 왕이 되어 100세에 물러났다. 또 한 가지 의문은 요의 생존시 순이 28년 동안이나 천자의 자리에 있었다는데, 만약 요가 노쇠하여 물려주었다면 그 후 28년이나 더 살았다는 점도 무언가 사연이 있지 않고는 설명하기 어렵다.

　유가의 선양설에 반해 한비자는 명백한 반대 입장을 취하여 "순이 요를 핍박하며 우가 순을 핍박하고···" 라고 하여 순이 요를 핍박했다고 하였는데, 이는 위 우리 측의 기록에서 본 것과 같은 취지이다. 다음에 우가 순을 역시 핍박했다고 하여 선양설을 부인하였는데 『사기』에는 이 부분도 순이 우에게 선양한 것으로 만들었으니, 전 대의 한 번의 선양만으로는 부족하다고 본 것일까? 낙빈기는 여기에 대하여 순이 남쪽으로 순행을 간 사이에 왕실의 여성 세력을 중심으로 반란을 일으켜 우를 옹립했다는 것이다.

　『대대례기』에 보면 "순이 죽자 우가 대신하여 흥하였다. 우는 갑자기 명령을 받고 (제위를) 이어····" 라고 하였으니 이것이 선양에 의한 것이 아님을 충분히 알 수 있으며, 낙빈기의 설명이나 우리의 기록이 옳다는 근거가 될 것이다.

　필자는 이 책의 구상 초기에 성군으로 기록된 요,순,우 3사람을 영웅전에 실을 생각으로 연구하였으나 거짓으로 점철된 사실을 알고 제외하였다. 다만 고조선과 관련되는 범위 안에서 그들의 행적을 본다면 다음과 같은 일이 있었다.

　우선 순이 요를 대신하여 섭정할 때 동쪽으로 순수한 일에 관하여 『서경』에 이렇게 기록하였다.

동방의 왕을 알현하고 1년의 달과 날짜를 협의했다. 음률
과 도량형을 통일하고, 5례·5옥·3면·2생·1사 등 예물
에 관한 것을 고쳤다.

여기서 "동방의 왕을 알현하였다(사근동후, 肆覲東后)"는 것은 고조선의 최고 통치자인 단군왕검에게 거수국의 군주로서 예의를 갖춘 것을 말한다. 그리고 달력, 음률 및 도량형을 협의하고 통일했다는 것은 고조선을 기준으로 맞추었다는 것이다. 만약 이때 중화가 고조선보다 상국이나 문화적으로 우월한 입장이었다면 "(중화에) 맞추도록 교시하였다"라는 식으로 기록했을 것이다.

다음으로 살펴볼 것은 고조선에서 대홍수를 다스린 경험을 중화에 전해 준 사건이다. 요 때부터 중원은 대홍수의 피해가 심각하여 곤에게 산과 강을 다스리게 하였으나 9년 동안 제대로 다스리지 못하고 실패하였다. 요를 이은 순은 곤을 처벌하는 한편 곤의 아들 우를 사공으로 임명하여 다시 산과 강을 다스리게 하였다. 이 무렵 단군께서는 중원의 수재를 가엾이 여겨 맏아들 태자 부루를 보내 우와 만나게 하여 치산치수의 비법을 전해 주도록 하였다. 이런 사실은 『태백일사』와 『단군세기』에 씌어 있는데, 중화의 『오월춘추』에는 또 이렇게 썼다.

우(禹)는 아버지가 못다 이룬 공을 다시 이루었다.‥‥‥
꿈에 붉은 비단옷을 입은 현이의 창수 사신을 보았기에
제사를 지냈다.

우는 아버지 곤이 못다 이룬 홍수 다스리는 공을 이루었는데, 꿈에 현이의 창수 사신을 보았다고 했다. 현이는 앞에 9이에 관해 볼 때 동이의 종주국 고조선임을 설명하였다. 그리고 여기의 창수는 창해로도 쓰는 지금의 발해라는 사실은 잘 알려져 있다. 그러므로 현이의 창수 사신이란 발해 연안에 있던 고조선의 단군왕검이 보낸 사신인 태자 부루를 뜻함을 알 수 있다. 여기서는 우가 꿈에 만났다고 하였으나 꿈속에서 홍수 다스리는 어려운 일이 어

찌 전해질 것인가? 그러므로 단재 신채호는 태자 부루가 우에게 치수의 방법을 전한 것에 대하여 이렇게 결론지었다.

> 우리 역사와 『오월춘추』를 참고한즉 대개 단군이 팽오를 시켜 홍수를 다스리고 다시 지나(중화)의 물난리를 애타게 여겨 부루를 보내 『중경』을 주고, 또 조선의 홍수 다스릴 때 쓰던 탑국과 거부 등을 주어 드디어 우로 하여금 공을 이루게 한 고로, 우도 곧 조선을 앙모하여 조선의 제도를 본떠서····
> 그가 죽을 때에도 회계의 인연을 잊지 못하여 자기 몸을 회계산에 묻히게 함이라.

부루가 우를 회계산에서 만나 고조선의 서책과 장비들을 전해 주었다는 것인데 다른 곳에는 회계산이 아니라 도산에서 만난 것으로 되어 있다 (단재는 둘을 동일한 산으로 보았다).

　단군이 임금성에 도읍을 세워 성곽을 축조하고 궁실을 지으며 여러 관직을 설치하였다. 아들 부루를 호가(虎加)로 삼아 모든 가들을 통괄하게 하였으며, 신지씨(옛 신지씨의 후손)는 마가(馬加)로 삼아 생명을 주관하게 하고, 고시씨는 우가(牛加)로 삼아 곡식을 주관하게 하고, 치우씨는 웅가(熊加)로 삼아 병사를 주관하게 하고, 둘째 아들 부소는 응가(鷹加)로 삼아 형벌을 주관하게 하고, 세째 아들 부우는 노가(鷺加)로 삼아 질병을 주관하게 하고, 주인씨는 학가(鶴加)로 삼아 선악을 주관하게 하고, 여수기는 구가(狗加)로 삼아 모든 고을을 나누어 관리하게 하였다.

　이를 단군 8가라 하고 흰소를 잡아 태백산 기슭에서 하늘에 제사를 지냈다. 관직명에 매, 두루미, 백로 등 새가 여러 종류인 것이 조이(鳥夷)족 소호 금천씨의 조류 명칭으로 관직명을 정하였던 전통을 이은 듯하다. 후에 푸른 사슴과 푸른 용이 조천지(朝天地)에 모습을 드러냈기에 하늘에 제사를 지낸 후 호가를 용가(龍加)로, 노가를 녹가(鹿加)로 고쳐 불러 제도를 정비하였다.

　단군의 교화는 사방에 두루 미쳐 북으로는 대황에 다다르고,

서쪽은 설유를 거느리며 남쪽으로 회대의 땅에 이르고 동으로는 큰 바다에 닿았다. 나라를 다스린 지 30년만에 홍수를 만났는데, 파도가 하늘까지 치솟아 요만의 들녘을 품으며 올라서니 패수의 물은 불어 넘치고 평양은 물에 잠겨 버렸다. 아사달 아래 당장의 들녘에 거처하는데 이곳은 사방 수백리에 큰 물줄기가 없고 물의 형세는 동쪽으로 내달으며 넓은 들녘의 땅은 높고도 건조하여 서쪽에서 오는 물을 피할 수가 있을 것 같았다.

이에 부루가 물과 흙을 예전처럼 모두 바르게 하고 편안하게 살도록 하니 만백성이 그 덕을 가슴에 품게 되었다. 수재로 인한 전염병을 치료하고자 고시씨의 옛 법을 헤아려 마른 쑥을 재료로 하고 쇠와 돌을 맞부딪쳐 불씨를 만들어 산과 못 등을 태우니, 그제야 맹수와 독충이 멀리 숨어 버리고 그 해악이 점차 제거되었다. 이에 부싯쇠, 부싯돌, 부싯깃 등의 말이 생겨났다.

후대에 "단군이 홍수를 만나자 팽오로 하여금 산천을 다스려 백성들의 거처를 정하게 하고..." 라고 팽오의 업적이 나오는데, 『한서』의 "무제가 즉위한 지 몇 년 만에 팽오가 예맥 및 고조선과의 길을 터놓았다"에 등장하는 팽오는 동명이인이고 모두 산동 서주지방 및 팽성의 군주를 일컫는 것으로 파악된다.

단군은 여러 가(加)와 백성들로 하여금 각기 일월, 음양, 사시(四時)의 신뿐만 아니라 산악, 하천, 마을의 신에게 제사를 올리게 하였다. 제사 종료시에 단군은 단군 8조(천범8조)의 교령, 홍범8정(政)을 유시하였다. 성(誠), 심화(心化), 경효충(敬孝忠), 화목(和睦), 애우(愛佑), 양보(讓步), 구휼(救恤), 경천친민(敬天親民) 등 가정·사회·국가의 구성원으로서의 인간의 윤리를 가르쳤는데, 즉 하늘과 사람뿐만 아니라 동식물도 함부로 하지 말라 가르쳤다. 홍범8정의 3번째는 사(祀)를 말하는데 이는 신명(神明)과 통함으로써 그 근본에 보답하라는 것이다. 즉 승냥이와 수달도 은혜를 갚으니 제사 지내는 것을 잊지 말라는 내용이다. 그리하여 후세의 역대 모든 나라가 하늘에 제사를 지내지 않음이 없었으니, 부여, 예맥, 마한, 신라, 고구려 등의 모든 나라는 10월에, 백제는 사중월에 지냈으며, 각각 도천, 무천, 제천, 교천, 영고, 동맹

등으로 불렸다. 특히 부여는 제사 드리며 소발굽으로 길흉을 점치는 풍속이 있었다. 그런데 중화의 기록에 의하면 고요가 제사를 많이 지낸 임금이라고 전하므로 단군과 고요를 동일인물로 보아 연구해 봄 직하다.

고조선은 초기부터 법이 엄격하였고 제9대 아술 단군대에 가서야 조금 유연해졌다. 아술 단군은 "변을 싸면 땅이 더러워지기는 하지만 가끔은 비와 이슬이 내리기도 한다"며 금법 위반자를 용서해 주자 그가 교화 감화되었다 하는데, 이것은 초대 단군 때 이미 엄격한 법이 세워졌음을 시사한다. 그리고 몇백 년 뒤인 색불루 단군 때(서기전 1,282년)에는 처벌 관련 조항을 명시화한 8조 법금이 시작되었다.

사회가 안정되고 풍요로운 생활이 천년 간을 지속되니, 자연히 우리 선조들은 주변국보다 문화 수준이 매우 높았다. 고조선의 공무도하가는 뱃사공 곽리자고의 아내, 즉 하층민도 공후를 다루고 노래를 지을 줄 안다는 점을 통해서도 확인된다.

후에 고조선을 이어받은 고구려의 교육수준은 대단했다. 거리마다 공부하는 큰 집 경당을 지었고 고구려 사람들은 책을 매우 좋아해서 문지기나 말먹이는 집 등 지위가 낮은 집의 자녀들도 이곳 경당에서 밤낮으로 독서와 활쏘기를 익혔다.
박창화 필사본 『고구려사초략』을 보면,

'유(幽)와 기(冀)의 땅에 가보니
한인(漢人)들은 글을 읽을 줄 아는 자가 100에 1도
되지 않았고, 동물의 행동과 다른 것이 없었습니다(403년)'

라고 도(韜)가 광개토호태왕에게 보고하였던 것에서 고구려와 한인들의 교육 수준이 확연히 비교됨을 확인할 수 있다. 403년은 광개토호태왕이 중원을 차지한 때로써, 5부 8맥의 자식들이 태왕의 첩으로 살고 있었고 남쪽 땅을 복속하여 3한의 땅을 아우르고 서쪽으로 2개의 진나라(동진, 후진)의 땅을 억누르던 시대였다.

또한 동이의 후장 전통을 고구려가 이어받았으니, 금은 재물을 모두 함께 묻어 거창한 장례를 치르기 위해 미리미리 조금씩 준비해둔다고 하였다. 부여도 얼음을 여름철 시신 보존에 사용하였다는 기록이 있고 순장도 많게는 100명이 넘었다. 고구려는 도굴을 차단하기 위해 돌을 쌓아 봉분 무덤을 만들고 소나무나 잣나무를 줄지어 심었다.

 풍속은 화려한 것을 좋아하고 술을 잘 담그며 밤늦도록 남녀가 모여 노래를 하고 춤을 추었고, 여러 잡신 귀신, 땅과 곡식의 신, 별들에게 제사하는 것을 좋아했고, 음력 10월에는 동맹을 천제를 지냈다. 고구려인의 모자는 골소라고 부르는데 대개 보라색 비단으로 만들며 금은으로 장식한다. 관리들은 거기에 새의 깃털을 2개 꽂아 일반인과 다르게 보이게 한다. 남자들은 저고리와 통 큰 바지와 흰 가죽 허리띠를 매는데, 이 흰색 띠는 황궁씨의 속신 백모지의를 따른 것으로 보인다.

 마고성에서 5미의 변이 일어났을 때, 가장 어른이었던 황궁씨가 백모(흰띠)를 묶어 마고 앞에 사죄하며 5미의 책임을 스스로 지고 복종을 서약하던 뜻을 상기하기 위함이다.

 이 전통은 후대까지 이어져 내려왔는데, 〈양직공도〉의 고구려 사신과 일본 아스카 및 나라시대의 남녀 복장 모두에 흰 허리띠를 매었던 사실이 확인된다.

7. 백익(伯益)

　백익은 여러 글자로 기록이 남겨져 정확한 면모를 찾기가 쉽지가 않은데, 익(益, 嗌, 繄)의 3글자를 혼용하기도 한다.
　백익은 백예(伯翳), 백충 장군(百蟲 將軍)으로도 불렸다.
　백예는 진(秦)부락 (감숙성 동부)에서 봉지를 받은 첫 번째 조상이다. 또 그는 '소호 금천의 후예이고, 판정(版頂, 화하족)의 후예가 아니다' 라고 기록되어 있다.
　백익의 익(益) 자에는 "물이 넘쳐 흐른다', '웃사람 중의 웃사람', '피신할 수 있는 험한 요새가 있다' 등 다양한 뜻이 담겨 있다. 즉 우와 함께 치수 사업을 성공하였고, 울타리(虞)를 만들고 우물을 개발하여 많은 사람들이 사용하여 커다란 마을이 생기도록 하는 등 많은 공적을 통하여 웃사람 중의 웃사람이 되었고, 우임금으로부터 통치권을 위임받아 왕이 되었다.
　이처럼 백익은 우임금을 도와준 사람인데, 『국어』에는 백이(伯夷)가 요임금을 도와주었고, 또 백예(伯翳)가 순임금을 매사에 도와주었던 사람으로 나온다. 우가 죽은 뒤에 백익이 정사를 돌보았지만 재위 3년만에 계에 의해 축출되고 만다.
　고대에 성인 또는 사위가 지위를 물려받던 전통은, 점차 아들이 잇는 것으로 변하게 된다. 다재다능한 백익을 축출하고 계가 우의 왕위를 계승하였지만, 사실 계는 혈통이 분명치 않다. 요임금의 아들이라고도 알려진 계 (啟, 胤子朱啟明)를 우왕의 아들 (娶涂山生啟)로 둔갑시키고 있다. 계에게 양위하고 기산(基山)으로 물러나 살았다고도 하는데 『묵자』에 따르면 백익이 북쪽 지역에 자리를 잡고 구주를 완성시켰다고 한다.

 순과 우는 남쪽인 해지 연안(於服澤之陽)에 수도를 정했고,
 백익은 산 너머 해지 북쪽(於陰方之中), 옛부터 해(奚, 解)족이 살던 식양(息壤)에 도읍을 정하고 통치를 했다고 한다.
 식양이란 "息, xī /시, 쉬, 해, 解, 奚, 何" 등 소리가 유사한 여러 한자로 기록한 것으로 백익 부족이 살던 땅이란 뜻이다.
 신성한 동물 해치를 사용해서 법률을 집행하였다는 법관 고요(皐陶)의 아들이 백익이다. 전욱 고양, 또는 고요는 소호 금천씨의 후손이며, 법관으로서 형법과 교칙을 제정하여 법을 시행하였는데, 비로소 이때부터 사회가 화합하고 천하가 크게 다스려졌다고 한다. 우임금은 다음 제위를 고요에게 선양하려 하였는데 고요가 우임금보다 먼저 세상을 떠났다.
 고요는 산동성 곡부에서 태어났다 하고 묘는 안휘성 수현(壽縣)에 있다고 하므로 아들인 백익도 산동성 곡부가 고향일 수 있겠다. 또 팽성의 수왕(壽王, 彭城靖王恭)이 말하기를 "백익이 천자가 되어 우왕을 대신했다(壽王言 化益為天子代禹)" 라고 하였다. 여기서 수왕이란 서주의 서(언)왕을 뜻하는데 서주의 팽성은 특히 멀어서 고대로부터 중원의 간섭을 받지 않던 독립국이었다. 고요의 아들 백익의 자손들이 영(英)·육(六)·허(許)에 봉해졌다고 한다.
 백익은 박식하고 다재다능하였다고 하는데, 『열자』에는 '우는 행동으로 보여주었고, 백익은 지식으로 이름이 알려졌다'고 하였다. '박, 백, 밝, 부리, 파쿠' 등은 발음이 유사하고 이 단어들은 모두 현명하다는 뜻을 내포하는 것이다.
 『한서 律曆志』에는 백익은 화익(化益)이라 했는데 이는 불, 밝, 불리지, 부리, 부여 등의 불과 관련이 있기 때문일 것이다. 화익은 화인(化人)이라고도 하는데, 고대 사회에서 '불'이 지니는 의미를 생각해보면 광명, 혜택뿐만 아니라, 정의, 징벌 등으로 짐작된다.
이러한 표현은 우리 민족 고유의 일월성신 및 삼신 숭배사상, 도

교, 불교 등과 밀접하므로, 정의로운 부도가 지켜지는 나라 고조선 사회를 백익이 구현하였던 것이 아닐까?

또 『한서』에서는 백익의 실체를 은미하게 측백나무(柏益)와 같은 사람이라고 기록하며 그를 지극히 높이 평가했다. 고문헌에 나오는 백(柏)나무는 측백나무와 잣나무를 의미하는데, 측백나무는 중국 서북부 내몽고부터 광동성 북부까지 광범위하게 자생하는 반면에, 잣나무는 중원에서는 자라지 않는다. 그래서 잣나무는 영어로 Korean Pine이라고 하는데 우리의 고유종이며 고대로부터 우리는 잣을 수정과에 띄워 먹었다. 부도지에서도 5엽서실(五葉瑞實) 잣, 징표를 새긴 칠색보옥 부인(符印), 삼근영초 인삼을 정기적으로 단군이 모여든 족속들에게 나누어주었다고 하므로 잣나무, 측백나무는 단군 임검의 국가를 상징하는 표식으로 보겠다.

한국 성씨 조(趙), 사마(司馬), 배(裴), 강(江), 마(馬)씨 뿐만 아니라, 지형이 높은 산서성에 많이 살던 '높다'는 뜻을 가진 우(禹), 위(衛, 圍, 魏)씨와 이를 훈역한 고(高), 최(崔, 最), 으뜸 원(元), 해 또는 해비씨(奚, 荷, 解, 解批, 解毗氏, 解枇氏)가 있으며 박씨(朴, 博, 樸, 薄), 상고음이 동일한 사씨 또는 사비씨(谢氏, 谢批氏), 비자와 정백(非子, 井伯)씨 등이 모두 백익의 후손(本伯益之後)이라고 한다. 그런데 '해비'는 햇빛의 음이며, 태양족, 빛살무늬토기, 불(火), 삼족오(해) 등과 밀접하다.

백익의 또 다른 이름은 이기(伊耆)이다.

도덕경을 쓴 노자와 동일한 이(李)씨인데, 동음의 여러 글자(伊, 理, 李, 異)로 나타났다. 이들은 감숙성 돈황(敦煌-토하라 역시 불의 땅을 의미한다)을 지나서 산서성에 와서 많이 살았다. 태원에는 진 대부(晉大夫) 기해(祁奚)가 살던 마을이 있다. 원래 기(祁; 礻, 阝)자는 "땅 귀신이 사는 마을"이란 뜻인데 이는 발음이 같은 글자들 "耆, 岐, 箕, 秉"로 적기도 했다. 『해씨성원(何氏姓苑)』에는 '기씨가 부풍인(扶風人)이고 백익의 후예'라고 하였다. 서안-함양 서쪽에 부풍현(扶風縣)이 있고, 진수의 『삼국지』에도 부풍이란 이름이 많이 등장하고 왜인 전에는 치부풍(置

扶風)이 나온다.

『강희자전』에는 '익작짐우(益作朕虞)'라 하였는데 여기서 짐이란 순, 우왕과 같은 반열의 통치자가 되었다는 것을 말한다. 또 "이기(伊耆)는 옛 왕의 호칭(古王者號)"이라 하였는데, 설문해자의 "이: 은성인아형 윤치천하자 (伊; 殷聖人阿衡, 尹治天下者)"란 문구와도 연결된다. 그런데 사기를 비롯한 여러 고전에는 은나라 대신에 상나라 성인으로 바꾸어서 이기를 상나라 재상으로 둔갑시키고 있다. 상나라의 전설적인 재상 이윤을 아형(伊尹名阿衡) 또는 보형(保衡)이라 하는데, 형이 이름이고 아(阿)와 보(保)는 '밝다'는 뜻을 지닌 성씨이다. 발해는 '보해'로서 '밝해'이자 '고조선의 바다'이다. '밝해'는 현 발해가 아니고 산동성 안쪽에 있어 대륙으로부터 산동을 분리시키는 바다를 일컬었다.

은나라는 수도를 여러 번 옮겼지만 항상 '박'이라고 불렀는데 왜 수도명칭으로 '밝다'의 '박'과 유사한 발음을 사용했을까? 백익은 일처리에 있어서 매사를 좌우에 치우치지 않고 공평하게 처리하였다. 『강희자전』에 '바를 정(正)'이란 "백익이 만든 또는 사용하던 법이 올바른 시법(諡法)"이라 했다. 글자 '시(諡)'를 분해해보면 '백익의 말'이란 뜻이다. 시(益)는 xi로서 해(奚), 하(何) 등과 동일한 발음이다. 시와 익(諡, 益)자는 동일한데 '시'는 3황 5제때 부터 있었다. 즉 익법(諡法)이란 백익시대의 율법이고, 시기(諡記)란 그 율법을 기록으로 남겼다는 뜻이다.

『춘추 곡량전』에서는 '시자 권선이징악 (諡者, 所以勸善而懲惡)'이라 하였듯이 '시'가 바로 권선징악이다. 또 『설문해자』는 '시' 글자를 작시(作諡)라고 했는데, 이를 "삼신사상을 믿던, 빛을 숭상하던 사람들 사이에 태고 시대부터 전해오던 말씀"이라고 했다. 이처럼 백익이 만든 법, 즉 우리 동이가 다룬 율법을 시법이라 했다는 것이 확인되는 것이다. 중화보다 이른 시기에 8조법금이 있으므로 정의로운 고조선 사회를 상상해 보자. 고무래 정(丁)이라는 글자를 '正' 글자 대신에 사용하여 일주서 시법해(諡法解)는 '술의불극왈정(逑義不克曰丁)'이라고 하였는데 여기서 '불극'이란 단어에 특별히 눈길이 끌리는 것이다. 조선은 붉은해, 불그내, 불구레, 불그래 등으로 불리었으니 말이다.

상고사 연구에서는 금석문을 가장 가치있는 사료로 다루는데, 백익의 현령비가 함곡관 서쪽에서 발견되었다. 우리는 마땅히 이 백익의 현령비를 찾아서 연구해야 한다. 이는 관련성이 적은 한참 후대의 사람들이 남겨 놓았기 때문에 어느 금석문보다도 사료적 가치가 더욱 높다고 하겠다. 비문에는 백익이 전욱 고양씨의 둘째 아들이고, 성은 이씨(伊氏), 휘가 익(諱益)이며, 자는 퇴개(隤敳)라 했다고 한다. 백익의 성씨가 이씨란 사료는 이 금석문 하나뿐이다. 또 퇴개란 글자가 백익의 또 다른 이름이란 증거이다. 퇴개가 고양씨의 후손이란 기록은 『춘추좌전』, 『통전』, 『설문해자』 등에도 나온다. 순임금은 고양씨의 후손인 이씨의 딸을 정실로 들였었다.

황제가 치우천왕을 얻어서 "천도를 밝혔다" 라고 하였으나 현존하는 인쇄본에는 그 내용이 빠져있다. 동일한 내용이 『통전』과 『관자』 오행에도 실려 있는데, 모두 퇴개가 유능한 보좌관이라고 기록하고 있다. 퇴(隤)자에는 "귀한 사람(貴)이 살던 마을(阝)이란 뜻"이 들어 있으며, 퇴개라는 이름자에는 "산서성 해지 북쪽 하동군에 있던 귀한 사람이 다스리던 마을을 강압적으로 빼앗음" 이라는 뜻이 숨어 있다. 북쪽에 살던 전욱 고양씨의 후손들이 산서성 서쪽 분수(汾水)를 따라 해지 연안에 이르러 번성하여 "단군 왕검"이 나타났으며, 백익이 살해당하자 그 후손은 다시 북쪽으로 피신했다고 볼 수 있다. 해(日, 太陽)를 뜻하는 여러 글자의 해 (Xie, 解, 阿, 何, 解毗, 解批, 蓋, 盖, 契) 성씨가 특히 산서성 평양(平陽)에 많이 살았다.

계가 백익을 쫓아내고 정권을 빼앗은 사건은 중국 신해혁명(1911~1912년) 이후에 양심적인 사학가 고힐강, 나근택 등이 모여 만든 논문집 『고사변』 하사삼론(夏史三論)에서 깊이있게 다루었다. 이러한 사료를 종합해 보면, 합법적으로 지도권을 이양받은 다재다능하고 올바른 사람을 죽이고 지도권을 빼앗은 사실을 은폐하려고 수단과 방법을 다하여 조직적으로 옛 기록을 주물렀음을 알 수 있다.

  부루 단군의 생전에 이룩한 치수 업적과 인품, 법관 고요의 아들 등을 비교하면, 불 화익, 시법과 올바름, 해비씨, 이기, 퇴개 등 다양한 이름으로 불린 백익과 유사하다. 교차검증으로 파악되는 백익은 정의로운 동양문화의 시작점이었던 부루 단군이 아닐까?

8. 명궁 이예(夷羿)

이예(夷羿)는 활을 잘 쏘는 동이 중에서도 최초로 명궁으로 기록된 영웅이다. 이예라고 하여 이름 앞에 '이(夷)'가 붙은 것은 그가 동이인 것을 의미한다.

때로는 임금이라는 뜻의 후(后)를 붙여 후예라고도 하는데 이는 그가 하나라를 빼앗아 임금이 되었기 때문이다. 예는 소호의 후손 가운데 요·순시대에 형벌을 주관하는 대신을 지낸 고요(皐陶)의 가까운 자손이며, 고요의 성씨와 같은 언(偃)씨라 한다. 그는 유궁(有窮)이란 나라에 살았는데 그 나라에 대하여는 거의 알려진 것이 없으나, 이예의 선조 고요가 세운 나라로 생각된다.

고요는 대단히 훌륭한 인물이었다. 공자의 언행을 기록한 대표적 저서 『논어』에 보면 "순 임금이 천하를 얻은 후 무리 중에서 선발하여 고요를 기용하였다"는 구절이 있다. 또 『사기』에는 "우 임금이 즉위하자 고요를 천거하여 정사를 맡기려 하였으나 고요가 사망하였다"고 사마천이 기록하였지만, 고요는 단군 임검이라 불가하였다는 또다른 표현이 아닐까? 중국측 사서의 기록과 우리 『규원사화』 및 『단군세기』의 기록을 연결시켜 찾아볼 필요가 있는데, 요·순시대에 고요는 형법과 교칙을 제정하여 '오형과 오교'를 시행하였는데, 이때부터 사회가 화합하고 천하가 크게 다스려졌다 하였다.

유궁은 지금 산동성의 곡부에 가까운 지역으로 곡부의 옛 이름은 궁상(窮桑)이라 하였다. 유궁을 궁석이라 한 기록도 있으므로 이 궁석과 궁상이 동일한 곳으로 보아야 한다. 이런 추정을 뒷받침하는 사실은 예의 조상 소호 금천씨가 궁상에 도읍하였고 그 후손 고요가 곡부(궁상)에서 태어났으므로, 후손인 이예가 그 가까운 곳에 산 것은 아주 자연스럽다. 복희씨의 후손 풍씨, 소호의 후손 영씨와 언씨 등이 모두 곡부에서 멀지 않은 산동지역에 살았던 것으로 볼 수 있다.

이예의 영웅적 면모를 한 마디로 보여주는 기록이 『산해경』에 들어 있다. "적수(강 이름) 사이에 인예(仁 ; 仁은 夷와 같음)가 아니면 오를 수 없을 만큼 험준한 산이 있다." 이 구절에 대해 어진 사람이거나 이예와 같이 재주있는 사람만이 오를 수 있다는 해설이 있다. 이예의 영웅적 행적은 여러 기록에 산발적으로 보이는데 그 중 대표적인 것을 살펴보자.

요가 제왕이 되기 전 하늘에 열 개의 태양이 나란히 나타나 오곡을 태우고 초목을 마르게 하여 백성들은 먹을 것이 없고, 그 와중에 여러 이상한 짐승들이 출현하는 대재앙이 일어났다. 요는 활을 가장 잘 쏘는 이예에게 그 재앙을 해결하도록 부탁하였다. 이예는 기대를 저버리지 않고 9개의 태양을 활로 쏘아 떨어뜨려 하나만 남겨 두고, 이상한 짐승들을 모두 죽이거나 사로잡았다. 천지가 정상으로 돌아와 만민이 기뻐하는 가운데 요를 임금으로 삼았으니 이예가 그 일등 공신이었다.

그러나 실제로 10개의 해가 나타날 수는 없으므로 태양은 삼족오, 해를 의미하며 해는 동이의 왕을 상징하므로 9개의 태양은 구이족을 상징하는 것으로 보겠다. 동이는 대단히 강성하였기에 화하족 왕의 요구에 의해 이예가 동이 왕들을 무찌른 것으로 파악된다. 그 후에야 요가 제왕이 될 수 있었던 것이다.

위 이야기는 요가 제왕이 되기 전이라고 하였으나, 당시는 이예가 살던 시기가 아니라 그의 선조 고요의 시기였으므로 잘못 전해진 것이다. 실제로는 몇 대를 더 지나 하나라 시조 제우의 손자 태강 때가 이예의 활동한 시기이다. 그러나 이처럼 오래된 이야기에서 몇 대 정도 건너뛰는 것은 흔한 일이다.

태강이 사냥만 좋아하고 백성을 불쌍히 여기지 않아 이웃 나라 유궁국의 이예가 그를 몰아내고 하나라의 왕이 되었다는 것이 정사(正史)의 기록이다. 중국 정사란 동일한 사건에 대해 해석을 달리하는데, 이처럼 포장을 잘 하는 것이 한족의 특기이다.

그런데 이예는 오만해져 자신의 특기인 활만 믿고 태강처럼 백성을 돌보지 않았으며 들판에서 사냥하는 재미에 빠졌다. 이예는 또 어진 신하를 버리고 한착이란 좋지 않은 자를 재상으로 등용했다. 한착은 아첨을 하고 뇌물을 베풀며, 백성을 우롱하고 이예를 사냥의 즐거움에 빠지게 했다. 그의 목표는 말할 나위도 없이 나라를 빼앗는 데 있었다. 한착은 왕후인 이예의 부인과 공모하고 사냥에서 돌아오는 이예를 부하를 시켜 죽여버렸다.

한착은 그 시신을 삶아서 이예의 아들 왕자에게 먹이려고 하였지만, 그는 차마 아버지의 고기를 먹을 수 없어 굶어 죽고 말았다. 한착은 여기서 그치지 않고 이예의 처첩을 차지하여 아들까지 낳았다. 아들 요는 짐관과 짐심의 두 중신을 제거하였으나, 미가 중신들을 따르는 무리를 모아 20년 만에 한착을 쳐부수고 태강의 혈육인 소강을 옹립함으로써 하나라는 다시 왕실을 잇게 되었다.

이예는 대재앙을 해결한 영웅으로 등장하였지만, 최후는 매우 비극적인 이야기로 끝나는데 동이인 그가 9개의 태양을 활로 쏘아 떨어뜨렸기 때문이 아니었을까? 이예가 한착의 부하에게 죽었다고 했는데 그를 죽인 사람은 다름이 아닌 그의 제자 봉몽이라는 설도 있다. 일반적으로 봉몽은 이예와 함께 어깨를 나란히 했던 명궁으로 알려져 있다. 『맹자』에는 봉몽이 이예의 제자였는데 천하 제일의 명궁이 되기 위해서는 스승인 이예가 없어야 하기 때문에 그를 죽였다고 했다. 여기에서 믿는 가까운 사람에게 배신당하는 경우를 비유하는 속담이 생겼으니 그것은 '이예를 죽인 자는 바로 봉몽'이라는 것이다. 한착설보다는 봉몽설에 더 신빙성이 간다.

이예에 관하여 『초사』「천문」에는 다음과 같은 의문을 제기하고 있다. "이예는 어째서 해를 쏘았는가? 까마귀는 어째서 깃털을 떨구었는가?" 『초사』는 서기 전 4~3세기 초나라의 굴원이 쓴 것으로 「천문」은 우주에 대한 의문을 하늘에 묻는 형식으로 되어있다. 여기의 까마귀는 해 속에 산다고 믿는 세 발 달린 까마귀 즉 삼족오를 말한다. 그러므로 이 의문에 대한 답은 해 속의 삼족오가 이예의 화살에 맞아 죽으며 그 날개를 떨어뜨린 것이 된다. 당시 붓을 잘못 놀려 죽임을 당하는 소위 '필화의 난'을 당하지 않으려면 은유적으로 표현하거나 동일 음가를 지닌 다른 뜻의 한자를 써야 했다.
『초사』에는 이예에 대하여 또 이렇게 썼다.

> 제(帝)는 이예를 시켜
> 하족(夏民)이 재앙을 이겨내게 했다.
> 그러나 어찌 그 하백을 쏘고
> 또 그의 낙빈을 아내로 삼았는가?

하나라 백성들의 재앙을 고치게 했다는 것은 앞에서 본 해와 짐승의 재앙을 말한 것으로 그것이 하나라 때이며 요 임금 당시가 아님을 다시 확인하게 된다. 그런데 이예는 부탁으로 재앙을 해결하는 외에 쓸데없는 짓까지 하고 말았으니 하백을 쏘고 그 아내를 취한 것이다. 하백은 황하의 신인데 그를 쏜 것은 그의 아내를 취하기 위해서였을까? 낙빈은 복비라고도 불렸는데, 굴원은 「이소」에서 그녀를 미모나 자랑하고 교만하며 매일 놀기만 하는, 예의를 모르는 미녀로 묘사했다. 한편 이예가 이렇게 남의 아내를 취한 사이에 정작 자신의 아내는 멀리 달나라(월지?)로 달아나 버렸다. 『회남자』에는 이예의 아내를 항아라고 했으며 상아라고도 쓴다.

> 이예는 서왕모에게서 죽지 않는 약을 얻었는데,
> 항아가 훔쳐 달로 달아나 아쉽게도 잃어버렸다.

이예의 이야기는 신화나 전설적인 요소가 섞여 있어 그가 실재한 역사적 인물이었는지에 대해 의문을 품을 수 있다. 이 부분이 특히 그렇다. 예는 곤륜산에 사는 서왕모에게 불로불사의 약을 달라고 졸랐는데 만약 그가 신선의 세계에 속했다면 그런 약은 불필요했을 것이다. 불사약을 간청한 것으로 보면, 9개 해를 쏜 벌을 받아 이예는 신선의 세계에 속할 수 없었던 것이 아닐까? 일설에는 이예가 쏘아 떨어뜨린 아홉 태양이 상제의 아들들이었기 때문에 상제의 노여움을 샀다고 한다. 어쨌든 죽지 않는 귀한 약을 단 한 번의 조건부로 서왕모로부터 어렵사리 구했는데, 그의 아내가 이를 훔쳐 달로 달아나 버렸다. 항아는 이예에게 복수로 이렇게 한 것으로 해석되는데, 달로 도망친 그녀의 모습도 아름다운 자태가 아니라 두꺼비로 변해버렸다고 한다. 이를 통해서 보면 남편을 저버린 항아의 행위도 긍정적인 평가를 받지 못했다는 것인데. 고구려 고분벽화의 천정에 달 속의 두꺼비가 표현된 것은 이러한 이야기 때문인가?

　여기서 확실한 점은 9개 태양은 동이의 9명의 왕(9이족)을 의미하며, 이예가 사주를 받아 처리함으로써 동이의 세력이 위축되었다는 것이다. 동이의 전설적인 명궁 이예는 순진하여 한족 왕의 간교한 묘략에 그만 넘어갔다. 또 미녀에 넘어가고 아내에게 버림받는다. 명궁이기에 기구한 인생을 살았던 이예를 많은 사람들이 기억하게 되었고 이 이야기를 신화에 담아서 이처럼 전승하게 된 것이 아닐까?

　곤륜산 서왕모에게 가서 죽지 않는 약을 달라고 졸랐다는 것은 동이인 이예가 서왕모가 친분이 있다는 뜻이다. 서기 전 10세기 중원 전역을 말 타고 돌아다녔다는 주 목왕도 서왕모를 만나 연회를 하였다는데, 서왕모란 인물의 등장은 민간사상으로 고조선의 도교 즉 신선 사상이 밑바탕에 깔려 있었음을 뜻한다.

　단군의 선가사상을 조사하려면 『포박자』 및 갈홍의 『신선전』를 연구해야 한다. 신선전에 수많은 신선이 나오는데 모두 동이다. 또 치세 말년에는 단군들은 대부분 신선이 되었다고 한다. 『산해경』 「해내북경」에는 "봉래산은 바다 가운데 있다. 대인의 시(市)가 바다 가운데 있다" 고 한다. 전설에 따르면 봉래는 발해에 있고 구름과 같이 보인다고 한다. 명나라 때의 간행본에서는 봉래를 해면의 상공에 떠 있는 누각으로 그렸다. 상서로운 구름이 아래를 받치고 있는데 신선들이 사는 곳이 모두 금과 옥으로 되어있다. 새와 짐승은 모두 흰색이며 신선들의 손에는 불사약이 들려있다. 상나라의 동이가 강제 이주되어 서쪽에서 살았고 그들이 진나라 지배층이 되었다는 '진인의 동래설'이 현재 확실시되는데 이는 부사년이 가장 먼저 제기한 것으로 상나라때 영성(嬴姓)의 동이가 서쪽으로 이주하였다는 이론이다.

　백익(영성)의 후손인 진시황은 나중에 서복을 바다로 보내 봉래에서 불사약을 구하라 명하였으며 봉래의 선종은 진시황 이전부터 있었던 신앙이다. 전국시대에도 물 위의 해상선산(海上仙山)에 관한 전설이 있었다. 『사기』 「봉선서」에 따르면, "제 위왕, 제 선왕, 연 소왕 등은 사람을 바다로 보내어 봉래, 방장(方丈), 영주(瀛州)를 찾았다. 이 삼신산은 전설에 따르면 발해의 가운데 있다." 이들도 일찍이 신선을 찾아서 바다로 사람을 보냈지만 아무런 수확도 얻지 못했다. 『열자』 「탕문」 에도 바다 가운데 5개의 신선 산, 대여(垈輿), 원교(員嶠), 방호(方壺), 영주(瀛州), 봉래(蓬萊) 등이 있다고 한다. 원교산은 오색의 빙금(氷錦)이 산출되는 산동의 산이다.

　외부에서 봉래에 진입하는 것은 어렵기에 『습유기』에는 이렇게 적고 있다. "봉래의 구조는 호형(壺形)이다. 삼호란 바다 가운데의 3개의 산, 즉 방호, 봉호, 영호이다." 봉래를 봉호라고 부르는 것은 그 안에는 운행규칙이 다른 세계가 존재하는데 외부 사람은 전혀 모르기 때문이다. 또 선인호공(仙人壺公)이란 단어도 있다. 『후한서』에는 비장방이 늙은 신선 약장수를 만난 일화가 나온다. 각종 약을 파는 노인이 밤에는 호리병 속으로 뛰어 들어가는 것을 보고 비장방은 기이하게 여겨서 다음 날 노인을 따라서 호리병 속으로 들어갔다. 그 속의 세계는 집이 화려하고 술과 음식이 가득했는데, 같이 다 먹고서 밖으로 나왔는데 그동안 바깥의 시간은 많이 흐른 것이다. 호리병은 '박'으로 발음하는 발·조선과 관련이 있다. 신라는 유독 해로로 진입하기가 힘든 산악지형을 가지고 있었는데, 이같이 별천지 속으로 들어갈 수 있는 비밀통로가 『쿠쉬나메』에서도 나타난다. 아브틴 왕자가 바실라로 들어갈 때에도 산악지형이 험하므로 미로의 입구를 통해서만 신라로 들어갈 수 있었다는 기록으로도 신비로운 신라를 연상케 한다.

선인은 한번 뛰어서 선도로 들어갈 수 있지만, 우리 사람은 기연을 만나야만 들어가 볼 수 있다. 가끔 봉래 선인이 속세에 오기도 하였다. 유명한 안기생 이야기가 있는데, 『사기』에 그 이야기가 나온다. 안기생이 중국 동해에서 약을 파는 것을 사람들이 보았는데, 몇 대에 걸쳐 후세의 사람들도 계속해서 안기생이 약을 파는 장면을 보게 되는 것이다. 안기생의 얼굴은 전혀 늙지 않았기에 당시 사람들은 안기생이 봉래의 선인이라고 하였다. 한 무제 때의 방사 이소군은 봉래산에 들어가 약을 캐다가 선인 안기생을 만났는데 안기생이 먹는 대추는 참외만큼 컸다고 한다. 이를 먹으면 불로장생할 수 있다는 기이한 이야기는 봉래산의 신비로움이 널리 전해지게끔 하였다.

9. 백이와 숙제

『사기』에 사마천이 존경한 인물들의 전기를 열전으로 기록하였다. 그중 가장 먼저 나오는 것이 「백이 열전」이다.

이는 고죽국의 왕자인 백이와 숙제 형제의 이야기다.

『사기』를 쓴 사마천이 유교적 관점에서 본 정치의 이상은 왕위를 자식에게 세습하는 것이 아니라 덕을 갖춘 인물에게 선양하는 것을 최고의 미덕으로 꼽았기 때문이다. 그러나 실제 역사에 선양을 통한 왕위 교체는 없었으므로 요·순·우 시대에 선양의 선례가 있었던 것처럼 역사를 미화 왜곡하여 기록하였던 것이다. 이 연장선 상에서 고죽국의 왕위를 미련없이 버리고 주나라로 온 백이를 높이 평가하여 사마천은 백이·숙제에게 『사기』「열전」에서 첫 번째로 시작하는 영광을 주었던 것이다. 또 이는 고죽국이 동이의 나라임을 알면서도 고죽국이 마치 주나라의 한 제후국이었던 것처럼 왜곡하여 한나라 역사서 『사기』에 포함시켜 버린 것이다. 또한 여러 제후들의 기록인 「세가」의 경우에도 「오태백세가」를 제일 앞에 두었는데, 이는 오나라의 시조 태백이 주나라의 왕자로서 왕위에 미련없이 오나라로 떠난 행적을 높이 산 이유 때문이다.

백이와 숙제는 고죽국 왕의 세 아들 중 첫째와 막내였다.

고죽국은 선우 중산국 및 고구려의 전신인 나라이다.

왕은 막내 숙제를 후사로 삼으려 하였으나 왕이 죽자 형 백이에게 왕위를 양보하려고 했다. 그러나 백이는 아버지의 명이 아니라며 사양하고 떠나 버렸다. 숙제 또한 왕위에 오르지 않고 도망가

버리자 백성들은 둘째 아들을 왕으로 세웠다.

　백이와 숙제는 은나라의 서쪽 제후 서백 창(주 문왕)이 노인들을 잘 보살핀다는 말을 듣고 그에게 의탁하려고 찾아갔으나 그는 죽고 없었다. 창의 아들 발은 은나라와 동등하게 왕이라 자칭하고 아버지에게 문왕의 시호를 추증하였다. 당시 은나라의 주왕이 무도하고 포악하였으므로 무왕은 아버지의 위패를 싣고 그를 치러 가는 중이었다. 백이와 숙제는 왕의 말고삐를 붙잡고 간했다.
　"아버지가 돌아가셨는데 장례도 지내지 않고 군사를 일으키는 것은 효가 아닙니다. 또 신하가 군주를 시해하려는 것은 인이라 말할 수 없습니다." 이에 좌우의 신하들이 그들을 죽이려고 하자 (강)태공이, "이들은 의로운 분들이다" 하며 그들을 부축하여 떠나보냈다.
　무왕이 은나라를 멸망시키고 중원의 주인이 되자 백이와 숙제는 고죽국에 미련을 버리고 떠나온 이상 되돌아가지 못하겠고 주나라 땅에서 나는 곡식을 먹는 것도 싫고 해서 수양산에서 나는 고사리를 캐어 먹으며 연명하였다. 그들이 굶어 죽게 되었을 때 노래를 지어 불렀으니 「채미가」라 한다.

　　저 서산에 올라 고사리를 캐네.
　　주나라 무왕은 폭력으로 폭력을 바꿨건만 그 잘못을 모르도다.
　　신농과 우·하나라 시대는 홀연히 사라졌으니
　　나는 어디로 가야 하나?
　　아! 나는 떠나련다, 운명이 쇠하였으니.

아주 옛적에 사라진 3황의 신농씨, 5제의 우나라와 하나라 시대를 이제 와서 꿈꾸는 것은 무슨 의미일까? 또 고조선에 속한 국가들도 많이 있었는데, 무왕이 무력을 써서 천하의 주인이 되었으니 자신들이 갈 곳이 없다고 한탄하는 것도 이해되지 않는다. 먼저 우리는 백이·숙제는 은나라 사람도 아닌데 주나라 무왕에게 참견을 하는 것부터 이해해야 하겠다. 이는 고죽국의 왕이나 고조선의 천자는 도를 가르치며 은·주나라의 정사에 간섭해 왔던 것이다. 잘못을 저지르는 왕에게 효와 인, 법도를 지도하곤 하였다. 그런데 고죽국의 왕자들로서 자신들의 역할이 사라져 무의미해 버리자 그것이 창피해서 죽음을 선택한 것이 아닐까? 고조선 및 고죽국이 화하족에 대해서 막강한 영향력을 미치고 있었음을 숨기고자 하는 사마천의 왜곡된 해석을 걷어내어야 진실이 제대로 보이게 된다.

사마천은 「백이열전」 끝에, "백이와 숙제가 비록 현인이기는 하지만 (그냥 숨어 살다 죽었으면 그 이름도 묻혔을 것이나) 성현인 공자가 그들을 칭송하였기에 그 이름이 더욱 빛나게 되었다"고 논평하였다. 사마천은 공자를 숭앙하고 그 말씀들을 따르려 하지만 백이 형제같은 선인이 결국 굶어 죽은 반면에, 『장자』에 나오는 악명높은 도둑 도척은 천수를 누렸으니 당혹감을 감추지 못하겠다고 고백하였다. 그리하여, "하늘의 도는 편애함이 없고 항상 선인을 돕는다"는 말이 옳은지 그른지 의문을 표시하였다.

어쨌든 수양산과 백이·숙제의 묘, 백익의 현령비, 해지 연안 등의 감숙성부터 산서성 남부지방이 고조선의 우리 영웅들과 연고가 깊으며 매우 밀접한 곳이다.

10. 한후(韓侯)

한후는 『시경(詩經)』 「대아(大雅)」 편의 '한혁韓奕'이라는 시의 주인공이다. 이 시는 한후라고 부른 동이의 영웅적 제왕을 칭송해 지은 것이다. 그런데 한 사람이 아니라 주나라 초기(서기전 11세기)와 중기(서기전 8세기)의 2명의 한후를 한데 묶어서 노래한 것이다. 초기 주나라는 최고 전성기를 누렸던 고조선 중기에 해당하는데 우리 기록에 단군성조 이후 2천 년의 역사에 주목할 만한 영웅에 대한 자료가 현재 부족한 현실이므로, 중화의 단편적 기록에서나마 그 편린을 찾아 보겠다.

> 선조의 명령을 받아 그 때에 백만(百蠻)족을 다스리니
> 왕이 한후에게 명령하여
> 그 추와 그 맥, 엄과 북쪽의 나라를 받아
> 그 우두머리가 되니····

한후가 백만족을 다스린다고 하였는데 여기서 만(蠻)은 중화 바깥의 우리 동이를 의미하며 백만이라 한 것은 수많은 고조선의 나라들을 일컬을 것이다. 그러므로 이 한후는 고조선의 단군이거나 3한(마한,진한,변한) 중의 한 분인 것으로 짐작할 수 있다. 그런데 서기전 3세기의 모돈 선우에게도 백만족이 복종하였다는 기사가 나오므로 한후는 '칸'으로서 황하 북쪽과 서쪽을 모두 포함한다고 볼 수 있다. '한'은 원래 나라 이름이 아니라 정치지도자의 호칭이었는데, 이 시의 작자가 거기에 제후라는 '후'를 붙여 한후라 부른 것이다.

또한 위 인용문에서 주나라 왕이 (제후) 한후에게 추·맥·엄과 북쪽 나라들을 맡긴 것처럼 표현하였으나, 이것이 사실이 아님은 쉽게 알 수 있다. 한후가 이미 주나라의 제후였다면 또다시 많은 나라를 주었다는 것은 이치에 맞지 않기 때문이다. 또 한후가 백만족 즉 수많은 나라를 다스렸다면 주나라보다 더 강대국이었음을 의미하는데, 이러한 한후는 낮추고 중화의 관점에서 제후인 것처럼 기록한 것이다. 어쨌든 한후는 주나라 성왕때 (BC 1,100) 예맥땅, 즉 고조선의 번한왕이었다.

위 인용문에서 '추'는 예(濊)이고, '맥(貊)'은 고구려의 선조이나, 후세에는 주로 '예맥'으로 통칭하였다. 엄(奄)은 뒤에 볼 서언왕의 서나라 인근에 있던 나라로서 그 북쪽을 한후가 다스렸다면 한후는 단군이라기 보다는 3한 중의 변한 한왕이었다고 보겠다. 이어서 변한 한왕이 산서성 분수(汾水) 가까이에 있었음을 말해 주는 내용을 살펴보자.

> 한후는 연나라의 사위이니
> 한후의 처는 분왕의 조카딸이요
> 궤보의 딸이라····
> 저 큰 한(韓)의 성은 연나라 병사들이 완성한 것

한후가 주나라 분왕의 조카딸을 아내로 맞아 연나라 궤보의 사위가 되었으며, 연나라의 병사들이 한후의 큰 성을 완성해 주었다는 내용이다. 분왕은 주나라 13대 왕인 여왕(勵王)을 말하는데, 포악무도하여 백성들이 반란을 일으키자 분수가 흐르는 한후의 땅으로 도망하였기 때문에 얻게 된 이름이다. 그의 아들 선왕이 궤보를 한후에게 보냈으며 또 한후가 주나라를 방문했다는 기록이 『죽서기년』에 보이는데, 이는 위의 시에서 말한 궤보의 딸과 한후와의 혼사 때문이었을 것이다. 이때는 서기전 824년으로 주나라에서 외교적 필요 때문에 조선에 왕의 조카딸을 시집보낸 것이다. 한후가 주나라 제후였다는 말이 만약에 사실이라면, 정반대로 한후의 조카딸을 주나라 왕실로 시집보냈을 것이다.

한후의 성을 연나라의 병사들이 완성했다는 부분도 중요한 점이다. 그런데 책에는 연나라 병사 뿐만 아니라 주나라 왕의 병사들도 같이 지었다고 하였다. 이 시기는 주나라 2대 성왕 때로서 뒤에 나오는 한후자의 혼사 때보다 270년 빠른 서기전 11세기였는데, 주나라 초기에 어린 성왕이 무왕을 잇게 되자 당시의 강대국이었던 고조선 변한과의 좋은 관계를 위해 그 성을 지어 준 것이었다. 이때 연나라는 주의 제후국으로, 변한 고조선과 인접하여 가장 가까웠기에 병사들이 동원된 것이다.

여기서 한후는 고죽국의 왕으로 볼 수 있으며, 분수의 분왕이란 단어는 고죽국이 산서성 해현 즉 중원 가까이에 있었음을 재확인시켜주는 것이다. 고죽국은 하나라 때부터 고조선 후기까지 열국의 일원으로 고조선 서남부에 존재했던 나라이며, 연나라 옆에 위치했던 것이다. 한후의 고죽국은 발달된 청동기와 강한 군사력을 갖추고 8조법금과 같은 법치제도를 갖추고 예악이 발달하여 『주례』에도 기록될 정도로 수준 높은 문화 강국이기도 했다.

한후자(韓候子)는 위에서 살펴본 한후와는 다른 인물이며 BC757까지 맥국을 통치하였다. 한후자가 수도에 들어오자 주나라 선왕(서기전 827-782년)이 경계를 논하고 조카 딸로 하여금 밤시중을 들게 하였다고 하는데, 이는 주나라 사람이 와서 호랑이와 코끼리 가죽을 바쳤다는 감물 단군 때(서기전 818)이거나 혹은 도리가를 지어 부를 정도로 태평성대의 시기였던 오루문 단군 때(서기전 795)로 파악되는 것이다.

전국시대 기록인 『일주서』와 『관자』에 따르면, 당시 서융이 섬서성에서 활동했으며 산융은 산서성 및 황하 이북에서 활동하였다. 그리하여 서융에 의해 서주가 멸망하였으며, 이후 동쪽으로 도피한 동주가 함곡관을 지나 진출하였을 때 그곳에는 이미 산융이 강력한 세력으로 있었는데, 동주도 결국은 서융과 산융의 연합군에 의하여 멸망하게 되었다. 그런데 『사기』 및 『일주서』에서 고죽국이 서융과 산융의 중심지라고 했으므로 고죽국과 산융은 변한 고조선인 것으로 파악되는 것이다.

고죽국은 BC7세기 제나라 또는 BC3세기 진개에게 침공당하고 선우 중산국으로 이어진 것으로 알려져 있고, 또 사마천 『사기』에 BC414 무공이 중산국을 세우고 백적(伯狄) 선우부의 후국이 되었다고 쓰여있다. 어쨌든 기마족 국가로서 남방 주나라와는 결이 다르다.

  역사적으로 중화는 흉노를 무력으로 절대 이기지 못했다. 또 북쪽으로 무한대의 땅이 있어서 흉노는 잠시 후퇴한 뒤에도 또다시 침략하러 내려오곤 하였다. 그래서 중화는 이이제이(以夷制夷 ; 오랑캐를 다른 오랑캐로 제압한다는 뜻)라는 교묘한 아이디어를 만들어 내었던 것이다. 또 독립국 왕에게도 책봉 보내기, 각종 임명장의 남발, 기미정책, 춘추필법 등 다양한 수법을 통해서 관계적 역사를 진실에서 멀어지게 했다. 그래서 자세히 들여다 보면 사실 관계가 파악되는데, 변한 고조선 및 고구려는 서기전 108년 및 서기 668년에 완전히 멸망할 수는 없는 것이다. 북쪽에 드넓은 땅이 존재하므로 위쪽으로 잠시 후퇴하였다가 시대적 영웅이 등장하면 다시 내려왔던 것이다.

11. 서언왕(徐偃王)

서언왕은 서(徐)나라의 왕뿐만 아니라 그 후대의 왕을 뜻하기도 하는데 동일한 명칭으로 전해 내려온 영웅으로 인의를 베풀고 주나라보다 강대한 나라를 이룩하였던 분이다. 서나라는 앞에 소호금천에서 보았듯이 소호의 후손이 세운 나라였다. 소호의 후손 중 고요가 있었는데 요·순 시대에 형벌을 주관하는 대신이었다. 그의 자손이 세운 나라 중에 서나라가 있는데 그 건국 시조의 이름이나 건국 시기 등은 알 수 없으나, 서나라의 성씨는 고요와 같은 '언' 씨였다. 그러므로 서언왕이라는 칭호는 언씨성을 가진 서나라 왕들의 총칭인 셈이다.

'서나라의 왕들 중에 구왕이라는 인물이 황하 건너 진출하였다' 및 '주 목왕(穆王) 말년에 서언왕은 뛰어난 정치력과 인덕으로 36개 나라의 조공을 받았다' 라는 기록 이외에는 거의 보이지 않기 때문에, 서언왕이라고 할 때는 주 목왕시대(서기전 10세기)와 춘추시대에 서나라가 가장 융성하였을 당시의 언씨 왕들을 지칭하는 것으로 보겠다. 그만큼 중원의 기록이 강대한 동이에 관련해서는 설명이 불완전하다는 뜻도 되겠는데, 그나마 서언왕에 대해 몇 가지 기록이 전해오는 것이 우리로서는 얼마나 다행한 일인지 모르겠다.

『박물지(博物誌)』에는 언왕의 출생에 대하여 이렇게 전해 온다. 서나라 왕의 궁녀가 임신하여 알을 낳았기에 강가에 버렸더니 개가 물고 돌아왔다. 따뜻하게 해 주었더니 그 속에서 아이가 태어났는데 이 아이가 후일에 언왕이 되었다고 한다. 여기에 세계 최초의 애완견이 등장한다. 바로 이 개의 이름이 '곡창(鵠蒼), 곱창'이며 서언왕의 애완견이 되었다는 것이다. 목축에서 개를 일찍이 활용하였기에 오래전부터 우리 동이는 개와 친분이 깊다. 하지만 특별히 이 개에게 서언왕이 이름을 지어 준 '애완견' 기록이 세계 최초인 것이다. 언왕의 난생설화는 후일 고구려 시조 추모대왕의 탄생설화와 비슷한데 이와 같은 난생설화는 소호족 또는 조이족, 동이의 영웅담에서 많이 등장하는데, 진나라의 조상도 제비가 떨어뜨린 알에서 태어났다고 하였으므로 동이임을 암시한다.

춘추시대의 후대 서언왕에 대한 기록은 그가 살던 춘추시대보다 수백 년 뒤인 전국시대 후반에 이르러서야 보이기 시작하는데, 『시자』・『순자』・『한비자』 같은 이른바 제자백가(諸子百家)의 책이 그것이다. 그런데 앞의 2개의 책에는 언왕이 "힘줄이 있으나 뼈가 없다"거나 "기괴한 것을 즐겨 깊은 물에 들어가 괴어를 잡거나 깊은 산에 들어가 괴수를 얻어 뜰에 진열하였다"라 하였고, 또 "눈으로 멀리 있는 말 밖에 볼 수 없었다"고 하였다. 아마도 서언왕이 신체에 다소의 문제가 있었던 것이나 신선과 같은 행보를 보였기 때문이고, 행위에 있어서는 호기심이 많고 영웅적인 면도 있지 않았나 여겨진다.

여기서 한 가지 특기할 것은 서언왕에 대하여 기록하면서 중화의 현인이나 영웅들을 같이 언급하였으니, 즉 공자, 주공, 고요, 이윤(은나라 탕왕의 재상) 같은 위인・정치가와 우・탕(은나라 중흥의 왕)・요・순과 같은 성덕의 제왕이 그들이다. 중원의 영웅적 인물들과 나란히 함께 언급한 것을 보면 서언왕 역시 성덕의 제왕인 것을 암시하는 것이라고 파악된다. 한편 『춘추좌전』이나 『국어』 같은 책에는 서언왕에 대하여 일체 기록하지 않았다. 유가에서 가장 중요시한 인의를 제대로 행한 서언왕같은 위인을 빠뜨린 것은 위대한 동이를 드러내지 않으려는 의도이겠다. 또 유가가 아닌 선도를 바탕으로 한 성인이었기 때문일 것인데, 조금 뒤 사마천의 동일한 취지의 왜곡에 대하여 살펴보자. 서언왕에 대하여 구체적으로 기록한 최초의 문헌은 『한비자』로서 아래와 같다.

서언왕은 한수(漢水)의 동쪽에 거하였으며 땅이 사방 5백 리에 달하였다. 어질고 의로움을 행하니 땅을 나누어 바쳐 알현하러 온 나라가 36개국씩이나 되었다. 초나라 문왕이 자신에게 해가 될까 두려워 군사를 일으켜 서나라를 정벌하여 마침내 멸하였다. 그러므로 (주)문왕은 인의를 행함으로써 천하의 임금이 되었으나 (서)언왕은 인의를 행함으로써 그 나라를 잃게 되었으니, 인의는 옛날에는 필요하였으나 지금은 적용할 수 없는 것이다.

서언왕이 한수의 동쪽에 있다고 하였는데 인의를 행한 훌륭한 지도자였기에 주변의 36개국이 알현하였다고 했다. 당시 주나라 제후국의 숫자보다 더 많은 것으로 보이는데, 서나라의 국세가 주나라를 능가하는 수준이었다고 하겠다.

서언왕의 인의정치는 동이의 모든 나라들은 물론 주나라에도 널리 알려져 있었기에, 그러한 인의의 위력이 확산될 것을 두려워한 초(楚)나라 문왕이 서언왕을 쳐서 서나라가 망했다고 하였다. 그러나 곧이어 보겠지만 이는 그 후대의 장왕 때의 일로 보아야 한다.

한편 한비자는 서언왕이 나라를 잃었으므로 인의정치가 옛날에는 필요하였으나 서언왕의 시대에는 적용할 수 없었다고 비관적인 견해를 보였다. 한비자는 『회남자』에서 초나라에서 서나라를 멸한 사연을 이렇게 기록하고 있다.

> 왕손려가 초나라 장왕에게 아뢰기를, "왕께서 서나라를 정벌하지 않으면 반드시 거꾸로 서나라의 신하가 될 것입니다"라고 하였다. 이에 왕이 말하기를, "언왕은 도가 있는 임금이고 인의를 행하기 좋아하니 그를 벌함은 마땅치 않다"라고 하였다. 왕손려가 대답하기를, "신이 들은 바로는 대국이 소국을 대하거나 강자가 약자를 대함에 있어서는, 마치 바위로 계란을 치거나 호랑이가 돼지를 잡아먹는 것과 같다고 했습니다. 이는 의심할 바가 없습니다. 또 무릇 문(文)으로써 덕에 이를 수 없고 무(武)로써 힘을 드러낼 수 없다

면 그보다 더 큰 어지러움이 없을 것입니다"라고 하였다. 이에 왕이 좋다고 하고 곧 군사를 내어 서나라를 벌하여 마침내 멸망시켰다.

 이처럼 초나라 장왕이 서나라를 멸망시켰다고 했는데, 장왕과 왕손려의 구체적인 대화 내용까지 수록한 것으로 보아 이것이 사실에 가까운 것으로 추정된다.
 한편 『회남자』보다 수십 년 뒤 사마천의 『사기』에는, 서언왕이 난을 일으키니 주 목왕(서기전 10세기)을 위하여 제후국인 조나라의 조보라는 사람이 하루만에 말을 타고 1,000리를 달려 서언왕을 평정했다고 썼다. 위의 상세한 초 문왕과 장왕의 2개 기록과 사마천의 이 간략한 기록을 비교해 보면, 조나라가 하루만에 서나라를 평정한 것으로 과장시켜 기록하고 있음을 알 수 있다.
 그러나 서언왕은 기원전 10세기와 기원전 6세기 계속적으로 등장하는 강대국의 왕이란 점을 알 수 있다.
 서언왕이 난을 일으켰다고 하였으나 이것은 서언왕이 주나라를 공격한 것을 말한다. 앞에서 치우천왕의 경우에서도 사마천은 치우가 난을 일으켰다고 쓴 것과 마찬가지이다. 중화의 조악한 자존심을 내세우기 위하여는 동이가 침입한 경우는 난을 일으킨 것이 되고 동이의 위대한 역사는 사라져야 하는 것이다.
 일제 강점기에 식민사학자들이 했던 우리 역사 죽이기를 사마천은 이미 2,300년 전에 선례를 보이고 있다. 이런 사마천이 서양의 헤로도토스와 함께 불멸의 역사가로 평가되고 있으니 참으로 어이없는 일이 아닐 수 없다.
 사마천이 역사를 사실대로 기록하지 않았다는 증거는 또 있다. 다른 문헌에서는 공통적으로 서언왕이 인의를 행하였다고 하였는데도 그는 서언왕의 성품에 대해서 전혀 언급하지 않았다. 서언왕이 난을 일으켰다고 써 놓은 마당에 어찌 인의의 사람이라고 쓸 수 있을 것인가? 굳이 쓰자면 포악하고 사리를 모르는 완악한 자라고 했어야 할 것인데 이러한 구절은 왜 빠뜨리고 쓰지 못했을까? 이처럼 역사를 서술하는 방식을 주의깊게 잘 보아야 하겠다.

다른 문헌에는 초나라 및 오나라에서 서나라를 멸하였다고 기록되어 있는데 이것이 사실에 가깝다고 여겨진다. 주의 목왕(BC992~)은 초의 장왕 (BC591~)보다 시대적으로 400년 이전의 인물이므로 그가 서언왕을 치려면 타임머신을 타고 미래로 오지 않으면 불가능한 일이다. 이는 서언왕의 죽음으로 서나라가 진실보다 400년이나 일찍 역사에서 사라졌다고 사기 치는 수법이며 또한 광대한 회이 지역을 통일국 주나라가 차지하지 못하고 있었음을 숨기기 위함이다.

『태평환우기』에도 "주 목왕 말년에 서군(徐君) 언이 덕이 있어 인의를 좋아하여 그에게 귀속한 동이가 40여개 나라나 있었는데, 주 목왕이 순행하다가 서군의 위덕이 날로 멀리 미친다는 소문을 듣고 몰래 초나라 군대를 파견하여 불시에 습격하여 대파시키고 서언왕을 살해했다." 라는 기록이 나온다. 그러나 서나라는 후대의 왕에 의해 지속되었으며 또 당시 주나라는 구이 고조선에 방물을 바치며 상국으로 받들고 있었다.

이때 서언왕은 단군의 허락을 받지 않는 상황에서 주나라를 공격하였다. 처음에는 구이가 모두 서언왕을 중심으로 뭉쳤으며 함께 주나라를 공격했는데 주 목왕이 천리마를 몰아 황급히 단군의 증표를 가져와서 보여주자 구이가 도리어 주나라의 편을 들게 되었고, 서언왕은 차마 동족끼리 싸울 수 없어서 전쟁을 포기했던 것이다. 결국 서언왕과 구이의 협동공격에 직면하여 망국 일보직전에 처했던 주나라가 사직을 지킬 수 있었던 까닭은 단군이 서언왕의 침공을 만류하여 그러한 증표를 주었기 때문이다. 즉 주나라 목왕은 구이 및 서나라를 지배할 만한 힘이 없었다.

『문헌통고』에 의하면 "서주 시대에 동이의 서국은 항상 위협적인 존재였고 특히 서언왕 시기에는 '제후에게 조회를 받고 천하를 소유할(朝諸侯, 有天下)' 만큼 강대한 국가였다." 라고 기록되어 있다. 이처럼 서주(徐州)는 고조선에 속하였고 유명한 팽성이 있었고 훨씬 뒤에는 무적의 무령군이 있었는데, 이러한 것이 가능하였던 이유는 중원에서 거리가 있고 왕들은 인의를 베풀기에 나라가 지속적으로 독립국을 유지하였기 때문이다. 심지어 주나라

시대는 물론이고 춘추시대에도 동이 서언왕의 서나라가 중화보다 우위를 점하고 있었다. 즉 주 목왕을 위해 조나라가 서언왕을 평정했다고 하는 것은 진실과는 완전히 다른 것이다.

『사기』보다 수백년 후의 역사서인 『후한서』는 지금까지 본 여러 문헌들을 토대로 서언왕에 대하여 가장 상세하게 서술하였는데 첫 부분은 이렇다.

> 서이(徐夷)가 왕호를 참칭하며 9이를 이끌고 종주(宗周) 정벌에 나서 서쪽으로 황하에 이르렀다. 목왕이 그 세력의 강성함을 두려워하여 동쪽 제후들을 나누어 서언왕에게 주관토록 하였다.

서이 즉 서나라가 주 목왕(재위 서기 전 976~922) 때 주나라의 도읍을 정벌하기 위해 황하에 이르렀다 하였다. 이때는 서두에 언급한 서나라 구왕의 일을 말한 것인데 서나라의 왕들이 모두 '언' 씨이므로 2백여 년 후의 서언왕과 동일하게 모두 서언왕이라고 쓴 것이다. 그런데 당시 주 목왕이 주나라 동쪽의 제후들을 떼어내어 나누어서 서나라 구왕에게 주었다고 했으므로 고조선의 제후국인 서나라가 주나라보다 더 큰 세력을 형성하고 굉장히 강성했음을 나타낸다. 그로부터 2백여 년 후 서언왕에 이르러 알현하는 나라가 36국에 달하여 최전성기를 맞았다고 하겠다.

여기의 36국이 어떤 나라들이었는지 궁금한데 모든 나라들의 이름이 기록에 보이지는 않지만 어느 정도까지는 파악된다.

예컨대 강(江)·황(黃)·영(英)·육(六)·료(蓼)·종(宗)·종리 등의 나라들이 있으며, 다른 한 무리의 나라들은 서(舒)나라에 속한 작은 나라들로서 서료·서구·서용·서룡·서포·서공 등 '서(舒)' 자가 들어가는 나라들이다. 모두 동이의 나라이며, 이들 중에는 소호씨의 후손들이 세운 나라도 많은데, 수, 서는 'xi, shi, 해, 새' 발음과도 밀접하므로 유의해야 한다.

『단군세기』에 의하면 서기전 1,047년, 서기전 943년, 서기전

818년에 주나라에서 단군 조선에게 조공한 기록이 나오므로 이때가 고조선의 최강성기로 파악된다. 주나라는 구이가 공격올 때마다 단군 조선에게 값비싼 방물을 바치며 무마시키려 하였다. 단군은 서기전 909년에 주나라와 수교를 맺었고 주나라의 중원 지배권을 승인하였지만 주나라가 동이국을 억압하는 경우나 인의를 베풀지 않을 시에는 무력으로 강력히 응징하였다.

『후한서』는 서언왕에 대한 정벌을 주나라 목왕이 조나라 조보를 시켜 초 문왕에게 명한 것으로 기록하였으나 먼저 쓰인 『사기』가 권위를 살리기 위하여 주 목왕을 등장시킴으로 초 문왕이 단독으로 한 정벌을 목왕이 명령한 것으로 얼버무린 것이다. 그러나 위에서 살펴본 대로 목왕과 문왕은 다른 시대의 사람이므로 허위 기록이 될 수밖에 없다. 『후한서』의 마지막 부분은 다른 문헌에 없는 내용으로 아래와 같다.

> 서언왕은 어질고 힘이 없어 차마 그 백성을 싸움터로 내몰 수가 없으므로 패배를 고하였다. 이에 북쪽으로 팽성 무원현 동쪽 산 아래로 달아나니 그를 따르는 백성이 만여 명이나 되었다. 그로 인하여 그 산을 서산(徐山)이라 이름하였다.

서언왕이 인의를 실행하는 왕이었기에 백성들을 싸움에서 죽지 않도록 전쟁을 그치고 산으로 도망하니 만여 명의 백성이 따랐다고 하였다. 왕이 도망한 무원현은 지금의 강소(江蘇)성 비현으로 알려져 있다. 그리고 서나라가 당초 있던 곳은 안휘(安徽)성 회하의 남쪽에서부터 양자강 북쪽 지역에 걸쳐 있었다고 알려져 있으므로, 산동성 쪽으로 갔다는 것이다.

한편 위에 본 모든 기록에 서언왕 때 나라가 망했다고 하였으나 이것은 잘못으로, 춘추시대의 기록을 보면 그 후로도 서나라가 계속 등장하는 것을 알 수 있다. 서나라가 망한 것은 초나라의 정벌 당시가 아니라 그보다 약 백 년뒤인 서기전 512년에 오나라의 공격에 의한 것이었다. 『춘추좌전』에 보면 오나라가 서나라 도성

옆의 산을 막아 물을 성으로 쏟아지게 하여 멸하였다고 한다. 이때는 초나라가 오히려 서나라를 구하려고는 하였으나 때를 맞추지 못했다.

　서언왕이 죽은 이유는 도대체 무엇일까? 단군조선이 이를 허락하였기 때문이다. 조선 후기의 실학자 한치윤의 『해동역사』에는 "주나라 목왕이 구이를 거느리고 서이를 쳤다. 서언왕이 나라를 일으킨 것도 구이로 말미암은 것이요, 목왕이 서이를 친 것도 구이의 도움이니, 구이가 구이에게 어찌 대항할 수 있으며 서로 죽일 수 있을 것인가? 그래서 서언왕은 그만 둔 것이다."라고 하였다.

12. 북부여 시조 해모수 단군

고조선은 서기전 2,333년에 개창한 이래 동북아의 유일한 선진 강대국으로서 세계사상 유례가 없는 2천 년이라는 긴 세월을 이어 왔다. 제44세 구물 단군이 즉위하여 (서기전 425년) 나라 이름을 조선에서 대부여로 고치고 3한을 3조선으로 개편하였다. 이후 차츰 국세가 기울어져 제47대 고열가 단군에 이르러 고리국 사람 해모수가 웅심산에서 내려와 군사를 일으켰다.

   고열가 단군이 5가(五加)와 의논하며 현인을 택해 단군으로 천거하라고 당부한 뒤 제위를 버리고 입산수도하여 선인이 되었다. 이에 5가들이 6년 동안 국사를 공동으로 집행하는 공화정이 이루어지다가 서기전 232년에 해모수가 그들을 설득하여 공화정이 폐지되고, 나라 사람들이 해모수를 단군으로 추대하여 받드니 그가 바로 북부여의 시조가 된 것이다.
   해모수는 위에서 본 바와 같이 고리국 사람이므로 그가 세운 나라를 고구려로 잘못 오해하거나, 뒤에 볼 고구려의 시조 추모대왕의 아버지가 해모수라는 등의 잘못된 역사 인식을 가져오기도 하였다. 그러나 시대적으로 해모수는 추모대왕 보다 200년 이전의 사람이므로 아버지가 될 수 없다.
   『북부여기』에 따르면 해모수 단군은 타고난 기품이 영웅의 기상으로 씩씩하고 신령한 자태는 사람을 압도하여, 바라보면 마치 천왕랑(화랑의 옛 이름)과 같았다고 한다. 그가 기병하였을 때 머리에 오우관(까마귀 깃털로 만든 모자)을 쓰고 허리에 용광검(장수들이 쓰는 보검)을 찼으며 5룡거(다섯 용이 끄는 수레)를 타고 다니니 따르는 사람이 5백여 명이었다.

또 『조선왕조실록』에도, 천제(天帝)가 태자를 보내어 부여(扶餘) 옛 도읍에 내리어 놀게 하니 이름이 해모수이다. 하늘로부터 내려오는데 5룡거를 타고, 종자 100여 인은 모두 백곡(흰 고니)을 탔는데, 채색 구름이 그 위에 뜨고 음악 소리가 구름 가운데에서 울렸다. 웅심산에서 머물러 10여 일을 지내고 비로소 내려왔다. 머리에는 오우관을 쓰고, 허리에는 용광검을 찼는데, 아침이면 일을 보고 저녁이면 하늘로 올라가니, 호령하지 않아도 절로 관경이 교화되었다. 세상에서 이르기를 '천왕랑'이라 하였다. 산에는 도적이 없고 벼와 곡식이 들에 그득했다 (BC 239).

여기서 '아침에 왔다가 저녁에 올라간다' 라는 식의 표현은 해모수를 태양신으로 비유한 것이다.

『사기』 「흉노전」에 의하면 '동호는 강했고 월지는 번성했는데' 흉노 두만선우(BC 220-209)는 이 둘 사이에서 어려움을 겪었다 (當是之時 東胡彊而月氏盛), 그의 아들인 묵돌선우(冒頓, 재위 BC209-)가 즉위할 당시에만 해도 (고)조선이 강대국이었고 흉노와 접경하고 있었다. 바로 이때 북부여 해모수가 강력하게 집권하고 있었던 것이다.

최근 『사기』를 올바로 재해석함으로써 '(고)조선이 대륙을 지배했다' 는 의견이 속속 등장하고 있다. 연나라는 중원에 가까이 있었으며 전성기에야 비로소 진번과 (고)조선을 시험삼아 조금 건드려보았으나(嘗略) 실패하였고, (고)조선이 쳐들어올까 봐 무서워서 관리를 두어 성을 쌓고 요새를 지었다는 것이다. '상략' 이란 살짝 건드려 보았다는 뜻인데 이를 지금까지 아무도 제대로 해석하지 못하였다 한다. 즉 연은 전면전이 아니라 국지전으로 살짝, 그것도 연의 전성기에 해보았다는 것이며 진번 조선의 강성 시기이므로 연나라가 도리어 깨졌다는 것이다. 앞뒤 문장을 살펴보자. 만약 진번 조선을 복속시켰으면 뭐가 무서워서 연나라가 장새를 쌓고 담을 쌓았겠냐 말이다. 실제 이때는 진번, (고)조선은 군사 강국이었다. 이후 진나라가 연을 멸하고 통일한 후에는 이곳은 요동 외각에 속하게 되었다. 서기전 221년 북부여 건국에 일등 공신이었던 번조선 왕 기비(箕丕)가 훙서(薨逝)하자 단군께서 그 아들 준(準)을 왕으로 봉하였다. 서기전 209년에 진(秦)나라에서 진승이 난을 일으키자 큰 혼란에 빠져 연·제(齊)·조(趙)나라의 백성 수만 명이 번조선으로 망명해 왔다. 준왕이 이들을 수용하고 장수를 파견하여 감독하게 하였다.

'한나라가 건국하자, 이곳이 멀어 지키기 어려우니, 요동의 옛 요새를 수리하고, 패수까지를 경계로 하였다.' 라는 글은 진번 조선이 강하여 자기들의 힘이 딸린다는 것을 그저 '멀어서 지키기 어렵다' 라고 핑계를 댄 것이다. 한나라가 건국 후 '서기전 202년에는 연나라 노관이 요동의 옛 요새를 수리하고 우리와 패수(浿水)를 경계로 삼았으니' 라고 했다.

한나라에서 동성씨족으로 왕을 교체하려 하자 노관이 흉노로 달아났는데 이때 그 밑에 있던 (위)만은 번조선에게 망명을 요청하였다. 그런데 (위)만은 연나라 국적인 것은 맞으나 민족은 확실하지는 않은데 한 국가도 여러 민족이 섞여 살기 때문이다. 그는 상투에 이족 복식을 입은 천여명의 무리를 이끌고 패수를 건너 동쪽으로 왔고 이전에 진나라가 주둔했던 빈 땅에 살았다. 위아래로 성과 방어시설을 갖춘 뒤에 세금을 걷고 군사를 부렸고 옛 연·제나라의 땅까지 차지했다. 서기전 194년에 떠돌이 도적 (위)만은 병력을 동원하여 기준 왕을 내쫓고 스스로 왕을 칭하니, 그의 나라를 『사기』에서 위만조선이라 하였다. 즉 망명자 위만이 황당하게도 왕이 되었다는 것이다. 그리하여 한나라는 옛 연·제의 땅을 회복하고자 전쟁을 일으키게 되었던 것이다.

그런데 위나라 역사서 『위지 위략』이 춘추시대가 아니라 후대에 편찬된 것이 드러났으므로 이 『위략』에 들어있는 '진개가 조선의 땅 2,000리 차지하여' 라는 문구는 거짓인 것으로 파악되는 것이다. 왜냐하면 『연소공세가』에도 진개의 내용이 전혀 나오지 않기 때문이다. 만약 진개가 1천여리 또는 2천여리의 (고)조선 땅을 취하였다면, 이는 당시까지의 중화 역사상 가장 큰 전과로서 특기하여 대서특필하였을 것이 마땅하다. 그럼에도 불구하고 구체적인 전쟁 배경이나 경과 등이 전부 생략되어 있어 매우 수상한 것이다. 그리고 『사기』 흉노열전에만 간략히 기록되었을 뿐, 연나라 역사서인 『연소공세가』를 비롯한 다른 곳에는 일체 보이지 않는다.

  해모수의 둘째 아들이 고리왕 고진이며 고진의 손자가 옥저후 불리지이다. 고진과 불리지는 도적 위만을 토벌함에 공을 세워 봉함을 받았다. 신채호는 임금 불리지가 조선 군사를 거느리고 직예(하북)과 산서, 산동을 정복하고 산서 대현(代縣)에서 불리지국을 세웠다고 했다. 『주서』에 등장하는 불령지, 『사기』에 나오는 리지가 곧 불리지국이며, 요서군의 지명인 비려, 산동의 부역, 산서의 비이, 부유, 발해의 발, 불, 밝 등 모두 '불'과 상관이 있다. 이에 고조선이 불을 잘 다룬 민족이라고 하는 것이다.
그런데 부여는 은나라가 망할 당시에 이미 존재했던 나라이다. "해동(海東)은 모두 부여에게 속하였는데, 은나라가 주나라 무왕에게 망하자 그제서야 해동의 모든 나라는 서로 길이 통하게 되었다"고 하였다. 상기하자면 부여는 해(解), 해(亥), 해(奚), 시(豕)와 같은 뜻으로 산서성 해현에서 시작되었으며 그 후예 글안(契丹)족과 해족(奚族)이 그곳에서 나타난다.

> 북부여 불이성 단림산 아래에 푸른 솔이 무성한 곳에 천제의 궁이 있었는데 태평성대가 천 년이 되었다. 진방 즉 동방이 법도의 본산이라고 하였으며 연산, 귀장, 농공, 의약, 예악, 사어, 서수의 학술들을 갖추지 못한 것이 없었다. 소강과 희단은 우리에게서 배워다가 주나라에서 펼쳤던 것이다... 신하가 임금을 치고, 제 아비 삶은 국물을 나누고, 제 처살을 풀어헤쳤으니, 한(漢)은 기실 법이 없었노라.

라고 『추모경』에 당시 상황이 자세히 기록되어 있다. 그런데 서기전 63년 불이성에 기근이 들자 서쪽의 타리는
  '해부루가 배가 없다며 곡물을 바치지 않아서 천제로 하여금 굶

주리게 하였다'면서 엄리(奄利) 어귀에서 도발하였다. 이즈음 해부루가 왕을 칭하고, 행인, 황룡, 순노국 등 역시 왕을 칭하였으며 천제께 아뢰길 '부여 천년을 흉노가 망가뜨리고 있으므로 타리는 흉노 후예이니 그를 폐하소서'고 하였다. 천제가 타이르자 타리는 반발하면서 '천제 자리는 내 집안이 오르게 하였거늘 열후들을 능히 제어하지도 못하면서 감히 나를 업신여기시오?'라고 하며 천제를 공격하여 비습한 땅으로 쫓아 내었다.

이를 통해서 북부여의 기원이었던 부여가 (고)조선을 이은 나라으로서 과연 천 년을 태평성대하였으며 흉노와도 매우 긴밀하여 왔음이 파악되는 것이다.

북한에서 출토된 주석 누금 환두대도를 보면, 고대 우리 선조들의 높은 청동기 및 철기 등의 금속기 제작 수준을 엿볼 수 있다.

하지만 현재는 중국 대륙에서 발굴되는 청동거울은 모두 진대, 한대의 것인냥 포장되어 있다. 『서경잡기』에 의하면 한나라 유순의 청동거울도 연독국 수입품이라고 하여, 이러한 청동거울은 한나라의 것이 아님을 밝히고 있다.

> 선제(유순)가 체포되어 군저의 감옥에 구금되었을 때, 할머니가 만들어준 채색 명주 끈을 팔에 띠고 있었고, 그 끈에는 연독국(身毒國)의 보물 거울 하나가 달려있었는데, 그 거울의 크기는 8수전(八銖錢)만 했다. 예로부터 이 거울은 요괴를 비춰 보이고, 이를 차고 있는 사람은 천신의 가호를 받는다고 했기 때문에 선제가 위험에서 벗어날 수 있었던 것이다. 선제는 왕위에 오른 뒤 매번 이 거울을 들고 감개무량하였다.

이처럼 작은 청동거울도 연독국의 보물이라고 말한 것에서 알 수 있듯이 한나라에는 청동거울을 거의 사용하지 않았으며, 우리 동이와 북적이 제례시, 또는 샤먼이 청동방울과 함께 자주 사용하던 신물이었다. 여기서 연독국을 인도라고 말하지만, 중앙아시아 소륵국 옆의 신독국(損毒國) 즉 흉노의 1국을 말하는 것이다.

13. 신라 시조 박혁거세 거서간

　신라의 시조 박혁거세는 서기전 57년 진한의 6부(部) 사람들이 그를 거서간으로 추대하여 나라를 다스리는 일을 맡겼다.
　신라는 고구려보다 20년, 백제보다는 39년 먼저 건국되었지만, 『삼국사기』에 보인 그 시조의 내력은 두 나라에 비하여 상세하지 못하다. 마고 여신의 창세 이야기를 기록하였던 『부도지』는 신라의 충신 박제상의 저술인데, 그는 박혁거세의 후손이었기에 그 책에는 신라가 부도의 뜻을 계승한 '소부도'라고 기록하며 시조의 내력에 관하여 더욱 상세하게 전하였다.

　6부의 촌장들이 약을 캐는 날 모였는데 선도산 사당의 성모가 알을 낳았다는 말을 듣고 동쪽 우물가에서 알의 껍질을 벗겨 사내아이를 얻었다.
　몸에서는 빛이 나고 귀가 부채만큼 컸다. 곧 박(朴)으로써 성을 삼고 이름을 혁거세라 하였다. 박은 단(壇)의 어음이 박달이기 때문에 여기서 취하여 성씨로 하였으며, 혁은 '빛'으로 즉 광명으로써 암흑 세상에 사는 사람들을 구원한다는 뜻이다.

　여기서 선도산의 성모가 박혁거세의 어머니인 것을 알 수 있는데 아버지가 누구인지는 알 수 없다. 『삼국사기』에는 우물 옆에 알이 있었다고만 하여 어머니를 기록하지 않았으나, 『태백일사』에도 박혁거세가 선도산 성모의 아들이라고 하였다. 그리고 그 성모가 옛 부여 왕실의 딸 자소(김시습은 파사소라 함)로 남편이 없이 잉태하므로 왕실에 의심을 사서, 눈수(嫩水)에서 도망하여 동옥저에 이른 후 배로 남하하여 내을촌에 왔다고 하였다. 동옥저는 뒤에 고구려 태조대왕이 정벌한 곳으로, 거기로부터 대륙 동해안 지역의 진한으로 먼 길을 내려온 것이다. 동옥저는 현재 학계에서 함경도 지방이라고 말하고 있으나 만약 이것이 사실이라면 거기서 육로로 계속 내려오면 경상도인데, 왜 배를 타고 와야 하는지 앞뒤 설명이 도무지 맞지 않는다.

그러므로 『부도지』에서 진한이 동해에 있다고 한 것은 지금 한반도의 동해가 아니라 중국 동해를 말한 것이다. 다음의 추모대왕과 소서노 대왕전에서도 보겠지만 고구려와 백제 모두 지금의 하북(河北)성에서 건국되었으므로 인접한 신라가 경상도에서 건국된다는 것은 있을 수 없는 일이다.

박혁거세의 어머니가 도착했다는 내을촌에 대하여 『삼국사기』 소지마립간 9년(487) 조에, "내을에 신궁을 세웠는데 내을은 시조가 처음 탄생한 곳이다."라고 하였다. 이로써 미루어 보면 혁거세의 어머니가 멀리 부여로부터 동해의 내을촌까지 왔다는 기록이 사실에 근거한 것임을 알게 된다. 뒤에 일어난 고구려와 백제도 그 출발이 부여인데 이는 당시 조선의 유민들에게 매우 중요한 상징적 의미가 있었다. 고조선이 말기에 나라 이름을 대부여로 고쳤으므로 조선이 분열된 이후 부여가 그 정통성을 잇는 중심국이었기 때문이다.

한편 위 인용문에 박이라는 성씨는 '하늘에 제사지내는 단의 박달에서 나온 것'이라 하였으니, 이는 단군성조의 유업을 잇는다는 의미인 것을 알 수 있다. 그런데 『삼국사기』에는 박혁거세가 나온 알이 표주박처럼 생겨 박이라 했다 하니 이는 근본을 잘 모르고 기록한 것이다. 박혁거세는 자라면서 신령스러운 기운이 빼어나게 밝고 대인의 도가 있었다. 그리하여 13세에 여러 사람이 추천하여 거서간(居西干)이 되니, '거(居)는 거(据)요, 간(干)은 방(防)이요 장(長)이라' 하였다. 즉 중화에 대하여 경계하는 방어장이라는 뜻이다.

신라에서는 박혁거세 거서간에 이어 남해 차차웅이라 하고, 3대 석탈해부터 16대는 이사금, 눌지부터 4대는 마립간이라 하고 23대 법흥 대왕에 와서야 왕의 호칭을 썼다.
 김부식은 이와 관련하여 신라 말기 최치원이 『제왕연대력』에 모두 왕으로 칭한 것에 대하여 아래와 같이 비판하였다.

> 『좌전』과 『한서』는 중화 사서인데도 오히려 초나라 언어인 곡어도(젖먹이 호랑이)와 흉노 언어인 탱리고도(하늘의 아들, 천자) 등을 그대로 남겨 두었다. 그러므로 지금 신라의 일을 기록함에 있어서도 그 방언을 그대로 남겨두는 것이 옳을 것이다.

 이에 김부식은 신라 대왕들의 고유한 호칭을 그대로 써 놓았다. 3국의 대왕들은 그 호칭이 원래 중화의 황제와 동등한 대왕 즉 왕 위의 왕이었다. 그런데도 현재『삼국사기』는 사대주의에 입각하여 '대왕'이라는 호칭을 많이 감추었고 '왕'이라는 호칭을 모든 대왕들에게 적용하여 전수되고 있다.
 그러나 3국 당대에 기록한 『부도지』,『화랑세기』,「광개토호태왕릉비」 등에는 모두 '대왕 또는 태왕'으로 기록하였다. 또 『삼국사기』에도 3국의 사람들이 직접 말한 내용을 기록한 부분에는 '대왕'이라고 한 것이 여기저기 보이며, 본기가 아닌 인물의 열전에서는 때때로 '대왕'이라 한 것이 드러난다. 그러므로 '삼국사'를 조선시대에 와서 재판을 발행하면서 '삼국사기'라고 고쳐 명명하였듯이, '대왕 및 태왕' 호칭 또한 조선시대에 감추었을 것으로 볼 수 있겠다.
 6부 촌장들이 13세의 소년을 추대한 것은 얼른 납득하기 어려우나 『징심록 추기』에 있는 매월당 김시습의 해석을 보면 이해가 된다.

> 역사 기록에 의하면 '혁거세 대왕이 미천할 때 신인이 금척(金尺)을 주면서 나라를 바로잡으라고 말했다' 하고, 일설에는 금척과 옥피리가 칠보산에서 나와 그에게 전해졌다고도 한다. ···· 신라 창시의 근본이 이미 부도에 있었

으니 금척의 법이 또한 단군의 세상에 있었음을 알 수 있다. 혁거세 대왕이 선도산 사당 성모 파사소에게 출생하여 13세의 어린 나이로 여러 사람의 추대를 받은 것은, 그 혈통의 계열이 반드시 유서가 깊었기 때문이며 금척이 오래된 전래물임을 또한 알 수 있는 것이다.

금척은 금으로 만든 자이며 거기에 천부의 원리를 새겼는데 천부 3인의 신표와 같은 것이다. 원래 천부 3인은 옥돌·거울·칼에 새긴 것이었으나 후세에 금척과 옥피리에 새긴 것도 등장한다. 금척에 대하여는 박제상의 『징심록』에 「금척지」가 포함되어 있었는데 김시습이 그것을 보고 금척이, "그 형상은 3태성이 늘어선 것 같으니 머리에는 불구슬을 물고 4마디로 된 5치이다" 라고 하였으며, 또 새겨진 수리의 내용을, "그 허실의 수가 9가 되어 10을 이루니 이는 천부의 수다" 라고 하였다.

그리고 "옥피리는 이미 땅 속에서 나왔으니 금척도 역시 다시 나타날 때가 있을 것인가?" 라고 하여 아쉬운 마음을 표현하였다. 옥피리에 대하여는 『동경잡기』에 "길이가 1자 9치인데 그 소리가 맑고 깨끗하다. 세속에서 이르기를 동해의 용왕이 바친 것이라 한다. 대대로 보물로 전하였다"고 하였다. 이런 기록들을 보면 혁거세 대왕의 가문에 금척과 옥피리가 전해 온 것으로 추정해 볼 수 있으며 대왕이 얻은 것으로도 볼 수 있겠다. 이에 대하여 『부도지』에는 "(혁거세 대왕이) 대인으로 하여금 금척의 이치에 따라 천지 시원의 근본을 증리하며 옥피리의 음을 내어 율려화생법을 닦게 하였다"고 하였다.

『부도지』에는 또 대왕에 대하여 "혁거세씨는 천성이 신과 같고 지혜는 성인과도 같았다. 또 어진 왕후 알영을 맞이하니, 그때 사람들이 그들을 가리켜 두 성인이라 하였다"고 썼다. 『부도지』에 왕후에 관하여는 더 이상 언급하지 않았으나 『삼국사기』에는 이렇게 기록하였다.

 (대왕 5년) 정월에 용이 알영정에 나타나 오른쪽 겨드랑이 갈빗대 밑으로 여아를 낳았는데, 한 노파가 데리고 와서

기르며 그 우물 이름을 따 알영이라고 불렀다. 알영은 자랄수록 그 덕스러운 용모가 뛰어나므로 대왕이 이를 듣고 왕후로 맞았다. 왕후는 어질고 행실이 착하여 안으로 모든 일을 잘 도우므로 사람들이 대왕과 아울러 2명의 성인이라고 받들었다.

왕후 알영을 용이 낳았다고 한 것은 성인이 보통의 인간과 다른 점을 강조하는 것에 불과하지만, 대왕과 왕후를 2명의 성인이라고 한 것은 『부도지』의 기록과 동일하다.

대왕의 업적에 대하여 『부도지』는 이렇게 기술하였다. 여러 부족을 통솔하여 선세의 도를 행하며 신시의 법을 부흥하고 남태백산에 천부소도를 건설하였다. 해마다 10월에 백의제(白衣祭)를 행하니 이는 황궁씨가 흰 풀로 몸을 묶어 제사하던 옛 법을 따른 것이었다. 달구에 조시(朝市)를 베풀고 율포에 해시(海市)를 열어 육해 교역의 제도를 수립하였다. 늘 두루 순행하며 농상과 방적을 권장하니 들에는 곡식이 쌓이고 집에는 베가 저장되어 있었다. 또 밖으로는 "방패와 창을 쓰지 아니하여 이웃과 평화를 보전하였다."고 하였다.

이웃과의 관계에 대한 『삼국사기』의 기록을 보면 『부도지』의 고조선에서는 '방패와 창을 쓰지 아니한' 사실을 확인할 수 있다.

대왕 8년에 왜인들이 변경을 침범하려 하였으나 시조의 신덕이 있다는 말을 듣고 곧 돌아갔다고 하였으며, 19년에는 변한이 나라를 들어 항복해 왔다고 기록하였다. 또 30년에는 낙랑에서 침입하였는데 마을이 밤에도 문을 닫지 않고 노적가리를 들에 그대로 쌓아둔 것을 보고 말하였다. "여기 사람들은 도둑질을 하지 않으니 도의가 있는 나라다. 우리가 몰래 습격함은 도둑과 다름없으니 부끄러운 일이다" 이에 곧 군사를 돌이켰다.

대왕 38년에는 호공을 마한에 보내 수교하니 마한왕이 꾸짖어 말하였다. "진한·변한은 우리의 속국이었는데 요사이 공물도 보내지 않으니 대국을 섬기는 예의가 이럴 수 있는가?"

호공이 감히 대답하여 이같이 말하였다.

"저희는 2명의 성인이 나라를 세우고 나서부터 인사가 바르고 천시가 고르므로 곡식이 창고에 가득하여 백성들이 서로 공경하고 사양하므로, 진한 유민으로부터 변한, 낙랑, 왜인에 이르기까지 두려워하는 마음을 품지 않는 자가 없습니다. 그러나 우리 대왕께서는 겸허하여 저를 보내 교류하시는 것 또한 과분한 예의라고 할 수 있는데, 대왕께서 도리어 화를 내시고 군사로 위협하시니 이는 무슨 경우입니까?" 마한왕이 더욱 노하여 호공을 죽이려고 하자 좌우에서 요청하므로 돌려보냈다.

여기서 신라의 위치가 어디였는지 호공의 말을 토대로 한 번 찾아보기로 하자. 진한에서 일어난 신라의 서쪽은 마한이며 그 마한의 동북 끝에서 뒤에 백제가 건국되었다.

신라의 남쪽은 변한이고 동쪽은 바다 건너 왜가 있었으며, 북쪽에 낙랑군이 있었다. 만약 신라가 지금의 경상도 지역에 있고 낙랑이 평양 방면에 있었다면 서로 인접하여 있을 수 없으며 신라의 북쪽이라고 말하기도 어렵다. 그러므로 당시 신라가 일어난 진한은 서쪽의 마한과 함께 모두 지금의 산동성과 하북성 지역에 있었다고 보아야 한다.

이와 같은 사실은 신라의 건국보다 훨씬 이전 진시황 때와 한나라 유방이 항우와 서로 싸울 무렵 난리통을 피하여 백성들이 대거 진한으로 도망해 온 것에서부터 알 수 있다. 당시 중화와 마한·진한이 서로 인접해 있었기에 중원의 난민들이 수만 명씩이나 도망해 올 수 있었던 것이다. 만약 진한이 경상도 지역에 있었다면 수많은 한인이 만주와 한반도 북부를 거치거나, 황해를 건너와야 하는데 이것은 불가능한 일이다. 또 만약에 그들이 황해 바다를 건너서 왔다면 가까운 서해쪽이 아니라 왜 동쪽 경상도로 왔는지 그 이유를 설명할 수 없는 것이다.

대왕 39년(서기전 19) 마한왕이 세상을 뜨자 신하 중에 이렇게 말하는 이가 있었다. "마한왕은 전에 우리 신라 사신을 욕보인 적이 있으므로 지금 국상 중에 마한을 정벌하면 힘들이지 않고 평정할 수 있습니다" 그러나 대왕은 "남의 불행을 다행으로 여기는 것은 매우 어질지 못한 일이다" 라고 하며 그 말을 따르지 않고 곧 사신을 보내 조위하였다. 대왕은 그 후 20년 동안 나라를 다스리다 돌아가셨으나 특별한 기록이 없어 어떤 일이 있었는지 알 수 없다. 그러나 성인의 덕으로 잘 다스려 나라의 안과 밖을 정비하고 사람들이 행복하였던 평화로운 시절이었다고 볼 수 있다.

『세종실록 지리지』에 거서간 혁거세의 무덤은 호구(虎丘)산의 운암사(雲岩寺) 남쪽 4리에 있다고 기록되어 있다. 그런데 호구산은 중국 양자강 부근 강소성 쑤저우시에 있다. 그 호구산 주위에 운암사가 있었음으로 보인다. 호구산에 호구탑이 존재하며 현재는 운암사는 사라지고 탑만 남아있다.

고려 현종때에 요나라, 즉 거란의 침략이 계속되어, 현종은 강감찬에게 명령하여 여러 차례 신라 박제상의 후손이 사는 양자강 아래의 영해 마을을 방문하게 하여 그들로부터 조언을 구하고 그 문중을 두루 구제하도록 지시하였다. 또한 박혁거세 왕릉을 다시 고치고 나서 천희5년 탑 (1021년 天禧五年塔)을 세워 공양하였다. 그 탑문에는 '우리나라의 영원한 태평과 온 국민의 평안을 위하여 받들어 이 탑을 건조하고 영원토록 고양할 것입니다 (奉爲邦家永泰, 遐邇常安, 敬造此塔, 永充供養)' 라고 적어 놨다고 『부도지』에 기록되어 있다.

이는 일제 강점기에 뜬 천희5년 탑의 탁본 내용과 일치한다. 이 탁본은 국립중앙박물관에서 보관하고 있으며, 박혁거세 왕릉의 탑 비문을 고려 흥국사(興國寺) 사찰의 탑 비문이라고 자의로 해석하여 전시하고 있다.

천희 5년(1021년)(고려 현종 12년).

"보살이 그의 제자인 평장사장밀산(平長師張密山)을 서계하고 그를 국가 영태(永台)의 원대한 장안(長岸)을 기리기 위해 봉안하였다."

박제상의『부도지』에 천희5년 탑의 비문 내용이 기록되지 않았다면 이 탑의 비밀은 영원히 묻힐 뻔하였다.

14. 고구려 시조 추모(鄒牟)대왕

고구려를 세운 추모대왕은 성은 고씨(해씨)이고 이름이 추모이다. 그의 이름 추모는 주몽이라고도 하는데 부여 말로 '활을 잘 쏘는 사람' 이라는 뜻이다. 그가 7살이 되자 남달리 뛰어나 스스로 활과 화살을 만들어 쏘는데 백발백중이었다.

추모대왕의 세계는 북부여 시조 단군 해모수로 거슬러 올라간다. 해모수의 둘째 아들인 고진이 고리군의 왕이고, 고진의 손자가 옥저후 불리지인데 모두 도적 위만을 토벌한 공로로 봉토를 받았다. 이 불리지가 추모대왕의 아버지이며 북부여 어머니는 하백의 딸 유화이다. 하백은 황하의 신이고 딸 유화는 황하가 범람하지 말라고 처녀를 바치는데 그 제사를 맡은 신녀라는 설도 있다. 어쨌든 유화가 동생 훤화·위화와 들에서 놀고 있는데 한 남자가 와서 스스로 천제의 아들이라고 하였다. 그는 유화를 유인하여 웅심산 밑 압록수 가의 집으로 데려가 정을 통하고 갔으나 다시 돌아오지 않았다. 유화는 모르는 남자를 따라간 이유로 부모에게 꾸지람을 받고 쫓겨나 우발수에 가서 살고 있었다.

동부여의 금와왕이 우발수를 지나다가 유화부인을 보고 그 사연을 듣고는, 이상하게 여겨 궁실에 데려와 깊은 방에 가두었다. 그런데 햇빛이 비춰 몸을 피하면 햇빛이 또한 그녀를 따라다녀 드디어는 임신을 하고 알을 하나 낳았는데 크기가 닷 되들이만 하였다고 한다. 금와왕은 이를 버리게 하여 개와 돼지에게 주었지만 먹지 않고, 또 길에다 버려도 소와 말이 피할 뿐만 아니라 들에 버렸더니 새들이 모여 날개로 덮어주었다.

금와왕은 알을 갈라보려고도 하였으나 깨뜨릴 수가 없어 할 수 없이 유화부인에게 돌려주었다. 부인이 알을 덮어 따뜻한 곳에 두었더니 한 사내아이가 껍질을 깨고 알 속에서 나왔는데, 골격이 준수하고 모습이 영특하였으니 이 아이가 바로 추모이다.

추모가 태어나자 향 기운이 항상 집을 둘러쌌고 봉황이 날아와서 나무에 머물렀다. 추모가 유아기 때에는 큰 들판에 나가 서있으면 온갖 짐승들이 와서 지키고 또 높은 언덕에 올라 누워 있으면 호표들이 와서 젖을 먹였더니, 금와왕이 몹시 기이하게 여겨 추모란 별명을 내려 주었다고도 한다. 두 살에 스스로 글을 읽었고 세 살에는 글씨를 썼더니 한인(漢人)들이 와서 보고 혀를 내두르고 호인(胡人)들이 와서 보고는 황송하여 엎드렸다.

성모께서 추모를 위하여 단청하며 옛 사당을 수리하는데 홀연 큰 지진이 나며 그곳에서 무게가 3백 근씩이나 되는 금척과 금장이 나와서 그것을 얻게 되었다. 8살에는 원복을 입었는데 키가 이미 5척이었다. 늘 한인(漢人)집으로 가서 야금하기와 배 만들기를 보고 익히고, 돌아오는 길에 마리와 함께 말 10필을 먹여 길렀다. 여기서 유의해서 볼 내용은 '야금하기(금속제조), 배 만들기' 등은 매우 고된 일이므로 고구려인들은 한인 즉 하인들에게 시켰던 것으로 보겠다. 당시 노예 계급은 8조법금의 내용 분석을 통해서 이미 알려졌는데, 색불루 단군시기에도 존재하였다.

금와왕에게는 일곱 아들이 있었지만 그 재주가 모두 추모에게 미치지 못하였다. 큰 아들 대소가 왕에게 아뢰었다. "추모는 여느 사람같이 태어난 것이 아니고 그 사람됨이 용맹스러우므로 일찍 도모하지 않으면 후환이 있을까 두렵습니다. 그를 제거함이 옳습니다." 금와왕은 이를 듣지 않고 그로 하여금 말을 기르게 하였다. 추모는 말을 기르며 날랜 말은 먹이를 적게 주어 여위게 만들고 둔한 놈은 잘 먹여 살찌게 하니, 왕은 살쪄 좋아 보이는 말만 골라 타고 여윈 말은 모두 추모에게 주었다.

사냥하러 모두 함께 들로 나갈 때도 추모는 활을 잘 쏘므로 화살을 적게 주었다. 그렇지만 추모가 활로 맞추어 잡은 짐승이 더 많았으므로 왕자와 신하들이 모두 그를 죽이고자 꾀하였다. 유화부인이 추모에게 말하였다. "나라 사람들이 장차 너를 죽이려 하니 너의 재주로 어디 간들 안 되겠느냐? 여기 있다가 욕을 당하기보다 차라리 멀리 가서 큰 일을 도모하는 것이 좋겠다." 이에 추모는 오이, 마리, 협보의 3명의 신하와 벗이 되어 앞날을 도모하게 되었다.

　말갈이 순노부를 치므로 추모가 쫓아가 돕고 싶었으나 금와왕이 허락하지 않았다. 흉노 호한야가 룡성 왕성을 되찾더니(BC43) 사신을 보내와 재물을 바쳤다. 추모가 호인과 함께 갈사국으로 가서 노랑머리의 황두부 백성(백인종)을 회유하였는데 이에 그 여두목 대수가 풍성한 음식을 바치고 아들 부분노가 추모를 따르게 되었다. 많은 사람들이 추모를 따랐으니 호걸 70인 중에 특히 오이, 마리, 협보, 부분노를 동4호라 불렀다.

　『추모경』에 의하면 안황, 백미, 수다, 몽칠 등이 사람과 물자를 바쳤는데 이들은 모두 습지의 주인들이었다. 진명국 갈마가 고동, 소수, 예만, 지개관, 항죽이와 함께 모두 활과 쇠뇌를 바쳤고, 오취, 림운상, 월지(月氏), 호고조 등도 창과 칼을 가져왔다(BC41). 부인 예씨와 도씨를 해불의 집에 맡겨놓고 한밤에 유화부인을 떠날 참인데 완릉의 큰 당나귀가 홀연히 두 길이 되는 담장을 넘어서 스스로 추모의 마당으로 들어왔고, 그 안장에는 '구천(九阡)의 선물' 이라는 글발 하나가 있었다. 큰 당나귀를 올라타고 청동솥(鼎)과 신검 태아검을 허리에 차고 호걸 4명이 옹위하며 좌우에 12사람이 따른 채 책성을 나섰다.

　햇볕이 찌는 듯 더워서 맑은 샘물을 마시는데 고목이 시체처럼 썩어 있었고 곁에는 일곱 길 되는 바위가 있는데 '신사년 여름에 성인께서 이곳을 지나신다' 는 글자가 써 있었다. 백미가 그 위로 올라가 금인장 2개를 가져왔는데 하나는 '대선우' 이고 하나는 '예가한(濊可汗)' 이었으며 무게가 각 105근이나 되었는데 어느 시대의 물건이고 언제 이곳에 숨겨놓았는지 알 수가 없었다(BC40).

　엄사수에 이르러 강을 건너려고 하였으나 다리가 없었다. 그는 뒤쫓는 군사에게 잡힐까 염려하여 강물에 빌었다. "나는 천제의 아들이고 하백의 외손자인데 오늘 도망 중에 추격병이 다가오니 어찌하면 좋겠습니까?" 이때 물고기와 자라들이 물 위로 떠올라 다리를 놓아 주므로 일행은 다리를 건넜다. 그리고 물고기와 자라가 곧 다리를 풀자 쫓아오던 군사들은 강을 건너지 못하였다. 추모는 모둔곡이란 곳에 이르러 또 세 사람을 만났는데 그들은 각각 베옷, 장삼옷, 마름옷을 입고 있었다. 추모가 그들에게 이름을 물으니 차례로 재사, 무골, 묵거라고 대답하였다. 그러나 모두 성씨를 말하지 않으므로 추모는 재사에게는 극씨, 무골에게는 중실씨, 묵거에게는 소실씨를 주며 그의 큰 뜻을 내비추었다.

"나는 지금 하늘의 명령을 받들고 나라를 세우고자 하는데 마침 3명의 어진 분을 만났으니 이 어찌 하늘이 보내준 것이 아니랴?" 이에 각자의 재능에 따라 맡을 바를 정하고 졸본천에 이르러, 그 땅이 기름지고 아름다우며 또 험고하므로 그곳에 도읍을 정하였다. 오이가 갈하(羯河)를 지키고, 마리가 청하(靑河)를 지키고, 한소가 한빈(汗濱)을 지키고, 부분노가 하남을 지키고, 재사가 엄표(淹淲)를 지키고, 무골이 모둔을 지키고, 묵거가 양하(兩河)를 지키고, 오건이 구여(九如)를 지키고, 협보는 추모제 곁에서 계책을 내면서 군막 안에 머물렀고 단공은 사부(師傅)를 하였다. 그러나 당장 궁실을 지을 겨를이 없으므로 우선 비류수 상류에 집을 짓고 살며, 나라 이름을 고구려라 하고 고(高)로 성씨를 삼았다.

마리가 아뢰기를 "신이 듣기로, 오랜 옛날 사람들이 산을 나라로 삼은 것은 하늘이 자시에 열리고 땅이 축시에 열렸으며, 사람이 인시에 생겨난 때문이었고, 축인방은 간방으로 산이고 문인데, 문을 나라로 삼았던 것은 혈(穴)에서 살았음입니다. 부여는 '장차 밝아옴'에서 소리를 따고 나무라는 글자로 하였는데, 지금 부여의 운수가 다하였으니, 마땅히 뜻은 '발을 말아올려 빛을 받아들임(納明)'을 취하시면 좋겠사오며, '발(麗)을 높이 걸음(高勾)'은 '밝은 빛을 받아들임'을 뜻하고 '구리(勾麗)'는 혈의 소리이니, 마땅히 고구리로 국명을 삼으면 좋겠사온데, 게다가 검은 가라말(黑驪)이 흘승(紇升)하는 상서로움이 있사옵니다." 하였더니 주상께서 기쁘게 여겨 용납하였다. 이때는 서기전 37년이었다.

그런데 추모가 졸본부여에 이르렀을 때 그 왕이 아들이 없었으며, 추모가 비상한 사람임을 알고 자기 딸 소서노와 혼인을 시켰으며 그가 죽자 추모가 왕위를 이었다고 한다. 소서노가 '첩은 소방(小邦) 임금으로서 세습하였는데, 몇해 전부터 북쪽으로 말갈에게 치욕을 당하고, 동쪽으로 낙랑에게 굽혀야 했으며, 북쪽엔 송양이, 남쪽엔 섭라(涉羅, 셔라, 시라)가 있어 전란이 없는 해가 없고 싸움이 없는 날이 없어서 나라가 피폐해지고 백성들이 피로하여 지탱해 보존할 길이 없었는데... 이를 가련케 여겨 첩으로 하여금 엉킨 실이나 다스리게 하시고 이 나라 백성들의 임금을 해주십시오' 라고 화답하였다.

추모대왕이 즉위 직후 비류국왕 송양을 만나 여러 차례의 번복 끝에 마침내 그를 항복시켜서 거수로 삼았으며, 추모대왕이 죽은 후에는 유리대왕이 송양의 딸을 왕후로 맞았다. 졸본부여 근처에 비류국이 있고 또 가까이 순로국, 황룡국, 환나국, 대방국, 개마국, 구다국 등이 있었으며 행인국은 북방의 황하 근처에 위치하는데 추모는 이들을 하나씩 모두 병합해 나갔던 것이다. 즉 고구려의 배경이 하북성 및 산서성을 넘어 섬서성 북부, 영하회족 자치구에 이른다는 사실이 추모경을 자세히 검토하면 깨닫게 된다. 당나라 말기에도 영토가 병, 분을 넘지 못했다고 『신당서』에 기록되어 있는데 이는 산서성 중부 이상의 북쪽은 모두 고구려, 거란, 발해의 영토라는 뜻이다.

혼인 이야기가 나왔으므로 대왕의 혼인 관계를 보기로 하자. 그는 금와왕 밑에 있을 때 생명의 위협을 느껴 금와왕의 딸 예씨부인과 혼인하여 가정생활의 편안함에 빠진 것처럼 위장하였다. 그러나 부여에서 도망하게 되므로 부인을 두고 올 수밖에 없었다. 예씨부인은 아들 유리와 함께 19년만에 부여에서 도망하여 대왕과 재회하게 된다.

한편 추모대왕은 고구려를 세울 무렵 소서노라는 7살 위의 여성과 재혼하였으며 그녀는 고구려의 첫 황후가 되었다. 소서노는 부호 연타발의 딸로서 원래 북부여의 왕손 우태와 결혼하였으나, 남편이 죽고 그와 낳은 두 아들 비류와 온조가 있었다. 또는 하늘이 내린 추모를 만나 보고 난 후에 소서노가 야심이 없는 남편을 남쪽으로 쫓아냈다는 설도 존재한다. 소서노는 아버지와 뜻을 같이하여 추모대왕이 고구려를 일으킬 때 큰 도움을 주었다. 그러나 훗날 대왕의 첫 부인과 아들 유리가 졸본으로 와서 황후와 태자가 되자, 입장이 애매해진 그녀는 두 아들을 데리고 남쪽으로 떠나 백제를 건국하였다. 우리 민족의 대표적인 고대국가 중 고구려와 백제 두 나라 건국의 위업을 이루어낸 소서노는 이 책의 유일한 여성 영웅으로 뒤에서 살펴보고자 한다.

당시 추모대왕이 도읍한 위의 졸본과 비류수가 어느 지역인지를 알아보자. 『삼국사기』나 『삼국유사』를 보면 졸본이 한나라의 동북쪽 끝에 있던 요동군과 현도군의 경계에 있다고 하였다. 학계에서 졸본을 북한 압록강 이북의 환인이라고 하나 그곳은 그들이 말하는 한나라(현도와 요동)의 북쪽이 될 수 없고 동쪽에 해당하며, 『삼국사기』의 기록과도 맞지 않으므로 완전히 잘못된 이론이다.

한편 비류(沸流)수는 끓는다는 강인데 지금 북경의 북쪽을 흐르는 백하(白河)에 탕하구(湯河口)라는 곳이 있으며, 연암 박지원 선생이 사신으로 갔던 열하(熱河)라는 지명은 북경에서 동쪽으로 다소 떨어진 난하 하류의 지금의 승덕시를 말한다. 탕하나 열하가 끓는 강을 의미하므로 비류수였을 가능성이 매우 높은데, 졸본이 한나라의 동북쪽이라고 했으므로 탕하구가 있는 북경 북쪽의 백하가 비류수였을 가능성이 더 크다고 보겠다. 현재 북한의 압록강이나 그 지류는 끓는 강이라는 이야기가 없으므로 그쪽에 비류수나 졸본이 있었을 까닭은 없다.

혈기왕성한 청년 추모대왕이 새로운 나라를 세운 데는 큰 뜻이 있었다. 고조선이 말기에 쇠하여 빼앗긴 거수국 요동과 위만의 손자 우거왕이 한 무제에게 빼앗긴 현도국 등을 회복하고자 하였다. 중원 가까이에 나라를 세운 까닭은 우리 민족의 옛 땅을 되찾으려는 강렬한 의지의 표현이었다. 고조선이 열국으로 나뉘면서 정통을 이은 것이 북부여인데 이 북부여 단군(천제)의 아들인 추모로서 이런 장한 신념을 가졌으니 실로 영웅다운 면모라 하겠다.

추모대왕은 건국 직후 비류수에 채소 잎이 떠내려 오는 것을 보고 상류에 사람들이 사는 것을 알고 찾아가 비류국에 이르렀다. 대왕이 비류국왕 송양에게 자신이 천제의 아들임과 새로 건국한 것을 말하였으나 그는 이렇게 답하였다. "나는 대대로 여기서 왕 노릇을 했는데 땅이 작은데 두명의 왕이 나누어 가질 수는 없는 것이오. 그대는 건국한 지 얼마 안 되었으니, 내 밑으로 오시오."

추모대왕은 그 말에 크게 노하여 변론으로 싸우고 또 활로 재주를 겨루었으며, 송양은 추모대왕의 적수가 되지 못하였다. 추모대왕은 부분노를 보내 무기고를 습격·탈취하여 비류왕의 항복을 받아내고, 그 땅을 다물도(多勿都)라 하고 송양을 다물도주로 봉하였다. 고구려 말로 '다물'이란 잃은 땅을 되찾는다는 뜻인데 추모대왕이 처음 얻은 땅을 다물도라 이름한 것에서 다물에 대한 그의 강한 의지를 엿볼 수 있다. 비류국은 중화에 속한 땅은 아니었으며, 이를 시작으로 해서 추모대왕은 중화에 뺏긴 땅과 고조선의 흩어진 나라들을 모두 다물하려는 큰 구상을 가졌던 것이다.

이런 구상의 일환으로 대왕은 즉위 6년에 태백산 동남의 행인국을 취하였으며 10년에는 북옥저도 취하여 성읍으로 만들었다. 그의 이러한 뜻은 후손들에게도 잘 계승되어 고구려는 짧은 기간 안에 주변의 나라들을 흡수하고 한나라와 대결하는 구도를 만들었다. 행인국에는 염산 염정이 많았고 그 소금이 황룡, 개마, 졸본, 구다에서 소비되었다. 또 행인국 가까운 질산은 발음이 유사한 철산(銕山)으로 보이는데, 소금 뿐만 아니라 철, 활, 살, 행채, 거위도 산출되어 그 이득이 막대하였다.

추모대왕은 송양을 응징하고 그가 세습하였던 비류국 황금국새, 금인, 옥마, 은학 등 진귀한 보물 천여 가지와 황금 5천근 및 대모 80매, 진주선 5자루를 거두고 관패와 그 자녀들 및 시침미녀 3인까지 거두어 돌아왔는데 비로소 좌우5침을 갖추게 되어 마침내 훤화, 소서노, 을류를 3천후(天后)로 삼고, 을전, 관패, 중실씨, 소실씨, 장씨를 5천비(天妃)로 삼아 '부여의 옛 제도'를 되살렸다(BC37 5월). 하빈에 한관을 커다랗게 지어서 재능있는 한인들을 그곳에 거하게 하고 하빈후 한소(漢素)로 하여금 그들을 지휘해서 준수한 백성들에게 기술을 전달하게 하고 부여 글자(扶

余字)에 능통한 이들로 하여금 한자를 익혀 쓰게 하였다.
　서기전 32년에는 한나라가 오록충종을 현토 태수로 임명은 하였으나 현토 땅은 북부여의 제후국인 개마국이나 구다국의 강역으로 추정되고 이미 추모제가 회복한 곳이었다. 오록은 유오(서한 효성제)의 미움을 받은 환관 석현(石顯)의 무리에 속하므로 유주(幽州)에 유배되어 있었기에 망령되이 현토 태수로 임명받은 것이다. '현토 땅이 한의 소유가 아닌지 오래되었는데 오록이 어찌 감히 올 수 있겠는가? 그저 꿈에서나 그려볼 것이다' 라고 추모제가 말하였다. 이에 유주는 현토의 땅 근처로서 한 조정은 연고지를 이용하여 직분을 하사한 것이다. 이런 형식적인 책봉이 빈번하였으며 이는 실제 사정과는 완전히 다른 것이다. 형식이나 명칭만 갖고서 역사를 흐리는 전형적인 수법이다. 기록에 직함이 있다고 해도 실제는 이와 다른 것으로서 문헌을 읽을 때 실제 관직과 명칭 관직을 구분해야 하겠다.
　또 오록충종은 홍성자(弘成子)에게 배웠는데, 홍성자란 이름 속에는 동이의 '홍익인간' 의미가 숨어 있다. 홍성자는 제비알만 한 문석(文石) 돌을 삼켜서 총명해져 뛰어난 학자가 되었다는데, 죽을 때 돌을 토해서 오록충종에게 주었고 그것을 삼킨 그도 석학이 되었다고 『서경잡기』에 전한다. 그런데 이 문석은 단군이 천부를 새긴 옥을 사람들에게 나누어주었던 방장해인(方丈海印)과 도가사상의 선도를 떠올리게 한다. 또 오록충종(五鹿充宗)은 대군(代郡) 마성현(馬城縣) 장가구 출신으로 부여 녹산(鹿山)과 인연이 깊고 한 조정에서 벼슬을 살기도 하였다. 그런데 추모대왕도 뛰어난 인재라면 문벌을 가리지 않고 등용하였는데 한소가 바로 그런 경우이다. 또 현도 사람 조원리를 산수박사로, 황룡 사람 진장을 의약박사로, 개마 사람 왕충을 연산박사로 삼았다.
　이들의 선대는 모두 중원에서 온 이들이었다. 개마는 중원에서 멀지 않은 곳이다.
　서기전 31년에는 공복사를 두어 백관들에게 관복을 제공하였다. 백관의 관복은 차등을 두어 정하고 복부령이 주관하였다. 자색, 비색, 홍색의 순서였고, 금화장식과 금어은장(金魚銀章), 은화

장식과 은어동장, 치화(雉花)관식과 동어동장, 치화관식과 철어단장(鐵魚檀章), 단어각장(角章), 단어아장(牙章) 등으로 순서를 삼았다. 처첩수 및 녹봉을 보면 곡식, 양돈, 채견, 노비의 수에서도 차등이 있는데, 1품이 노비 800명, 2품이 노비 700명, 3품이 노비 600명 등으로 고구려 관리들이 굉장히 많은 노비를 거느렸음을 알 수 있다.... 10품 소사(小士)에는 어인(圉人), 선인(船人), 대정(隊正), 순정(邏正) 등의 직급이 해당되는데 이들도 노비가 70명씩이었다. 11품 소인(小人)은 창정(倉正), 척정(尺正), 시인(市人), 역인(驛人) 등의 직급인데 그들도 노비가 50명씩이었다. 12품은 하인인데 그들도 2처2첩5비를 거느릴 수 있었고 노비가 30명씩이었으며, 심지어 무품일지라도 1처2첩4비를 거느릴 수 있었고 노비가 20명씩이었다.

 이를 보면 추모대왕 시대에 제도로써 이미 고구려의 위세를 확인할 수 있다.

 추모대왕이 동부여를 떠난 후 15년에 어머니 유화부인이 돌아가시니 금와왕은 태후의 예로써 장례를 치르고 신묘(神廟)를 세웠다. 이에 대왕께서는 사신을 부여에 보내 방물을 바쳐 보답하였다. 그로부터 4년 후 대왕이 부여에서 혼인한 예씨 부인이 아들 유리와 함께 부여로부터 도망해 왔다. 추모대왕은 이를 매우 기뻐하고 유리를 세워 태자로 삼았다. 그러나 불운하게도 상봉한 지 5개월 만에 추모대왕은 40세의 이른 나이에 세상을 뜨게 되었으니 이런 것을 운명이라 하고 하늘의 뜻이라고 하는 것일까?

 만약에 유리가 조금 늦어 대왕의 사후에 왔다면 어떻게 되었을까? 아마도 비류가 대왕이 되어있어 유리는 인정받지 못하였을지도 모른다. 이런 경우라면 소서노와 온조도 졸본을 떠날 이유가 없으니 따로 백제를 세우지도 않았을 것이다.

 추모대왕의 옛 가족이 고구려로 오자 입장이 애매해진 소서노와 비류·온조왕자는 대왕의 곁을 떠나 남쪽으로 내려가 백제를 세우게 되었다. 고구려 유리 왕자에 대해서도 기록이 있으므로 잠깐 소개하고자 한다. 추모가 떠난 뒤에 태어난 유리는 아버지를 모르고 자랐다. 어릴 적에 놀며 새를 쏘다가 잘못하여 물긷는 부인의 물동이를 깨뜨리자 부인이 꾸짖으며 아비 없는 자식이라 이런 못된 짓을 한다고 내뱉었다. 유리는 부끄러워 집에 와 아버지에 대해 물었다. 어머니 예씨는 이렇게 대답하였다.

"너의 아버지는 보통 사람이 아니다. 이 나라에서 용납되지 않으므로 남쪽으로 도망하였으나 지금은 나라를 세우고 왕이 되셨다. 그런데 망명갈 때에 내게 '만약 사내를 낳으면 내 유물을 7모가 난 돌 위 소나무 아래 감추어 두었으니 그것을 찾아오면 내 아들로 맞이하겠다'고 하셨다" 이 말을 들은 유리는 산골을 돌아다니며 유물을 찾았으나 헛수고만 하였다. 어느 날 집에 있는데 소나무 기둥의 주춧돌 사이에서 소리가 나서 가보니 주춧돌이 7모로 되어있었다. 그 기둥 밑을 찾아보니 잘린 칼 토막이 있어 그것을 가지고 3명의 신하와 더불어 어머니를 모시고 길을 떠났다.

졸본에 이르러 추모제를 만나 칼 토막을 바치자 추모대왕이 소지하던 다른 토막과 맞추어 딱 들어맞으니 크게 기뻐하며 유리를 태자로 삼았다. 얼마 후 추모대왕이 돌아가시므로 유리는 고구려의 2대 대왕이 되었다.

15. 고구려 비운의 왕자들 _ 해명과 호동

 고구려 유리 대왕이 젊은 시절에 즉위하여 왕후를 맞았으나 1년 3개월 만에 사별하니 왕자가 없었던 듯하다. 다시 두 여인을 맞으니 화희는 골천 사람의 딸이고, 치희는 한나라 여인이었다.
 두 여인이 남편에게 사랑을 받으려고 서로 다투며 불화하므로 유리 대왕이 양곡(凉谷)의 동·서에 2개의 궁을 지어 살게 하였다. 주몽과 고구려의 위상에 의거하면 치희는 한나라 공주 정도는 되었을 것이다. 골천도 진한의 1국으로 여겨지고, 또 양(凉)은 섬서성이나 산서성에 있는 지명으로 나타난다.
 뒤에 대왕이 7일 동안 기산(箕山)으로 사냥을 나간 사이에 화희가 치희를 꾸짖어 "너는 한나라의 비첩으로 어찌 무례함이 그리 심한가? " 하니, 치희는 부끄럽고 한스러워 친정으로 가 버렸다. 유리 대왕은 말을 달려 치희에게 가서 달랬으나 그녀는 돌아오려 하지 않았다. 대왕이 돌아오다 꾀꼬리가 모여 있는 것을 보고 자신의 처지를 빗대어 이렇게 읊으니 「황조가」라 전해 온다.
 "꾀꼬리는 오락가락 쌍으로 노니는데, 외로운 이 몸은 뉘와 같이 돌아갈까? "
 유리 대왕은 정서가 풍부하고 시가를 짓는 솜씨가 훌륭한 것 같다. 그런데 여기서, 화희가 만약에 한나라를 두려워하였다면 한나라의 치희를 감히 학대하지 못하였을 것이다. 항우에게 지고 있던 한 고조를 전쟁에서 승리하도록 도와주었던 연·북맥에서 북맥이란 바로 해모수의 부여 또는 고구려였으며, 당시 한나라보다 더 커다란 세력을 갖고 있었다.

유리 대왕 14년 동부여 금와왕의 아들 대소왕이 고구려에 신하의 예를 요구하며 고구려 왕자를 볼모로 보낼 것을 강요하였다. 유리 대왕은 성장할 때까지 20년이나 동부여에 살았기 때문에 예의 차원에서 왕자 도절을 보내려 하였으나, 10살밖에 되지 않은 어린 왕자가 두려워하며 가지 않으려 하였다. 이에 대소왕은 5만의 군사로 고구려를 공격하였으나 큰 눈을 만나 얼어 죽는 자가 많아 곧 돌아가니 고구려로서는 큰 다행이었다.

그로부터 6년 후에 "왕자 도절이 죽었다"고 『삼국사기』에 썼는데 아무런 설명이 없어 도무지 왜 죽었는지 알 수가 없다. 신채호 선생은 도절이 근심과 울분으로 병사했다고 보았는데 아마 이것이 진실에 가까울 것이다. 필자가 조금 사족을 달아 당시의 정황을 유추해 보면 이렇다.

두 여인을 들이고 11년 뒤에 위에 본 도절이 이미 왕자의 신분이었으니 그는 화희의 아들이었을 것이며 많아야 10살에 불과하였다. 그런데 그에게는 3살 어린 동생 해명이 있었는데, 그 어머니가 누구인지는 알 수 없다. 그러나 도절이 동부여에 볼모로 가지 않은 후 6년 동안 마음고생이 매우 심했던 상황을 감안해 본다면, 해명이 아마도 배다른 동생이었기에 두 어머니 사이의 갈등이 더욱 격화되었을 것이다. 게다가 대왕이 확실하게 왕자의 편을 들지 않으므로 결국은 죽게 된 것 같다.

도절이 죽은 2년 후 유리 대왕은 도읍을 졸본에서 국내성으로 옮겼으나 왕자 해명은 아버지의 천도함이 비겁하다 하여 졸본에 남아 있었다.

유리 대왕은 다음 해 해명을 태자로 세웠으나, 해명은 그 후로도 4년간 그대로 졸본에 머물렀다. 해명은 힘이 세고 담대하여 무용을 좋아하니 황룡국왕이 그에게 강궁을 주어 시험해 보려고 하였다. 이에 해명은 사신 앞에서 활을 당겨 꺾어 부러뜨리며 "내 힘이 세서 그런 것이 아니라 활이 강하지 못하다"고 하였다. 황룡국왕이 이를 듣고 부끄러워하였다. 추모 대왕 때에 고구려는 황룡국왕을 비롯하여 수많은 나라들을 거느렸었다.

유리 대왕은 이야기를 듣고 해명이 장차 국가를 위태롭게 할 어리석은 자식이라 생각하여 황룡국왕에게 전갈을 보내, "해명은 자식으로서 불효하니 그를 죽여 주시기를 바랍니다" 라고 하였다. 2달 후 황룡왕은 사신을 보내 태자 해명을 만나 보기를 청하였다. 태자가 가려고 하니 옆에서 간청 하였다.

"이웃 나라에서 까닭도 없이 만나기를 요청하니 그 뜻을 알아차리기 어렵습니다." 이에 태자가 "하늘이 나를 죽이고자 않는다면 황룡국왕이 나를 어찌하겠느냐?" 하며 기어코 가서 황룡국왕을 만났다. 황룡국왕은 당초 해명을 죽일 생각이었으나 그를 직접 만나보고는 경애하게 되어 오히려 후대하여 보냈다.

1년 후 유리 대왕은 태자에게 사람을 보내 말하였다.
"내 도읍을 옮겨 백성을 편안케 하고 나라의 기업을 굳게 하려고 하는데 태자는 나를 따라오지 않고, 힘의 굳셈을 믿고 이웃 나라와 원한을 맺으니 아들 된 도리로 이와 같을 수가 있느냐?
칼을 주어 보내니 스스로 자결하라."

해명이 곧 자결하려는데 곁에서 만류하고 말하였다.
"유리 대왕의 큰 아들은 이미 돌아가시어 태자께서 마땅히 왕위를 이을 것인데 지금 아버님의 사신이 한 번 왔다고 자결한다면 그것이 진실인지 아닌지 어찌 알겠습니까?"

그러나 태자 해명은 결연히 말하였다.
"전에 황룡국왕이 강한 활을 보냈기에 나는 그가 우리를 가벼이 볼까 염려하여 활을 꺾어 보답하였는데, 뜻밖에 아버지께서 나를 책망하고 지금은 다시 나를 불효하다고 칼을 보내 자결하라 하시니 아버지의 명령을 따르겠다."

말을 마치고 곧 동쪽 언덕으로 가 땅에 창을 꽂아 놓고 말을 달려 창에 꽂혀서 죽으니 나이가 21세였다. 고구려 유리 대왕이 국가의 안위를 위하여 태자를 자결하도록 했다고는 하나 꼭 죽여야만 했는지에 대해 비정한 아버지라는 비난도 피할 수 없을 것이다. 태자는 자기의 위치를 감안하여, 아버지 곁에 늘 있어야 함에도, 국내성이 아닌 졸본에 홀로 떨어져 지냈으니 오해와 화를 사게 된 것이다.

그 해에 동부여의 대소왕이 사신을 보내 유리 대왕을 꾸짖으니, 유리 대왕은 최대한 저자세의 회신을 보내려고 하였다. 이때 어린 왕자 무휼이 죽은 해명처럼 기개가 대단하여, 아버지의 비굴함이 옳지 않다고 생각했다. 그리하여 사신을 보고 말하였다.

"우리 선조는 신령의 자손으로 현명하고 재주가 많았는데, 동부여의 대왕께서 질투하고 선대 추모 대왕께 참소하여 말 사육을 시켜 욕을 보인 까닭으로 불안하여 피해 나온 것이오. 지금 동부여의 대왕께서 예전의 잘못은 생각지 않고 군사의 많은 것만 믿고 우리 고구려를 경멸하고 있소."

4년 뒤 대소왕이 대거 쳐들어오니 유리 대왕은 아들 무휼 때문에 전쟁이 일어났다고 격노하였으나, 나이도 많아져 옛날처럼 왕자를 또 죽일 수도 없으므로 무휼이 방어하도록 명령하였다. 무휼이 기묘한 계략으로 적을 섬멸하니 동부여는 그 후 고구려와 겨룰 수가 없이 되었다. 유리 대왕은 크게 기뻐하고 무휼을 태자로 세워 군국 정사를 맡겼다.

무휼은 태자가 된 지 4년 만인 서기 18년에 왕위를 이으니 3대 대무신대왕이다. 대왕은 갈사국 왕의 손녀를 차비(次妃)로 맞아 왕자를 얻었는데 얼굴이 특이하며 풍모가 수려하여 이름을 호동이라고 하였으며 그를 심히 사랑하였다. 대왕 15년(서기 32) 호동이 옥저를 지나가는데 낙랑국 왕 최리가 거기 나왔다가 호동을 보고, "그대 얼굴을 보니 북국 신왕의 아들 호동이 아니냐?" 하고 놀라워하였다. 낙랑국 왕은 고구려를 두려워하고 있었으므로 호동을 데리고 궁으로 가서 자기 딸과 결혼시켰다.

당시 낙랑국의 무기고에는 적이 쳐들어올 때 울리는 신기한 북과 나팔이 있어 나라의 보물로 여겼다. 호동은 귀국한 뒤 낙랑국 공주에게 사람을 보내 말하였다.

"그대가 만약 무기고의 북과 나팔을 부순다면 내가 곧 정식으로 부인으로 삼을 것이나, 그렇지 않으면 삼지 않겠다."

이에 공주가 몰래 무기고에 들어가 칼로 북과 나팔을 부수고 호동에게 알리니, 호동과 대무신대왕은 낙랑국을 습격하였다. 불시에 공격을 당한 낙랑국 최리 왕은 북과 나팔이 부수어진 것을 보고 딸인 낙랑공주를 죽인 뒤 항복하고 말았다.
 호동이 나라에 큰 공을 세우자 고구려 왕후는, 갈사국 왕비의 아들 호동이 태자가 될까 두려워 대왕에게 이렇게 말 하였다.
 "호동왕자가 제 몸을 탐합니다. 비밀리 살펴보시고 만약 그게 아니라면 소첩이 벌을 달게 받겠습니다."
 대왕은 의심하지 않을 수 없어 호동을 엄히 벌하려고 하니, 측근이 호동왕자에게 말하기를, "어찌하여 이를 해명하지 않습니까? " 하였다. 호동이 대답하였다.
 "내가 만약 사실대로 말한다면 이는 어머니의 사악함을 드러내어 아버지를 근심시켜 드리게 되니 어찌 효도라 하겠는가? "
 이에 호동은 엎드려 칼로 자결하였다.
 대무신왕은 자신이 왕자일 때 아버지 유리 대왕이 자신의 형들을 죽게 한 것을 몸소 겪었음에도, 이번에는 자신이 사랑하는 아들인 호동을 죽게 했으니 이 무슨 운명의 장난인가?

16. 백제 시조 소서노 여왕

　소서노는 졸본부여 사람 연타발의 딸로 태어나 아버지가 품은 국가 경영의 큰 뜻을 이룰 만큼 강한 의지와 실천력을 겸비한 영웅적 여성이었다.
　그녀는 북부여 왕 해부루의 서손 우태와 혼인하여, 비류와 온조의 두 아들을 두었으나 남편과 일찍 사별하였다. 소서노는 추모대왕이 남쪽의 졸본으로 도망해 온 뒤 그와 뜻이 맞아 혼인하여 새로운 나라의 건국을 위하여 매진할 때 물심양면으로 큰 힘이 되었다.
　막상 나라를 세우려니 우선 나라를 세울 터전을 마련하고 나라를 운영할 인재를 모으는 일, 병기를 갖추고 군사를 훈련하는 일과 땅을 일구어 농사를 지을 수 있도록 하는 일, 그리고 궁궐을 짓고 도읍을 가꾸어 국가의 모습을 갖추는 일에까지 숱한 어려움이 닥쳤다. 소서노 왕후는 20년 동안 고비 고비마다 아버지의 재력을 바탕으로 경제적인 문제들을 해결하는데 결정적인 역할을 하였다. 그리고 추모대왕이 전쟁 등 국외 문제에 매달려야 하는 처지에서 국내 문제에는 왕후로서 상당한 역할을 한 것으로 판단된다. 그리하여 고구려는 고조선이 붕괴된 이후 가장 강력한 나라로 등장하여 빠르게 성장할 수 있는 기반을 마련하게 되었다.
　추모대왕은 왕후의 큰 내조를 고마워하여 그녀를 사랑하고 특별히 후대하며, 비류·온조 형제를 자기 아들처럼 여겼다. 그러나 대왕 19년에 첫 부인 예씨와 아들 유리가 부여로부터 도망해 오므로 고구려 추모대왕은 유리를 태자로 삼았다. 이어 추모대왕이 불행하게도 몇 달만에 돌아가시므로 왕자 수업도 제대로 받지 못했던 유리가 즉위하였다.
 이 때 비류가 동생 온조에게 말하였다.
 "처음 대왕께서 부여에서 난을 피해 도망하여 여기에 이르자 우리 어머니는 재산을 기울여 나라의 기업을 조성하기에 힘썼는데, 추모대왕께서 돌아가시자 나라는 유리에게 돌아갔으니, 우리는 여기 헛되이 있으며 혹이 되느니보다 어머니를 모시고 남쪽으로 가 좋은 땅을 찾아 따로 나라를 세우는 것이 좋겠다."
 이리하여 비류 형제는 어머니 소서노를 모시고 오이·마리 등 10명의 신하와 남쪽으로 떠나니 많은 백성들이 따라 나섰다.
 일행은 패수와 대수의 두 강을 건너 부아악에 올라 살 만한 곳을 살폈는데, 비류는 바닷가에 가서 살려고 하므로 10명의 신하들이 요청하였다.
 "이 하남(河南)의 땅은 북으로 한수를 끼고 동으로 높은 산악에 의거하고, 남쪽을 보니 비옥하고 윤택하며 서쪽은 물(海)로 막혔으니, 천연의 요새로 쉽게 얻기 어려운 명당입니다. 여기에 도읍을 세우는 것이 좋지 않겠습니까?"
 그러나 비류는 이 말을 듣지 않고 백성들을 나누어 미추홀로 가서 살았다. 이에 온조는 소서노를 모시고 하남 위례성에 도읍을 정하고 10명의 신하들로 보필하게 하며 나라 이름을 10제라 하였다. 이때는 서기전 18년으로 고구려에서 떠나온 바로 그 다음 해였다. 미추홀로 간 비류는 그곳 땅이 습하고 물이 짜서 편히 살기 어려우므로 위례성으로 와 보니, 도읍이 안정되고 백성도 편히 살고 있었다. 비류가 부끄러워하고 뉘우치다 끝내 죽으니 그 백성들은 모두 온조의 위례성으로 모여들었다. 그 뒤로 백성들이 즐겁게 따르므로 나라 이름을 백제로 고쳤으며, 그 족보가 고구려와 같이 부여에서 나온 까닭에 '부여'로 성씨를 삼았다.
 위의 온조의 건국 과정은 『삼국사기』에 의한 것이지만, 『태백일사』「고구려국 본기」에는 백제의 시조 대왕은 온조가 아니라 어머니 소서노라고 하여 이렇게 기록하였다.
 "소서노는 자신의 두 아들에게 이롭지 못할 것을 염려하다가 패·대(浿帶)의 땅이 기름지고 물자가 풍부하다는 말을 듣고,

남쪽으로 가서 진(辰)·번(番) 사이에 있는 물(海) 가까운 땅에 이르렀다. 그곳에서 10년 만에 밭을 사서 장원을 두고 재산을 모아 수만 금에 이르니 원근에서 소문을 듣고 찾아와 따르는 자가 많았다. 남으로 대수에 이르고 동으로 큰 물(海)에 닿는 500리 되는 땅이 모두 그녀의 소유였다. 그리고 추모대왕에게 사람을 보내 글을 올려 섬기기를 원한다고 하자, 추모대왕은 매우 기뻐 칭찬하며 소서노를 책봉하여 어하라(於瑕羅)라는 칭호를 내리셨다.
 재위 13년에 이르러 소서노가 세상을 떠나고 태자 비류가 즉위하였으나 따르는 사람이 없었다."
 인용문에 따르면 소서노가 나라를 세워 추모대왕으로부터 어하라의 칭호를 받았으나 13년만에 세상을 떠났다는 것이다. 비류가 즉위했으나 따르는 사람이 없다고 했는데, 그후 신하들의 권유를 따라 온조가 물(海)을 건너 하남 위례성에 도읍을 정하고 나라 이름을 백제라 하였다.
 위 인용문의 내용을 모른 상태에서 백제의 시조를 소서노라고 처음 주장한 사람은 단재 신채호 선생이다. 그는 『삼국사기』에 온조가 하남 위례성에 도읍한 12년 뒤에 소서노가 죽자 같은 하남 위례성으로 옮겼다는 모순된 기록을 지적하였다. 이는 하북 위례성이 첫 도읍이고 거기서 소서노가 여왕이었던 사실을 숨기려다 이런 결과가 되었다고 보았다.
 필자도 단재의 견해가 타당하다고 보는데 그 이유를 들자면 이렇다. 우선 비류가 미추홀로 따로 가기를 원했다는 사실에 무언가 숨겨진 사연이 있다고 보여진다. 만약 소서노가 아들을 대왕으로 세울 계획이었다면 장자인 비류를 생각했을 것이고 그 일을 비류에게 말해주었을 것이다. 그런데 소서노가 스스로 대왕이 되려는 것을 알고 실망한 비류가 어머니에게 반발하여 따로 가서 나라를 세우려고 한 것으로도 볼 수 있다.
 이러한 추정은 비류가 미추홀에서 실패한 뒤 위례성에 와 보고 부끄러워 뉘우치다 죽었다는 데서 확실성이 더 높아진다. 소서노가 나라를 잘 꾸려나가고 있으므로 자기가 어머니에게 반대한 것이 후회되어 견딜 수 없어 결국 죽음을 택한 것이라 보겠다. 만약 단순히 바닷가에 살고 싶어 갔던 것인데 형편이 좋지 않았다면 다시 어머니에게 돌아오면 아무 문제될 것이 없는데도, 젊은 그가 죽을 수밖에 없었다면 소서노와의 관계가 아주 나빴던 것으로 보겠다.

두 번째 이유는 김부식이나 조선의 철저한 유교적 신념에서 볼 때, 여성이 건국의 시조라는 사실이 지극히 못마땅하여 시조를 온조로 바꿔버린 것으로 보이는데, 고구려와 백제의 역사를 폄훼하고 왜곡하였다고 보여진다. 뒤에 동성 대왕전에서 표본적인 사례를 볼 것이다. 소서노 여왕의 경우는 남존여비 사상에 입각한 여성관이 얼마나 잘못된 것인가를 보면 충분히 수긍될 것이다.

삼국사기에서 신라의 선덕·진덕 2명의 여성 대왕에 대하여 주석은 이렇게 쓰여있다. 현대적인 관점에서 용납하기 어려우므로 그대로 전부 인용하였다.

논하건대, 내가 듣기에 옛날에 여왜씨가 있었으나 천자는 아니고 복희씨를 보좌하여 9주를 다스렸을 따름이다. 여치(한나라 태후 여씨)·무조(당나라 태후 무씨, 뒤에 황제를 칭함)는 유약한 임금 남편을 맞아 정치를 대신하였으나 공공연하게 왕이라 칭하지는 않고 다만 고황후 여씨니 측천무후니 하고 기록하였다.

이를 천리로 말하면 양은 강하고 음은 유하고, 사람으로 말하면 남자는 높고 여자는 낮은 것이니, 어찌 노파가 안방을 나와 국가의 정사를 결단하겠는가? 신라가 여자를 왕위에 세운 것은 실로 난세의 일로서 나라가 망하지 않은 것이 다행이다.

『서경』에 말하기를 "암탉이 새벽을 알린다" 하였고,
『역경』에 말하기를 "암퇘지가 껑충거리며 날뛴다" 했으니
이는 경계해야 할 일이 아니겠는가?

이런 소신을 가졌기에 백제의 시조를 소서노에서 온조로 바꾸었을 개연성은 매우 크다고 본다. 다음에 『삼국사기』에 온조대왕이 즉위하자마자 동명왕(추모대왕이 아니라 아버지 우태의 할아버지인 북부여의 대왕으로 여겨짐)의 사당을 세웠다고 하였다. 그런데

대왕 13년에 어머니 소서노가 돌아가셨을 때는 얼마 후 도성과 궁궐을 세우고 2년 뒤 새로 궁전을 지었음에도, 소서노의 사당을 짓지 않고 있다가 4년 뒤에야 비로소 사당을 세우고 국모 소서노를 제사했다고 기록하였다. 이런 점에서도 보면 온조가 어머니와의 충돌로 극도로 나쁜 감정을 가졌다고 보지 않으면 상황을 이해하기 어렵다. 다시 말하면 대왕인 어머니를 폐하고 온조가 대왕이 되었기에 백성들에게 소서노 대왕의 흔적을 지워 자신의 입지를 세우기 위한 의도적인 행위였다고 추정해볼 수도 있다. 이렇게 보면 온조는 2대 대왕이 된 것인데 그렇기 때문에 이 소서노를 배제하고 아예 처음부터 온조가 백제를 세웠다고 기록했을 수도 있었을 것이다.

이런 추정을 뒷받침하는 기록이 『삼국사기』 안에 숨어 있다. 소서노가 죽었다는 기사 바로 앞에 "수도의 한 노파가 남자로 변하였고‥" 라고 되어있다. 이것은 여자대왕이 남자대왕으로 바뀔 것이라는 강력한 암시가 틀림없다. 실제로 노파가 남자로 변할 수 없음은 말할 나위도 없으니, 온조가 대왕이 되어야 하는 징조로 백성들을 회유하기 위해 만들어낸 것이다. 또 소서노의 사후 온조대왕이 신하들에게 말한 것을 보더라도 당시의 상황을 짐작할 수 있다.

"근래에 요망한 징조가 여러 번 나타나고 국모가 세상을 떠나는 등 정세가 자못 편안하지 못하니 장차 수도를 옮겨야 하겠다."

소서노가 61살에 죽었는데 온조대왕의 어머니인 태후로서 자연사든 병사든 늙어서 죽은 것이라면 별 문제가 아닐 텐데도, 온조대왕이 정세가 편안하지 못한 요인의 하나로 꼽아, 천도할 뜻을 비추었다. 그의 속셈은 소서노 여왕의 영웅적 행적을 가능한 한 지우고 자기를 내세우기 위한 분위기로의 전환을 노린 것으로 본다면 너무 지나친 판단일까?

이러한 이유 때문에 필자는 소서노 여왕을 백제의 시조로 보아 이 전기에 유일한 여성 영웅으로 포함했으며, 그 대신 2대 온조대왕은 쇠퇴 길의 마한을 흡수하였고, 국가의 방비를 강화하기 위하여 여러 성을 축조하는 등 공적이 있기는 하지만 이 영웅전 책에서 제외하였다.
 이제 소서노의 남하 경로를 추적하여 백제의 건국지가 어디였는지를 알아보자. 그녀 일행이 출발한 졸본은 비류수 근처로 지금의 북경 근방이었음은 앞의 추모대왕전에서 보았다. 그렇다면 그들이 남쪽으로 내려온 곳 역시 지금의 하북성 지역이었을 것이다. 그들이 건너온 패수와 대수의 두 강이 하북성에 있었다는 사실이 증명되면 필자가 보는 지리적 견해가 옳다는 것 또한 증명될 것이다. 이 두 강은 한나라의 낙랑군을 흐르는 강으로 기록되어 있는데 낙랑군은 물(海)을 끼고 있어 두 강의 하류가 낙랑군을 통과하여 바다로 들어간다. 결론부터 말하면 지금의 천진(天津)을 중심으로 발해만에 있었는데 두 강의 중·상류는 낙랑군 바깥의 동이 지역을 흐르므로 소서노 일행이 패수와 대수의 중류지역을 별다른 장애 없이 지나 남으로 내려간 것이다.
 패수의 위치를 살펴보기로 하자. 연나라 (위)만이 '동쪽'으로 경계인 패수를 건너 번조선에 망명했다고 하였다.
 만약 패수가 압록강이나 청천강·대동강 등 한반도의 강이었다면 그 강들이 동쪽에서 서쪽으로 흐르니, '남쪽'으로 건넜다고 해야 평양에 이를 수 있다. 또 (위)만이 조선에 와서 도읍했다는 왕험성(평양)의 위치에 대해 『사기』의 주석서를 보면 신찬이라는 학자가 패수의 '동쪽'이라 했으므로 역시 (위)만이 동쪽의 고조선으로 왔다는 사실이 확인된다.
 한 무제가 서기전 109년 (위)만조선의 우거왕을 칠 때 수군대장 양복이 '제나라를 따라 발해에 떠서(從齊浮渤海)' 열구라는 곳에 상륙작전을 폈다.
 『한서 지리지』에 동북쪽의 유주(幽州)와 북쪽의 병주(幷州)에 속한 15개 군들을 보면, 낙랑군을 제외한 14군은 모두 동부·서부 또는 중부도위의 2~3개 도위를 두었으나 유독 낙랑군에는 동부와 남부도위의 둘을 두었다. 15개 군 중 낙랑에만 남부도위가 있는 이유는 무엇일까? 그것은 군의 관할 지역이 특수하게 'ㄱ' 형태여서 동부와 남부에 보조할 도위를 둔 것으로 봐야 할 것이다.

『수경』에는 "패수가 낙랑 누방현에서 나와 동남쪽으로 임패현을 지나 동쪽으로 바다로 들어간다"고 하였다. 즉 한반도의 모든 강과 다르게, 황하처럼 서에서 동으로 흘렀다는 것을 알 수 있다.

지금까지 본 여러 사료의 패수와 낙랑군에 대한 내용이 옳다면 백제가 건국된 곳은 낙랑에 가까운 서(남)쪽이 되어야 할 것이다. 과연 『삼국사기』를 보면 온조대왕이, "나라의 동쪽에 낙랑군이 있어 늘 강토를 침범하여 편안한 날이 없다"고 하였으니, 이는 발해만에 있던 서쪽 내륙에 백제가 도읍한 사실을 명백히 증거하는 것이다. 우리 학계에서는 일본 식민사학자들이 약 100년 전에 조작해 놓은 반도사관을 아직까지 추종하여, 고구려는 북한 압록강변에서 건국되었고 백제는 남쪽의 서울의 한강변에서 건국되었다고 주장한다. 필자는 여기서 이러한 식민사관을 이 땅에 심은 원흉인 이병도의 잘못된 논리를 폭로코자 한다.

이병도는 온조 일행이 현재 북한 압록강의 졸본으로부터 남하했다고 하여, "오늘의 황해도와 평안도의 길을 취한 것은 패수와 대수를 건넜다는 이야기로 알 수 있지만···"이라고 하였다. 그러나 이것은 말이 되지 않는 억지요 거짓이다. 그 이유는 매우 간단하다. 이병도는 식민사관에 따라 낙랑군이 지금의 평안도와 황해도에 있었다고 한 장본인인데, 온조가 그 지역을 지나왔다는 것이다. 북한의 평양이 맞다면 온조의 많은 일행이 낙랑군을 통과할 수는 없다. 그런데도 이병도가 이렇게 쓸 수밖에 없었던 이유는 바로 패수와 대수를 건넜다는 사실 때문이다. 상식적으로 온조 일행은 낙랑을 피해 함경도와 강원도 쪽으로 와야 안전하다. 그런데 이쪽에는 강이 없기 때문에 패수든 대수든 건널 수가 없다. 낙랑군을 지나왔다고 했으니 이병도의 위치는 거짓일 수밖에 없다.

또 백 보 양보하여 만약에 일행이 운 좋게 낙랑 길로 내려와 한강 유역에 도읍하였다면 낙랑은 백제의 북쪽일 뿐, 동쪽이 되지 않는다. 그러므로 졸본과 패수, 대수는 물론 위에 나온 북한산·미추홀·하남 위례성 등도 모두 한반도에 있던 지명이 아니다.

'하남'이라는 말도 아무 강이나 그 남쪽을 말하는 것이 아니라 고대 중국의 황하(黃河)를 '하'라 하여, 황하의 남쪽을 말한다는 것도 당연한 증거가 될 것이다.

　지금까지 본 백제의 위치는 필자가 『삼국사기』의 기록을 분석하여 얻은 결론이지만 중국의 기록을 보아도 이런 사실을 확실히 증언하고 있다. 『송서』에 백제는 고구려와 함께 '요동의 동쪽'에 있다고 하였다. 필자가 이 옛 요동을 태행산맥 동쪽이라 보고 추모대왕이 요동의 북쪽에 고구려를 세웠다고 했는데, 여기에 백제가 요동의 동쪽이라고 했으므로 그곳이 고구려의 남쪽으로 소서노 대왕이 도읍한 위치와 같다는 것을 알 수 있다. 그러기에 『송서』 등에서 훗날 백제가 서쪽의 "요서를 공략하여 가졌다"라고 요서 백제의 진평2군 점령의 내용을 기록한 것이다.

　만약 백제가 한강 유역에서 건국했다면 한강 부근이 요동이어야 하고 또 그 서쪽의 서해안 지역이 요서라야 하니 이런 말도 되지 않는 일이 어디 있는가?

百濟

高驪略有遼東, 百濟略有遼西. 百濟所治, 謂之晋平郡 晋平縣 (宋書)
고구려는 요동을, 백제는 요서를 차지하였고, 백제의 그곳은 진평군, 진평현이라 하였다. (송서)

百濟亦據有遼西 · 晋平二郡地矣, 自置百濟郡 (梁書)
진나라때에 고구려가 요동을 차지하자, 백제도 요서 진평2군을 차지해 백제군을 설치했다 (양서)

晋世 句麗旣校勘 略有遼東,
百濟亦據有遼西 · 晋平二郡地矣, 自置百濟郡 (南史)
진나라 때에 고구려가 요동을 차지하자, 백제도 요서의 진평 2군을 차지해 백제군을 설치했다 (남사)

17. 고구려 명림답부(明臨答夫)

고구려 명림답부는 차대왕 시기(165년) 조의 선인(仙人)이었다. 조의는 고구려 때의 벼슬 6품 하대부에 속하여 치화장식에 철어·동장을 패용하였다. 조의는 상고시대부터 있어 온 무사로서 초대 단군의 관직에도 대선(大仙), 국선(國仙), 조의(皂衣) 등이 있었다. 추모 대왕 때에는 유명한 조천석(朝天石)이 있었다.

신라에서는 아름다운 용모를 중시하여 화랑(花郞)이라 하였고, 고구려에서는 조의 즉 검은 비단옷을 입고 있었으므로 조의 선인이라 했다. 이들은 평상시에는 도로와 하천 및 성곽의 개수 등 공공사업에 힘쓰고, 전쟁 시에는 양식을 가지고 집단으로 전투에 참여했다.

명림답부는 폭정을 일삼는 고구려 차대왕을 죽이고 왕의 동생 백고(伯固)를 고구려 8대 왕(신대왕)으로 옹립하였다.

신대왕 때에는 국상의 지위에 올랐으나 지위를 남용하지 않았고 고구려의 국력을 경제적, 정치적, 군사적으로 증강시켰다.

172년 11월, 현토태수 경림이 공손역, 교현 및 색두와 함께 약 10만 명의 대군을 발동하여 고구려를 침입하고 구리, 개마를 차지하였다. 이에 신대왕이 여러 신하에게 공격과 방어에서 어느 것이 유리할 것인가를 물었다. 여러 사람이 의논하여 말했다.

"적들은 병사 수가 많은 것을 믿고 우리를 가벼이 여기는데 만약 나아가 싸우지 않는다면 저들은 우리가 겁을 낸다 생각하여 자주 공격하러 올 것입니다. 반면에 우리는 산이 험하고 길이 좁으니 이야말로 1명이 관문을 지키면 1만 명이 당해내지 못하는 경우입니다. 따라서 그들이 비록 많다고 하지만 우리를 어찌하지 못할 것입니다. 요청컨대 군사를 출동시켜 방어하기를 바랍니다."

그러자 명림답부가 말했다. "그렇지 않습니다. 한나라는 국토가 크고 백성이 많은 데다가 지금 정예병이 멀리 와서 싸우려 드니 그 날카로운 칼날을 당해낼 수 없습니다. 또 군사가 많은 경우에는 마땅히 나가 싸워야 하나, 군사가 적은 경우에는 지켜야 한다는 것이 전술의 상식입니다. 지금 적들은 천 리 떨어진 곳에서부터 군량을 운반해 왔으므로 오랫동안 버티지는 못할 것입니다. 만약 우리가 구덩이를 깊이 파고, 보루를 높이 쌓으며, 들판을 비워 놓고 기다린다면, 저들은 틀림없이 한 달이 넘지 않아서 굶주리고 피곤하여 돌아갈 것입니다. 그때 우리가 날랜 군사를 앞세워 추격한다면 뜻을 이룰 수 있을 것입니다."

왕이 그렇게 여겨 성문을 닫고 굳게 지켰다. 우물을 메우고, 적군이 주변 들판에서 식량을 조달할 수 없도록 청야전술을 폈다. 적들이 공격을 펼쳤으나 이기지 못하였고, 장수와 졸병들이 굶주렸으므로 군사를 이끌고 되돌아갔다. 이때 명림답부가 기마병 수천을 거느리고 추격하여 국내성 밖 좌원(坐原)에서 교전하였는데, 한나라 군사가 대패하여 말 1필도 살아 돌아가지 못하였다.

그러나 중화에서는 이 전쟁에 대해 거꾸로 기록하였다. 즉 『후한서』에는 좌원 대첩 관련 내용은 없고, 현도태수 경림이 고구려를 침공해 신대왕의 항복을 받아냈다고 하는 거짓 기록이 있는데 이를 허약했던 영제 때(169년) 일어난 일이라고 하였다. 또 황당하게 『삼국지』에는 고구려왕 백고(伯固 신대왕)가 현도군에 복속을 요청해왔다고 기록되어 있다.

구한말 국사 교과서로 널리 사용되었던 『대동역사』는 고조선 때의 연운도 전투를 소개하면서, 한나라 멸망을 초래한 고구려 명림답부의 좌원 대첩은 을지문덕의 살수대첩을 능가한다고 하였다. 즉 명림답부가 지략을 펼친 이 전투는 수천의 기마병으로 십만 대군의 병사를 이긴 경우로서 후대에 수나라를 멸망으로 이끌게 되는 을지문덕의 살수대첩보다 더 뛰어난 평가를 받는 것이다.

신대왕이 크게 기뻐하여 명림답부에게 좌원과 질산을 하사하여 그의 식읍으로 삼게 하였다. 그가 179년 가을 9월에 죽으니 나이가 113세였다. 왕이 직접 가서 애통해하며 7일간 조회를 금하였으며, 예를 갖추어 질산에 장사하고 묘지기 20가구를 두었다.
　명림답부가 죽고 나자, 184년 요동군 태수가 고구려로 쳐들어왔다. 고국천왕은 친히 정병을 이끌고 좌원으로 나아가 또다시 적군을 완전하게 물리쳤다. 『삼국사기』는 이 전쟁에 관하여 "죽은 적의 머리가 산을 덮었다."고 묘사해 놓았다.

　이 해에 장각에 의한 황건적의 난이 일어나게 되었고 한나라는 점차 기울게 되는데, 이러한 모든 것은 바로 한나라가 좌원 대첩에서 고구려에게 연속으로 크게 패배하면서 멸망하게 된 것이다.
　한나라 해당 연도의 기록을 보면 왕실에서 환관들에 의한 당고의 화(黨錮之禍)가 166년, 169년 2차례가 있어서 황건적의 난이 시작된 것으로 설명하고 있다.
　그러나 전쟁의 징병 및 수탈로 인한 백성들의 인내가 극한에 달하게 되면서 황건적의 난이 발생했다면 이해가 되지만, 궁실 환관에 의해 갑자기 수 백명이 숙청당했다는 것은 말이 안된다.

　유주 전투 등 고구려의 영토가 확실한 땅에서 황건적의 난이 발생한 것으로 조작해 놓고 있는 것이다. 조조, 유비, 손권 등이 등장하여 각축을 벌이게 되었고 결국 위촉오 삼국으로 분열하였는데, 유비의 촉이 사천성이였고, 손권의 오나라는 장강 중류, 조조의 위나라는 황하 아래 허창이므로 황건적 난이 발생한 곳과 이유도 좌원 대첩에서의 2차례 패전에 따른 결과인 것이다.
　문무를 겸비하고 청렴하였던 고구려 조의선인 명림답부와 고국천왕이 직접 지휘한 2차례의 좌원 대첩에서 패전한 이후에 한나라는 결국 220년 멸망하고 말았다.

18. 고구려 밀우(密友)와 유유(紐由)

　고구려 동천 대왕을 위해 목숨을 걸었던 충신이 밀우와 유유다. 촉의 제갈량이 오나라와 동맹을 맺고 조조의 위나라를 치려고 하자, 위기에 처한 위나라는 고구려에 사신을 보내 구원을 요청하였다. 고구려의 지원을 받아서 겨우 제갈량의 공격을 막아낸 위나라는 234년에 사신을 보내 고구려에게 감사의 예를 올렸다.
　이후 고구려 동천 대왕은 위나라와 협공하여 요동 공손씨를 멸망시키기도 하였다(238년). 그런데 위나라가 요동을 혼자서 독차지 해버리자 동천 대왕은 242년에 요동 서안평(西安平)을 공격하여 점령하였다. 이 즈음에 촉(蜀)의 강유가 위나라를 침공하였던 것인데, 오나라의 부추김도 한몫하였을 것이다. 즉 오나라는 고구려 동천 대왕을 '하늘이 내린 왕, 선우' 라 불렀던 것이다.
　246년 8월, 위나라 관구검은 오환 선비족을 거느리고 현도를 출발하여 동천 대왕을 반격하고자 쳐들어왔다. 하동(河東) 사람 관구검은 관(冊)자가 무(毋)자의 틀린 표기로, 무구씨들이 살고 있는 곳이라 무구검으로 불러야 함이 맞다.
　처음에는 고구려군이 승리하였으나 동천 대왕과 철기병 5천 명이 자만하고 방심한 사이에 그만 전쟁의 승패가 거꾸로 되었다. 오히려 위나라 무구검이 고구려 환도성을 함락하게 되었고 성안을 도륙하였으며 대왕은 환도성을 빠져나와 도주하게 되었는데, 무구검은 현토장군 왕기를 보내 추격하게끔 하였다.
　동천 대왕이 남옥저로 도망가려고 죽령(竹嶺)에 이르렀다. 무구검이 오환 · 선비족과 현토로부터 쳐들어 왔기에, 동천왕도 남옥저

쪽으로 도망간 것으로 보이는데, 죽령은 황하 하류의 범람을 막고
자 대나무를 많이 심어둔 곳이라 붙은 이름으로 신라와 고구려의
국경선에 해당된다. 이에 환도성과 죽령, 남옥저 등은 서로 가까
이 위치하고 그리 멀지 않은 것으로 보인다.

　대왕을 따르는 군사들은 거의 흩어지고 말았는데, 동부(東部)의
밀우가 옆에 있다가 말했다. "이제 추격해 오는 군사가 매우 가까
이 있으니 형세가 위급하게 되었습니다. 신이 결사적으로 막겠사
오니 대왕께서는 도망하소서" 라고 하면서 밀우는 죽음을 무릅쓰
고 결사대를 꾸려서 그들과 함께 적진으로 달려 들어가 힘껏 싸웠
다. 동천 대왕은 이 틈을 타서 겨우 탈출하였다.

　고구려 동천 대왕은 가다가 산골짜기에 의지하여 흩어진 군사를
모아 방어하면서 말했다. "만일 밀우를 찾아올 수 있는 사람이 있
으면 그에게 후한 상을 주겠다" 하부(下部)의 유옥구가 앞으로 나
서면서 대답하였다. "제가 가보겠습니다" 그는 곧 전투가 벌어진
곳으로 가서 땅에 쓰러져 있는 밀우를 발견하고 즉시 업어 왔다.
대왕이 그를 자신의 무릎에 베어주고 정성으로 보살피니 한참이
지난 후에야 밀우가 깨어났다.

　대왕은 샛길로 이리저리 돌아서 드디어 남옥저에 이르렀다. 그
러나 위나라 군사는 추격을 멈추지 않았다. 이에 마땅한 방법도
없고 형세도 궁하여 어찌할 줄을 몰랐다. 이때 동부 사람 유유가
말했다. "형세가 매우 위태롭고 급박하지만 이대로 헛되이 죽을
수는 없습니다. 신에게 한가지 계책이 있사온 바, 음식을 차려 갖
고 가서 위나라 군사를 한턱 먹이는 척 하다가 틈을 타서 저들의
장수를 찔러 죽이겠습니다. 만일 신의 계책이 이루어진다면 이때
대왕께서 불시에 공격하여 반드시 승리를 거두소서" 이에 왕이 "
알겠다" 고 답하였다.

　유유가 위나라 군중에 들어가서 거짓 항복하는 체하며 말했다.
"우리 임금이 귀국에 죄를 짓고 도망하여 해빈(海濱)에 이르렀으
나 몸 둘 곳이 없다고 말씀하신다. 그래서 장차 진영 앞에 나아가
항복을 청하고 죽거나 옥살이의 처벌(司寇)을 받겠다 말씀하시는
데, 먼저 나를 보내서 변변치 않은 음식이지만 여러분께 드리라

하셨다" 위나라 장수 왕반이 이 말을 듣고 고구려의 항복을 받으려 하였다. 이때, 유유가 칼을 음식 그릇에 숨겼다가 앞으로 달려들어 칼을 뽑아 위나라 장수의 가슴을 찌르고 그와 함께 죽으니, 위나라 군사들이 갑자기 혼란스러워졌다. 이에 동천 대왕이 군사를 3개의 길로 나누어 빠르게 진격하여 갑자기 이들을 공격하니, 위나라 군대가 혼란하여 싸우지 못하고 드디어 낙랑(樂浪)에서 퇴각하였다. 여기서 낙랑에서 퇴각하였다는 것은 매우 중요한 사항이다. '죽령 이남을 낙랑과 졸본의 땅' 이라고 『고구려사초략』에서도 동일하게 말하고 있다.

그런데 동천 대왕이 도망친 곳을 『삼국사기』에서는 남옥저라고 하나 『삼국지』 「위지」 '동이전' 에는 북옥저라고 나온다.

현재 수많은 시민 역사연구가들에 의해서 환도성, 낙랑, 현도, 남옥저, 죽령 등 중요한 위치가 새로이 연구되었으며 기존의 비정과는 완전히 다른 곳으로 해석되고 있다. 죽령과 남옥저는 신라가 개척하는 등 신라와 밀접하므로 『삼국사기』의 '남옥저' 표기가 옳을 것이다. 남옥저는 죽령 지방으로서 산동성과 하북성의 경계 근방이다. 즉 죽령은 산동성의 북쪽으로 새로이 비정되고 있는데 그 근방에는 강철이 유명한 빈(濱) 지역이 있다.

이런 차이는 '남옥저' 뿐만이 아니고 '예(濊)' 의 경우도 그러하다. 사서 원문에는 '예' 로 표기되었는데 국내 한글본에는 모두 '동예' 라고 멋대로 표기하고 있으며, 이에 대한 검증이나 확인 작업이 없이 그대로 계속 답습하고 있다. 문헌의 고유 명칭은 변형 해석하면 안되는 것이다. 또 대륙의 지명들을 북쪽, 동쪽으로 또는 한반도로 이동시킨 증거들이 속속들이 찾아지는데, 이것도 모자라 아예 지명을 다른 것으로 바꾸기도 한다.

그래서 1945년 패전 후 대한제국을 떠나기 전에 아베노부유키가 자만하면서 '조선인이 제 정신을 차리고 옛 영광을 되찾으려면 100년은 더 걸릴 것' 이라고 했던가?

왕건의 고려 지명 위치 하나 제대로 찾지 않고 있으면서, 고대 2세기의 6개 가야국이나 또는 신라를 공격하였던 포상 8국의 위치를 창원, 마산, 함안부 칠원, 진해, 사천, 고성 등 경상도 지역으로 어찌 그리 정확하게 비정하고 있는가 말이다. 바로 이것이 불순한 의도를 가진 역사 기득권자들이 엉터리로 역사를 기획하였음을 증명하는 것이다.

드디어 동천 대왕이 도피하여 도착한 남옥저는 '해빈'이라고 하였는데, 이는 위에서 말한 황하 하류지역 빈, 죽령의 근처를 말한다. 이와 같이 고구려의 지명은 하북성에서 찾는 것이 바람직한데, 이렇게 되면 모든 위치가 사서들과 정확히 맞아떨어지며 무리 없이 올바른 해석을 할 수 있게 된다.

동천 대왕이 나라를 회복하고 전투의 공을 논할 때에, 밀우와 유유를 제일로 삼았다. 밀우에게 거곡(巨谷), 청목곡(靑木谷) 지방을 하사하고, 유옥구에게 압록(鴨淥)의 두눌(杜訥) 하원(河原)을 주어 그들의 식읍으로 삼게 했다. 죽은 유유의 벼슬을 추증하여 구사자(九使者)로 삼고 또 그의 아들 다우(多優)를 대사자(大使者)로 삼았다.

위나라 무구검이 돌아갈 때에는 여기까지 왔었다고 표식을 남겼는데, 숙신(肅愼)의 남쪽 경계에 이르러 자신들의 공적을 돌에 새겨 환도산(丸都山) 불내성(不耐城)이라 써 놓고 갔다고 한다.

여기의 불내성이 곧 국내성이라는 의견이 있다. 그런데 이 기공비의 일부가 일제 강점기, 길림성 집안시에서 발견되었다고 한다. 수상히 여겨지는 우리 문화재는 왜 유난히 일제 강점기때에 발견되는가? 이상하다.

그 크기가 세로 39cm, 가로 30cm 로 예서체 비문이라는데 글귀 내용이 앞뒤가 맞지 않으며, 무구검의 이름조차 없다.

"正始三年　　　高句驪反」督七牙門討句驪五」復遣寇六年五月旋」　討寇將軍巍　烏丸單于」　威寇將軍都亭侯☒」　行裨將軍領☒」☒裨將軍"

정시3년 (서기 242년) 고구려가 배반하여 7개 부대 (아문)을 이끌고 고구려군(五)을 토벌하였다. (고구려군이) 다시 공격하므로 정시6년 (245년) 5월에 돌아왔다.
토구장군 외, 오환선우☒, 위구장군도정후☒, 행비장군령☒, ☒비장군 동천 대왕 추격 시점은 246년인데, 위나라 군사가 되돌아갔다는 때는 245년 (正始 6년 5월)으로 1년이 더 앞선다. 1년 정도는 착오라 치더라도, 유주자사 무구검, 낙랑태수 유무, 대방태수 궁준 등의 이름은 전혀 없고 오환선우, 위구, 행비 등 다른 장수들의 이름이 잔뜩 새겨져 있다. 또 이 비석이 맞다고 치더라도 크기가 작아서 이동이 비교적 간편하므로 발견된 길림성 집안시를 숙신 남쪽 경계 또는 환도산이라고 추정하는 것은 타당하지 않다.

유유가 위나라 장수에게 거짓 항복하는 장면을 상상해 보면, 이때 서로 언어가 통하였을 것인지 궁금한데 현토 및 위나라, 고구려는 알타이어를 공통적으로 사용하고 서로 소통이 되었던 것으로 보인다. 또 당시 위나라는 북방의 기병을 데려와야만 고구려를 상대할 수 있었던 점을 지적하고 싶다.

중화는 용병술 뿐만 아니라, 이이제이(以夷制夷), 이이벌이(以夷伐夷), 이간질 등 수많은 전략을 구사한 역사를 지닌다. 한 무제 역시 흉노와 강거족이 서로 힘을 합하지 못하도록 이들의 분리를 도모하기를 최우선시하였다. 흉노는 한족의 계략에 넘어가 동서로 나뉘게 되고 또다시 남북으로 나뉘어 반목하다가 결국에는 와해되곤 하였다. 후대에는 라마불교를 투입시켜서 고기를 못 먹게 하여 이전엔 강했던 티베트 남자들은 서서히 사라지게 된다.

밀우와 유유는 고구려 동천 대왕이 절체절명의 위기에 직면하였을 때에도 당황하지 않고 끝까지 포기하지 않았다. 목숨을 버리면서까지 감행하는 용기를 지녔으며 불길같이 맹렬히 싸웠다. 밀우와 유유는 용맹과 지략이 출중하였으며 용감무쌍하고 충성스러운 무장이 틀림없다.

19. 고구려 미천(美川) 대왕

고구려의 미천 대왕은 15대 대왕이며 호양 대왕이라고도 한다. 대왕의 이름은 을불이며, 13대 서천 대왕의 아들이자 고추가 벼슬을 지낸 돌고의 아들로 태어났다. 아버지 돌고는 14대 고구려 봉상 대왕의 동생이었으나 대왕이 그를 의심하여 죽였다. 그래서 그의 아들 을불은 화를 입을까 두려워 신분을 감추고 도망 다니며 유랑생활을 하며 온갖 고생을 다하였다. 대왕은 사람을 시켜 을불을 찾아 죽이도록 명령을 내리기까지 하였으나 뜻을 이루지 못하였다.

을불은 처음 수실촌 사람 음모의 집 머슴살이를 하고 있었는데 음모는 그를 심하게 부려먹었다. 음모는 집 옆 연못의 개구리가 울면 을불에게 밤에는 돌을 던져 울지 못하게 하라 하고, 낮에는 나무하기를 재촉하므로 쉴 새조차 없었다. 그는 너무 괴로워 1년 만에 그 집에서 나와 동촌 사람 재모와 소금장수를 하며 배를 타고 압록에 이르러 소금을 강동 사수촌 사람의 집에 두고 머물게 되었다. 처음에는 그 집 노파가 소금을 달라고 졸라 한 말쯤 주었으나 다시 조르자 이번에는 주지 않았다. 노파는 원한을 품고 몰래 자기 신을 소금 가마니 속에 감추어 두었다. 을불은 이를 모르고 소금 짐을 메고 길을 떠났는데, 노파가 쫓아와 그가 신발을 훔쳐 갔다고 압록 고을 촌장에게 무고하였다. 촌장은 신 값으로 소금을 뺏어 노파에게 주고 태형을 가한 뒤에야 을불을 놓아 주었다.

을불이 6~7년이나 유랑하는 동안, 나라에는 지진이 나고 가

뭄·서리·우박 등으로 흉년이 들어 백성들이 서로 잡아먹을 지경이었다. 그런데도 대왕은 궁궐을 수리하여 15세 이상의 남녀를 동원하니 백성들은 굶주리고 노역에 시달려 도망하였다.
　재상 창조리가 참을 수 없어 대왕에게 간하였다.
　"연이어 흉년이 드니 백성들은 살 곳을 잃고 장정들은 사방으로 흩어지고 노인과 아이들은 구렁에서 뒹굴게 되었으니, 이야말로 하늘을 두려워하고 백성들을 근심할 때입니다. 대왕께서는 일찍이 이를 생각하지 아니하고 기아에 허덕이는 사람을 부려 토목공사에 시달리게 하니 이는 백성의 부모된 뜻에 크게 어긋납니다. 하물며 이웃에는 강한 적이 있어 만약 우리의 피로한 틈을 타서 쳐들어오면 사직과 백성이 어찌 되오리까? 원컨대 대왕께서는 이를 충분히 생각하소서."
　대왕은 오히려 화를 내며 이렇게 대꾸하였다.
　"임금이란 백성들의 우러러보는 바이니, 궁궐이 장엄하고 화려하지 못하면 어떻게 위엄을 보일 수 있겠는가? 지금 국상은 과인을 비방하여 백성들에게 칭찬을 받으려는 것이 아닌가?"
　이에 창조리는 이렇게 말하였다.
　"임금으로서 백성을 사랑하지 않는 것은 인이 아니고 신하로서 임금을 간하지 않는 것은 충이 아닙니다. 신이 이미 국상의 자리에 있으니 이를 말하지 않을 수 없습니다. 어찌 감히 칭찬을 바라겠습니까? "
　대왕은 웃으며 말하기를 "국상은 백성을 위하여 죽으려고 하느냐? 다시는 나에게 그런 말을 하지 말라"고 하였다.
　창조리는 대왕이 뉘우치지 않을 것을 알고 또 화가 미칠까 두려워 군신들과 모의하여 대왕을 폐하고 을불을 옹립하기로 하였다. 그리고 북부의 조불과 동부의 소우 등을 보내 을불을 찾게 하였다. 그들이 비류하 강변에서 배에 있는 한 장부를 보니 용모는 초라하나 동작이 비상하므로 을불이 아닌가 생각하여 다가가서 절하며 말하였다.
　"지금 국왕이 무도하여 국상은 군신들과 몰래 왕을 폐하기로 모의하였습니다. 왕손께서는 검약하고 인자하여 사람을 사랑하시니 모두 왕업을 이을 만하다고 하여 우리를 보내 맞게 하였습니다."
 이에 을불이 의심하여 자기는 왕손이 아니니 다시 찾아보라 하였으나 그들은 재차 권하였다.
 "지금 대왕은 인심을 잃은 지 오래여서 실로 국왕으로 있을 수 없게 된 까닭으로 군신들은 왕손을 바라는 마음이 매우 간절하오니 의심하지 마십시오."

 이리하여 그들은 을불을 모시고 돌아왔다. 창조리는 기뻐하며 안전한 집에 모셔 놓고 사람들이 알지 못하게 하였다. 어느 날 대왕이 후산 북쪽으로 사냥을 갈 때 국상 창조리는 수행한 여러 신하들에게 말하기를, "나와 마음을 같이 하는 사람은 나를 따라 하라" 하고, 갈잎을 뜯어 모자에 꽂으니 모두 이를 따랐다. 창조리는 모든 사람의 마음이 같은 것을 알고 드디어 대왕을 끌어내려 별실에 가두고 군사로써 잘 지키게 한 다음, 을불을 모셔 국새를 올리고 왕위에 오르게 하였다. 봉상 대왕은 죽음을 면하지 못할 것을 알고 자살하고, 두 왕자도 따라 죽었다.
 미천 대왕은 서기 300년에 즉위하여 32년 동안 왕위에 있었다. 그의 업적은 내치보다는 외치 면에서 두드러지는데 특히 중원을 틈이 나는 대로 공격하여 추모 대왕의 다물 정신을 실천하고 고구려의 기상을 떨쳤다.

 선대 대왕들 중에서 중원에 대하여 과열차게 공격을 감행하고 존경받은 분은 6대 태조 대왕이었다. 대왕은 7세에 즉위하여 100세에 양위하기까지 94년 동안이나 나라를 다스렸으니 세계 역사상 드문 기록을 남겼다. 대왕은 재위 전반 동옥저, 갈사, 조나, 주나 등을 정벌하여 취하고, 이를 기반으로 재위 후반인 53년(서기 105)부터 아우에게 양위하던 해(서기 146)까지 현도, 낙랑 등을 번갈아 공격하였다. 이러한 태조 대왕은 신상으로 모셔서 후대에 제사를 지낸 기록이 『고구려사초략』에 상세히 나온다.
 태조 대왕을 따라서 미천 대왕은 재위 3년째 되던 서기 302년 3만의 군사로 현도군에 쳐들어가 8천 명을 사로잡아 평양으로 옮졌다. 태조 대왕의 마지막 중원 공격 이후 실로 150년 만의 일이었다. 이전에 동천 대왕이 서기 242년 요동 서안평을 습격한 적이 있었으나, 그에 대한 보복으로 4년 후에 위나라 무구검이 쳐들어와 도읍인 환도성이 짓밟히고, 그 여파로 도읍을 옮긴 일이 있었다. 그 이후로 중원에 공세를 취하지 못하던 것을 미천 대왕이 다시 재개한 것이다.

 미천 대왕은 이후 서기 311~315년 사이에 낙랑, 대방, 현도군을 번갈아 공격하여 많은 포로를 잡아 왔다. 이때 중원은 사마씨의 서진(西晉)이란 나라로 국력이 별로 강하지 못했는데 317년부터는 남쪽으로 더 밀려나 동진(東晉)이 되었다. 서진은 위촉오 삼국을 통일한 위나라를 강탈하였으나 얼마 안 있어 8왕의 난과 영가의 난 등으로 가까스로 장안으로 도피하여 대부분의 지역에 대한 지배력을 상실한 사실상의 식물 정권으로 전락하였다.

 곧이어 316년 장안마저 흉노 유연에게 함락당하고 서진은 52년 만에 멸망했다. 명분만 살아남은 지지세력은 동진으로 불렸다.

 『삼국사기』에 따르면 미천 대왕의 마지막 공세는 319~320년에 걸친 수 차례의 공격이었으나 단순히 쳐들어갔다는 기록뿐이고 마지막 공격에 대해서는 모용인이 막아냈다고 얼버무려 기록되어 있다.

 그러나 고구려가 그곳을 차지했다는 명백한 기록이 있으니 그것은 중국이 남북으로 나뉜 남북조시대의 역사서이다. 남북조시대는 서기 439년부터 수나라가 남조의 진나라를 다시 통합한 589년까지의 150년간을 말하는데, 서쪽에 북위가 있는 동안 남에는 송·제·양·진의 4국이 차례로 존재하였다. 이 남조의 역사서 중 『송서』·『양서』·『남사』에 보면 고구려 미천 대왕이 진(晉)나라의 요동을 가졌으며, 또 백제는 요서를 차지했다고 기록되어 있다. 요동을 고구려가 차지하고 있다는 사실을 『진서』나 뒤에 북위의 『위서』 등에서 명확히 기록하지 않고 모용인이 막아냈다는 식으로 써 놓았으나, 북위와 적대 관계에 있던 남조에서는 이를 사실대로 기록한 것이다.

 이런 점을 볼 때 미천 대왕이 공격한 낙랑·대방·현도군 등도 모두 차지하였을 가능성이 매우 크다고 보겠다. 이런 사실을 뒷받침하는 유력한 증거가 있으니 그것은 바로 평안남도 덕흥리에서 발견된 고분의 벽화이다. 이 무덤의 주인공 유주자사 진(鎭)은 미천 대왕 다음의 고국원·소수림대왕을 거쳐 고국양 대왕(광개토 대왕의 아버지) 때 사람으로서 유주자사를 역임했다.

　무덤의 서쪽 벽에 유주 소속의 13개 군 태수들이 자사 진에게 알현하는 내조하래도가 그려져 있고 13개 군의 이름을 써 놓았다. 그것은 연군·범양·어양·상곡·광녕·대군·북평·요서·창려·요동·현도·낙랑의 12군이며, 나머지 하나는 판독이 안 되나 대방으로 추정된다. 여기에 요서·현도·낙랑군이 포함된 것을 보면 위에서 본 미천 대왕의 공격으로 이들 지역을 차지한 것이 확실하다고 보겠다. 그리고 기록이 없는 나머지 군들도 역시 미천 대왕 때 확보했다고 보는 것이 옳다. 그 이유는 미천 대왕 다음의 두 대왕 때는 그럴 형편이 아니었고, 그 다음의 정복군왕 광개토 호태왕의 비석에도 그런 내용은 들어있지 않기 때문이다.

　중화의 역사 기록 전통은 춘추필법이 큰 영향을 미쳤다. 즉 제왕이나 부모의 수치스러운 일은 드러내지 않으며, 본인들의 일은 상세하게 기록하지만, 외국의 일은 가급적 소략하게 다룸으로써 진상을 파악하기 어렵게 만드는 것이다. 특히 외교관계나 전쟁의 승패에 대해서는 사실을 왜곡하는 것을 넘어 거꾸로 기록하는 일도 아주 흔한 일이다.

　위에 본 태조·미천 두 명의 대왕의 중화 기록은 『삼국사기』에서 중국의 기록을 토대로 써넣은 것이나, 우리의 공세 위주인 관계로 『후한서』나 『진서』 같은 책에 누락된 일도 많을 것이며 특히 중원이 군현의 영토를 명확하게 빼앗겼다는 기록은 좀처럼 보이지 않는 것이다.

20. 광개토(廣開土) 호태왕(好太王)

고구려 태왕, 이름은 담덕(談德)이며, 고국양 대왕의 아들이다. 태어나면서부터 성품이 씩씩하고 뛰어나며 도량이 큰 뜻을 지녔다. 대왕은 고국양 대왕 3년에 태자가 되고 9년에 왕이 돌아가시자 즉위하였다. 대왕의 시호 '광개토'는 국토를 넓게 확장했다는 뜻으로 『삼국사기』에 대왕께서 돌아가신 후에 올린 이름이라고 하였다.

고구려에서는 이전의 대왕들에게 사후 장사지낸 곳의 이름으로 시호를 정하였으나, 대왕에 이르러 생전의 업적을 나타내는 시호를 올린 것을 보면 대왕이 국토를 많이 넓힌 영웅임을 미루어 알게 된다. 광개토 대왕릉의 비문에 보면 대왕을 '국강상 광개토경 평안호태왕'이라고 하였으니 이는 나라를 강하게 하고 경계를 널리 개척하였으며 백성들의 삶을 평안하게 만든 좋은 대왕이란 뜻으로 최상의 호칭이라 하겠다.

대왕의 비석은 아들 장수 대왕이 만들었으나 이것이 발견된 것은 대왕의 사후 1,400년만인 청나라 말이었다. 즉 『삼국사기』가 편찬될 때는 이 비문을 보지 못했고 그래서 대왕의 업적에 대하여 빠뜨린 부분이 있을 수 있다는 뜻이다. 그 단적인 예가 비문에 언급한 대왕의 업적을 잘 요약한 좋은 이름을 기록하지 않은 것이다. 그리고 이러한 비석을 세웠다는 사실도 빠져 있는데, 고구려의 문헌에는 이러한 중요한 일이 분명히 기록되어 있었을 것이다. 그런데 현재 비석이 있는 압록강 집안시에 존재했다는 구체적 문서가 없다는 것은 이 비석이 아주 멀리 있던 비석을 후대에 이곳으로 이동해 가져다 놓은 것임을 암시한다.

『삼국사기』에 보이는 대왕의 업적으로는 백제의 관미성을 비롯한 10여개의 성을 빼앗은 것과 패수에서 백제와 싸워 크게 승리한 것, 거란을 한 번 공격하여 빼앗겼던 백성 1만 명을 데려온 것 외에 별다른 것이 없다. 대왕도 아니고 그저 왕이라고 묘사하고 있다. 후연과의 관계는 후연이 침입한 사실 3회를 중국 문헌에 따라 어느 정도 그 내용을 기록하였으나, 대왕이 후연을 공격한 2회의 기사는 너무나 간략하여 어떤 전과를 올렸는지 짐작하기도 어렵다. 그 기록을 보면 "(광개토호태) 왕은 군사를 보내 후연의 숙군성(宿軍城)을 공격하니 후연의 평주자사 모용귀는 성을 버리고 도망하였다"고 했으며, 다른 하나는 "(광개토호태) 왕은 크게 군사를 내어 후연을 공벌하고 마침내 중원을 차지하였다" 라고 간략히 기록하였다. 그래도 중원을 차지하였음이 기록되었다.

『삼국사기』에 기록된 이 내용이 전부라면 광개토라는 시호는 민망할 뿐이겠지만 다행이 대왕의 비석이 나타나 그 위업의 대강이나마 살필 수 있게 되었으니 너무나 반가운 마음을 금할 수가 없다.

이제 비문에 보이는 대외 정벌 관계 기사를 정리해 보자. 광개토 대왕은 연호를 '영락'으로 정하였으며 즉위한 해(392)부터 정벌을 시작하였는데, 영락 4년에는 서쪽의 비려를 정벌하였다. 비려는 어디를 말하는지 알기 어려우나 앞의 미천 대왕전에서 본 대로, 당시 이미 지금의 북경 지역인 요동과 그 서쪽의 상곡·범양·대군 등을 차지하여 지금의 산서성에 이르렀기 때문에 이보다 더욱 서쪽 지방으로서 옛 흉노의 지역이었을 것으로 보인다. 이와 관련하여 단재 신채호는 이렇게 기록하였다.

원정군을 이끌고 파·부산과 부산을 지나 염수에 가서 6~7백의 부락을 쳐부수고 소·말·양떼를 잡아 돌아왔다.
『수문비사』에 의하면 파·부산은 음산산맥의 와룡이고, 부산은 지금의 감숙성 서북에 있는 아랍선산이라고 한다.

염수와 관련하여 『몽고지지』에 의하면 그곳에는 염분이 함유된 호수나 강이 많으며, 아랍선산 밑 길란태라는 염수에는 물가에 늘 소금 덩어리가 응집되어 있다고 한다. 이로써 대왕의 족적이 감숙성 서북까지 미쳤음을 알 수 있다.

　북한의 덕흥리 고분이 발견되기 이전에 단재 신채호 선생은 이미 다른 옛 문헌들에 근거하여 비려(단재는 과려라고 함)의 위치를 정확하게 밝혔으니, 실로 선생의 광범위한 자료의 섭렵과 심오한 통찰에 저절로 머리가 숙여진다.

　이후 영락 5년(396)에는 백제를 대대적으로 쳐서 무려 58개의 성들과 700 마을을 빼앗고 2년 뒤에는 숙신이 조공을 바치게 하였다. 또 영락 9년(400)과 13년에는 왜를 정벌하였으며, 19년(410)에는 동부여의 64개 성들과 1,400여 마을을 함락하였다.

　미천 대왕이 이미 고조선의 옛 땅을 상당히 다물 하였고 403년에 광개토 대왕은 드디어 중원을 모두 차지하였다.

　서안 가까이 산서성에 영락궁(永樂宮)이 있는데, '영락'은 명나라 3대 영락제가 사용하기 이전에는 유일하게 광개토 호태왕시대의 연호임에도 불구하고 중국인들은 이곳이 북위시대 또는 원나라때에 건립한 도교사원이라고 말하며 이 사실을 감추고 있다. 이 궁궐유적은 명나라 때 영락제보다 훨씬 오래전에 세워진 것이므로 장수왕이 아버지 호태왕을 위해 세운 것이 틀림없다.

　당나라 말엽의 도사 여동빈(呂洞賓)의 사당이라고도 하며 원나라 때의 건축 벽화가 남아 있어 회화, 풍속을 연구하는 자료로서 귀중하다고 말한다. 그러나 벽화의 의복 및 장신구 양식을 비교해보면 경상도 경주 금관총의 5-6세기 장신구와 너무나 흡사하므로 이는 원대의 양식이 아니라 장수왕 시대 양식으로 보는 것이 타당하겠다.

　또한 이와 멀지 않은 섬서성에는 광개토 대왕의 군사 부대를 뜻하는 영락진(永樂鎭)이 아직도 존재하고 있다.

　대왕의 백제·숙신·동부여 등 정벌로 인해 고구려는 추모 대왕이래 사방으로 가장 넓은 영토를 갖게 되었으며, 이러한 상태는 고구려가 망할 때까지 거의 변동이 없었다. 이러한 고구려의 강역에 대하여 역사책에 어떻게 기록되어 있는지 매우 궁금하지 않을 수 없다.

『양서(梁書)』에는 고구려의 땅이 사방 약 2천 리인데 '가운데 요수가 나오는 요산'이 있다고 하였다. 이 요수는 지금의 요하가 아니며, 현재 난하(灤河)로 추정하기도 했었다. 그러나 최근 요산이 여양·태행산맥 사이에서 아직도 존재함이 발견되었다. 또한 당나라때 요동성을 요주로 변경한 장소 역시, 그 요산의 위치에 존재하고 있다. 『주서(周書)』에는 고구려의 땅이 '서쪽은 요수를 건너 2천 리'라고 하였다. 두 책에서 말한 바는 고구려의 영토가 요수를 중심으로 서쪽으로 상당히 먼 곳까지 이르렀다는 것이다. 다시 말하면 미천 대왕이 요동을 비롯한 13개 군을 이미 차지하였으며 고구려 호태왕은 서쪽으로 지금의 산서성과 섬서성을 너머 중앙아시아에까지 다다른 사실과 일치하는 것이다. 고구려의 강역에 대하여 가장 잘 요약한 것은 『구당서』인데 이렇게 쓰여있다.

동쪽으로 물(海)을 건너 신라에 이르고
서북쪽은 요수를 건너 영주에 이르며,
남쪽도 물(海)을 건너 백제에 이르고
북쪽은 말갈에 이른다.
동서가 3천 1백 리에 남북은 2천 리이다.

동쪽이나 남쪽으로 물(海)을 건너야 신라나 백제가 있다고 하였으므로 세 나라의 위치가 모두 한반도가 아님을 알 수 있다. 그리고 이 물은 바로 황하 또는 발해임을 알 수 있다.
서북으로 영주에 이르고 동서로 3천 1백 리(약 1,240 km)라고 하였으므로 매우 긴 땅을 가진 사실을 알 수 있는데, 서쪽은 지금의 섬서성으로부터 동쪽으로 만주 지역을 대부분 차지하고 한반도의 북부에 이른 것이다. 고구려가 이렇게 큰 나라였는데도 학계에서는 고구려의 최대 강역이 현 북한 압록강 서쪽인 지금의 요하

(遼河)가 화하족과의 경계였다고 잘못된 주장을 고수하고 있다.

두 차례의 좌원 대첩으로 한나라를 멸망에 이르게 한 고구려를 치수가 좋지 못한 요녕성 오녀산성이나 길림성 통구성과 같은 산골짜기에 박혀 있었다고 착각하며, 고대로부터 줄곧 인구밀도도 매우 낮은 그곳에 고구려가 들어가 있었다는 말도 안되는 소리를 하고 있다.

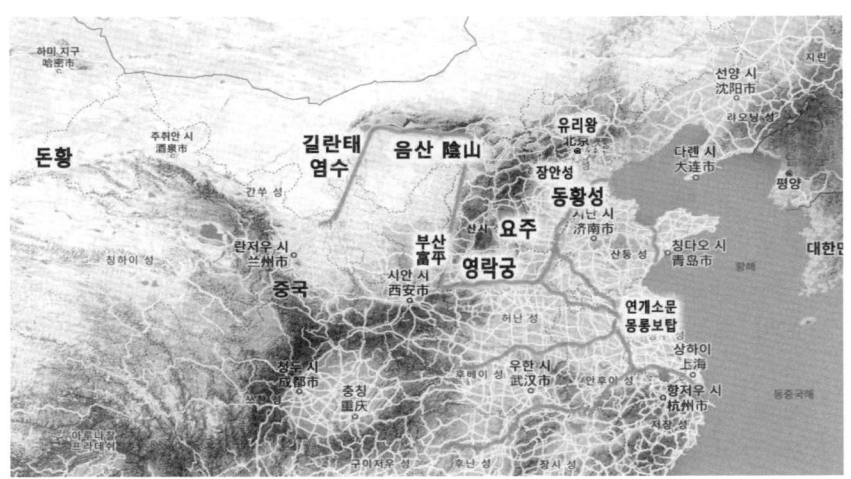

21. 신라 충신 박제상(朴堤上)

　신라 시조 박혁거세의 후손 박제상은 제5대 파사 이사금의 5세손이고, 그 조부는 갈문왕 아도이며 아버지는 파진찬 물품이었다. 박제상은 벼슬이 보문전 태학사를 거쳐 향리인 삽량주의 간(干)이 되었다. 징심헌을 짓고 『징심록(澄心錄)』 15책을 저술하니 이는 상세하게 이치를 설명한 시원(始原) 전래의 역사서이다. 그중의 한 책인 『부도지(符都誌)』만이 후손에게 전해오다가 20세기 말에야 출간되었으므로 필자가 적극 권장하는 도서가 되겠다.
　본론으로 돌아와서, 신라 내물 대왕이 돌아가시니 3명의 왕자는 나이가 어렸다. 차가(次家)의 아우 실성이 위협하고 스스로 대왕이 되었다. 내물 대왕의 맏아들 눌지는 변란이 닥칠 것을 미리 알고, 거짓으로 말을 더듬고 미친 짓을 하며 거리를 방랑하였다.
　실성 대왕 원년(서기 402년)에 왜국과 강화를 하였을 때 왜왕이 볼모를 요구하였다. 대왕은 예전에 내물 대왕이 자기를 고구려에 볼모로 보냈던 데 대하여 원한이 있었으므로, 전 내물 대왕의 막내 왕자 미사흔을 왜로 보냈다. 또 대왕 11년(서기 412)에는 미사흔의 형 복호를 고구려에 볼모로 보냄으로써 뒷날의 염려를 끊었다.
　이에 박제상이 선세의 전통으로써 곧 대왕의 부당한 처사를 거론하니 이에 세론이 쏟아져 신자천·배중량 등 6명의 신하가 사퇴하였다. 대왕이 마침내 눌지에게 왕위를 물려주었다. 이는 전후 10여 년간의 계획이였으며 순조롭게 반정이 성공하니, 신자천은 박제상이 용감하고 지략이 깊으며 말 잘하고 이치에 밝다고 했다.
　신라 눌지 대왕이 즉위 후, 볼모로 가 있는 2명의 동생을 데려오기 위해 말 잘하는 사람을 찾는데 수주촌간 벌보말과 일리촌간 구리내와 이이촌간 파로의 3사람이 현명한 지혜가 있다는 말을 듣고 불렀다.

"내 아우 둘이 볼모로 나가서 오랜 세월 돌아오지 않으므로 형제의 옛 정을 생각하는 마음을 금할 수 없으니, 그들을 살아 돌아오도록 하려면 어찌해야 하는가?"

3명이 대답하였다.

"듣건대 삽량주 박제상이 굳세고 용감하며 지모가 있다 하오니 그를 불러 전하의 근심을 푸는 것이 옳을까 합니다."

대왕은 박제상을 불러 3명의 신하에게 들은 말을 알리고 외국으로 가 줄 것을 요청하니 그는, "제가 비록 어리석고 불초하오나 어찌 감히 전하의 명령을 받들지 않겠습니까?" 하고, 드디어 예의를 갖추어 고구려로 들어가 대왕에게 말하였다.

"제가 듣건대 이웃 나라끼리 국교를 맺는 도리는 실로 신의로써 할 따름인데 만약 볼모를 교환하면 이는 5패(霸; 춘추시대 주나라 왕 대신 실질적 세력을 가졌던 제후들)들이 한 일에도 미치지 못할 것이니 진실로 말세의 일입니다. 지금 우리 임금의 사랑하는 동생이 여기 온 지 거의 10년이나 되어 임금께서는 형제가 서로 돕는 뜻으로 깊이 생각하시니, 대왕께서 흔연히 그를 돌려보내시면 대왕께는 9마리의 소 가운데 1마리의 털이 떨어진 것처럼 아무런 손상도 없겠으나, 우리 임금은 대왕의 덕을 헤아릴 수 없이 크게 간직할 것이오니 이를 생각하소서."

이에 고구려 대왕이 허락하니 박제상은 복호를 모시고 돌아왔다. 그들이 귀국하자 신라 대왕은 크게 기뻐하고 위로하며 말했다.

"내가 2명의 동생들을 좌우의 팔과 같이 생각하는데 이제 한 팔만을 얻었으니 어찌하리오?" 박제상이 대답했다.

"제가 비록 재주 없고 어리석으나 이미 몸을 나라에 맡겼으니 대왕의 명을 욕되게 하지는 않겠습니다. 그런데 고구려는 큰 나라이고 왕도 어진 까닭으로 저의 한마디 말로 뜻을 이룰 수 있었습니다. 그러나 왜인은 그렇지 않아서 말로는 어렵고 꾀로 그들을 속여 왕자를 돌아오게 하겠습니다. 제가 왜국으로 가면 곧 제가 나라를 배반했다고 소문을 내 그들이 이를 믿도록 해 주십시오."

박제상은 스스로 죽기를 맹세하고 아내와 자식들도 보지 않고 떠나 율포에 이르러 배를 타고 왜로 향하였다. 그의 아내는 이 말을 듣고 급히 포구로 가서 배를 바라보고 대성통곡하며 잘 다녀오라 하니 박제상이 돌아보며 말하였다.

"내가 큰 사명을 띠고 적국으로 들어가니 어찌 그대와 다시 만나기를 기약하리오.."

왜에 도착한 박제상은 신라를 배반하고 왔다고 말하였으나 왜왕은 이를 의심하였다. 그런데 먼저 왜로 온 백제인이 신라 고구려가 함께 왜를 칠 것이라는 소문을 퍼뜨리니, 왜국은 국경을 돌며 수비하였다. 마침 고구려가 침입하여 왜의 수비병을 죽이니 왜왕은 백제인의 말을 사실로 믿게 되었다.

또 신라 왕이 박제상의 아내와 자녀들을 가두었다는 풍문을 듣고 박제상이 실제 반역하고 온 것으로 여겼다.

이에 왜는 군사를 일으켜 신라를 습격하려고 박제상과 볼모인 신라 왕자 미사흔을 장군으로 삼고 길을 인도하게 하여 바다 가운데 섬(海中山島)에 이르렀다.

이때 왜장들은 비밀히 의논하여 신라를 멸망시킨 뒤 박제상과 미사흔의 처자를 왜국으로 데려오기로 하였다. 박제상은 이 사실을 알아차리고 미사흔과 배를 타고 놀며 고기와 오리를 잡는 듯이 하니, 왜인들은 두 사람이 별다른 눈치를 채지 못했다고 기뻐하였다. 이때 박제상은 미사흔에게 가만히 신라로 돌아가기를 권하니 미사흔이, "나는 장군을 아버지처럼 받드는데 어찌 혼자만 가겠습니까?" 하고 대답하였다. 박제상이 말하기를, "만약 둘이 함께 떠나면 우리가 계획했던 일을 망칠까 봐 걱정됩니다" 미사흔은 박제상의 목을 끌어안고 울면서 이별을 고하고 귀국했다.

박제상은 그날 밤에 홀로 자고 아침에 늦게 일어났는데 미사흔을 더 멀리 달아나게 하기 위해서였다. 왜군들이 박제상에게 왜 늦게까지 잤느냐고 물으니 그는 어제의 뱃놀이로 피곤했기 때문이라고 둘러댔다. 그러나 잠시 후 미사흔이 없어진 것을 알고 박제상을 포박하여 배로 추격하였으나 마침 안개가 끼어 찾지 못하였다.

왜군들은 헛되이 배를 돌리고 박제상을 왜왕에게 보내니, 왕은 그를 목도(木島)로 귀양보냈다가 얼마 후 사람을 시켜 나무에 불을 질러 태운 뒤 목을 베어 죽였다. 신라 눌지 대왕은 이 소식을 듣고 크게 슬퍼하며 그에게 대아찬을 추증하고 가족에게도 후한 상을 주었다. 그러나 박제상의 부인 김씨는 세 딸을 데리고 치술령에 올라 치술령가를 짓고 동해를 바라보며 울다가 자진하였다. 첫째 아기와 막내 아경 역시 따라 죽으니 모녀의 몸이 변하여 3체신모 석상이 되었다 한다. 둘째 아영은 가문의 일을 위하여 굳게 살면서 5살 난 남동생을 기르니 이가 백결선생 문량이다.

대왕께서 듣고 심히 슬퍼하여 왕자 미사흔에게 아영을 아내로 맞게 함으로써 위로하고 은혜를 갚게 하였다.

처음 미사흔이 귀국하였을 때 대왕은 6부의 백성들에게 멀리 나가 그를 맞게 하고, 궁으로 오자 손을 잡고 서로 울며 마침 주연을 베풀고 형제의 정의를 나눔이 극진하였다. 대왕은 스스로 노래를 지어 부르고 춤을 추며 그 뜻을 널리 선양하였으니 향악의 우식곡이 곧 이것이다.

박제상의 아들 문량이 장성하여 신라 자비 대왕을 위하여 몇몇 치세의 설을 진술하였으나 곧 시골로 물러나, 평생의 품은 회포를 반드시 거문고를 타며 하늘에 울리니 사람들이 그 뜻을 알지 못하였다. 그 중 낙천악과 대악이 전해졌다. 집이 너무 가난하여 옷을 수없이 꿰매 입으니 사람들이 그를 백결선생이라 불렀다.

백결선생이 이미 시골 마을로 돌아와서 여러 번 불러도 응하지 않으므로 대왕께서 그 마을의 모든 법과 규제를 없애니, 곧 충효곡이요 세칭 물금리이다. 현 경산도 양산 '물금리'란 곳은 신도시로서 백결선생과 전혀 무관한 곳이다. 고려 말에 신운 월재와 문헌공 최충 선생 등이 그의 원고를 수집하여 세상에 드러내고 말하였다. "크도다! 백결선생의 도는 마땅히 해야 할 세상의 스승의 법이요. 그 출처가 정명(正明)하고 끝이 없으니 모든 사람들에게 전달될 것이다"

22. 백제 동성 대왕

　백제 동성 대왕은 제23대 대왕으로 이름은 모대이며, 21대 문주 대왕의 아우인 곤지의 아들이다. 그는 담력이 남보다 뛰어나고 활을 잘 쏘아 백발백중이었다. 삼근 대왕이 돌아가시자 뒤를 이어 즉위하였다. 『삼국사기』를 보면 대왕의 재위 23년 동안 사냥한 일을 가장 많이 써 놓았으며 잔치를 베푼 일과 궁을 짓거나 수리한 일 등 평범한 기사가 대부분이다. 대외적인 관계에 있어서는 남조 제나라와 교류하였다는 기사, 신라와 친하여 귀족의 딸을 아내로 맞고 고구려의 신라 공격시 원군을 보낸 일 외에는 별다른 내용이 없다. 그리고 동성 대왕 10년(488) 남북조시대의 북위(북조의 위나라)가 침입해 온 것에 대하여 이렇게 기록하였다.

　"(북)위나라에서 군사를 보내 침입하였으나 우리 백제 군사에게 패하였다."

　필자는 이 짧은 기사에 묻혀 버린 엄청난 역사적 진실을 밝히기 위해 동성 대왕의 업적을 쓴다. 『삼국사기』 이외의 자료가 별로 없는 형편이기 때문에 대왕이 다른 어떤 면에서도 영웅적인 인물인지에 대하여는 면밀히 조사해야 하였다. 여기서 독자들에게 알리고 싶은 것은, 『삼국사기』를 편찬하면서 고구려와 특히 백제의 역사를 얼마나 소홀하게 다루고 또 많이 축소하였는가 하는 점이다. 현존하는 조선시대 목각본 『삼국사기』는 백제가 남제(남조의 제나라)의 속국이라 기록하였으나, 실제로는 대왕이 북위를 견제하기 위하여 남제와 긴밀한 외교 관계를 수립한 것이었다. 남제에 관한 역사서인 『남제서』에 백제 기록 중 전성기 부분은 긁혀져 삭제되어 있고 북위의 백제 침공에 대한 약간의 기록이 남아 있다.

> 이 해에 (북)위 오랑캐가 또 다시 기마병 수십 만을 동원하여 백제를 공격하여 그 경계에 들어가니, 백제 모대가 장군 사법명·찬수류·해례곤·목간나 등을 보내어 무리를 거느리고 (북)위 오랑캐를 기습·공격하여 대파하였다.

(북)위가 백제를 공격하였는데 기마병 수십만 명을 동원했다고 하였다. 이는 당시까지 중원이 침략한 기록 중에서 가장 대규모의 군사였다. 이로부터 약 2백 년 뒤에 당나라에서 백제를 멸할 때 13만 병력을 보낸 사실과 비교해 볼 때, 이는 백제를 없애버리겠다는 강한 의사의 표현이었다.

이에 대응하여 백제 동성 대왕이 4명의 장군을 주축으로 크게 쳐부수어 물리친 것을 알 수 있다. 이는 후대 고구려의 을지문덕이나 연개소문이 수나라와 당나라가 대병으로 침입한 것을 물리친 일과 전혀 다르지 않다. 그런데도 이런 엄청난 국가적 대사를 『삼국사기』에서 단 한 줄도 안 되게 적었으니, 그 기록이 참으로 민망하다. 후일 백제가 신라를 존망의 기로로 몰고 간 숙적이기에 백제의 강성했던 사실을 어떻게든 감춰버리려는 뜻이 아니라면 이렇게 할 수는 없을 것이다.

위의 기록에 (북)위를 오랑캐라고 표현한 것은 북위가 선비족의 나라로 한족이 아니기도 하지만 중원이 남·북으로 갈라져 서로 매우 나쁜 사이였기 때문이었을 것이다. 위 내용 중 또 한 가지 간과해서는 안 될 중요한 사실은 (북)위가 기마병을 동원한 점이다. 만약 당시 백제가 한반도에 있었다면 군사들과 말을 배로 날랐을 것인데, 수십만 군사를 나르는 배를 준비하는 것도 엄청난 일이거늘 하물며 말까지 태워 나른다는 것은 생각하기 어려운 일이다. 다시 말하면 당시 백제는 (북)위에 인접하여 대륙에 있었다는 반증이라 하겠다.
　(북)위를 물리친 대왕은 위 인용문에 보이는 4명의 장군을 그 공에 따라 왕·후로 봉하고 이러한 사실도 남제에 국서로 통보하였다. 『남제서』에는 동성 대왕이 사법명· 찬수류· 해례곤을 각각 도한왕· 아착왕· 매로왕으로 봉하고 목간나는 불사후로 봉하였다고 되어있다. 이런 것을 보면 당시 백제의 대왕이 지역의 왕과 제후를 봉한 큰 나라였고 백제 왕은 황제였음이 드러난다. 고구려의 경우도 왕을 따로 봉했다는 명확한 기록은 없지만 행인국왕, 황룡국왕 등 수많은 왕들을 거느렸었다. 또 연호를 사용하였고 추모제로 표기되는 추모 대왕은 3명의 황후와 5명의 왕비 제도를 두었고, 왕비의 아비들을 다물후, 하빈후 등으로 봉하였다. 이후 대대로 많은 소국들을 정복하였기 때문에 황제국으로서 백제와 유사한 정치체제를 갖추었음이 틀림없다. 고구려는 북방민족들이 주로 사용하는 대선우라는 직함을 더 사용한 듯하다.
　남제에 보낸 국서에는 백제 장군들 3명과 아래의 7명을 왕과 태수로 임명한 사실도 함께 통보하였다.
　그 군의 이름은 광양·조선·대방·광릉·청하·낙랑·성양군으로 되어 있는데 그 7개의 군의 위치는 광범위하여, 지금의 하북성·산동성의 해안을 따라 강소성에까지 현재까지 거의 존재하는 지명들 위주로 백제의 당시 영역을 추정해 볼 수 있다.

　한편 연산군 때 사람으로 너무 강직해서 연산군의 미움을 사 충북 괴산으로 유배당하였던 이맥이 서술한 『태백일사』기록에도 고구려, 백제가 유·연·제·노·오·월 지역의 땅을 평정했다는 기록이 있는데, 이 책들은 백제가 대륙에 영토를 가지고 있었고 왕과 후를 봉하는 황제국이었다는 것은 역사적 사실임을 증언하는 자료이다.

　『삼국사기』 기록 중 신라말의 대학자 최치원은 당나라의 대신에게 보낸 편지에도 이렇게 썼다.

고구려·백제의 전성기때는 강한 병사들이 100만 명으로
남쪽으로는 오·월 지역을 침공하여 뺏고(侵),
북쪽으로는 유·연·제·노 지역을 흔들며 다스려(撓)
중화에 큰 위협이 되었다··

최치원은 고구려·백제가 망한 지 불과 200여 년 뒤의 사람이므로 그의 글은 사실에 더 근접한 것으로 볼 수 있다. 여기서도 내용이 상세하지 못한 아쉬움이 남긴 하지만 고구려와 백제가 100만이나 되는 강병을 가졌다는 사실만으로도 시사하는 바가 매우 크다고 하겠다.

위 인용문 속의 유주와 연나라는 지금 북경 부근의 하북성으로 주장되지만, 유주와 연나라는 더 서쪽과 남쪽에서 찾아야 하는데, 고구려의 미천 대왕이 차지한 요동·현도·낙랑 등 13개 군 지역은 태행산맥을 중심으로 하는 지역이기 때문이다. 제·노·오·월 지역은 춘추시대 이후 지금의 산동·강소·호북·광동 등 대륙의 동남부 지역으로 알려져 있다.

결국 최치원이나 이맥이나 백제의 영토에 관하여 일치하는 문구가 들어있으며, 『송서』, 『양서』, 『남사』에는 고구려가 요동을, 백제가 요서를 차지했다는 서로의 기록을 입증할 문구가 남아 있다.

23. 고구려 을지문덕(乙支文德) 장군

　고구려 을지문덕의 가문은 기록이 없어 알 수 없다. 다만 '대신(大臣)' 을지문덕이란 한 마디밖에 보이지 않으나 이로 미루어 보면, 을지문덕이 그 유명한 살수대첩을 이끈 일개 명장에 그치는 것이 아니라 지금의 국방장관으로 총사령관을 겸한 국방의 최고책임자였음을 추정할 뿐이다. 그러므로 수양제의 침입에 대하여 처음 고대 요수의 방어로부터 전쟁의 종료시까지 을지문덕의 전술·전략에 따라 싸운 것이다.
　그의 자질은 침착하고 용감하며 지략이 있었을 뿐만 아니라 문장도 뛰어났다. 그는 중원을 재통일한 수나라의 양제(煬帝)가 역사상 가장 큰 규모의 대군으로 고구려를 침입하였을 때 군사의 최고 책임자로서 수나라의 군대를 여지없이 쳐부순 대영웅이다. 단재 신채호는 을지문덕 장군을 우리 역사상 가장 으뜸가는 영웅으로 꼽는 데 주저함이 없었고, 그리하여 영웅의 전기로는 유일하게 「을지문덕전」을 짓기까지 하였다.
　고구려 영양 대왕 23년(612) 수나라의 양제는 고구려를 단숨에 멸하려는 기세로 노도처럼 쳐들어왔다. 동원된 군사가 113만이 넘었으며 군량을 운반하는 사람이 그 배에 달하여 모두 3백 수십만의 기마족이 고구려 땅을 밟으니 인류 역사상 가장 대규모의 전쟁이 벌어지게 되었다. 양제는 군사를 좌12군과 우12군의 총 24군으로 조직하여 각각 정해진 길로 진군하여 모두 압록수의 서쪽에 집결하도록 명하였다. 압록수는 지금의 북한의 압록강이 아니고 중국 하북성의 강으로서 그 곳에 현재 을지문덕의 부대가 있었을 것으로 볼 수 있는 문덕(文德) 진영이란 지명이 존재한다.

  수나라 군대는 워낙 많은 인원이다 보니 하루에 1군씩 출발하여 40리를 가면 이어 각 군이 차례로 나가 40일만에야 모두 출발했다. 머리와 꼬리가 서로 잇고 북소리 나팔소리가 서로 응하여 천지를 진동시키며 깃발이 무려 960리에 뻗쳤다. 수양제의 직할부대가 마지막에 떠나면서 80리가 추가되니, 그 길이가 1,000리가 넘어 비유컨대 경부고속도로 길이만큼 모두 수나라 군대였다고 하겠다.

  3월에 수양제는 요수를 건너려 하였으나 아군의 항전으로 여의치 않아 부교를 만들었는데 길이가 겨우 1길 남짓이 짧아서 강언덕에 닿지 않았다. 이 요수는 현재의 요하와는 다른 곳이다.

  이때 아군이 밀어닥쳐 높은 곳에서 공격하니 적은 강 언덕에 오르지 못하고 많은 사상자를 냈다. 수나라는 2일 만에야 다리를 이어 요수를 건너 아군과 싸웠는데 이번에는 아군이 10,000여 명의 사상자가 났다. 이어 수나라 병사는 요동성을 포위·공격하였으나 수비가 견고하여 별다른 전과를 올리지 못하였다.

  그런데 현존하는 조선시대 재인쇄한 목각판 『삼국사기』가 중화의 기록만을 중요시하고 이를 베끼기에 급급하여, 우리 측의 방어전략 등은 고사하고 전군의 지휘체계에 대하여도 일언반구의 언급이 없으니, 이것이 중화의 역사책인지 우리의 역사책인지 도무지 종잡을 수가 없다.

  한편 수나라의 수군(水軍)은 수군총관 래호아의 10만 명이 양곡 수송선으로 패수 입구로 들어왔다. 고구려의 수군은 대왕의 아우인 고건무가 지휘하였다. 그는 수군을 외진 항만에 숨겨 놓고 평양성 밖 민가에 재물과 비단을 늘어놓게 하고는 수나라 군대의 상륙을 방치하였다. 래호아는 정병 4만을 뽑아 평양으로 돌진하였으나 군사들이 재물과 비단을 약탈하느라 대오가 흐트러지기 시작했다. 이때를 기하여 고건무는 결사대 5백 명을 평양성 외성의 절에 매복시켰다가 적을 격파하였다. 전군에 추격 명령을 내리자 수군도 일제히 공격을 개시하니 적은 서로 먼저 배에 오르려다가 밟혀 죽는 자가 매우 많았고 양곡 수송선도 침몰되었다. 수나라 래호아는 혼자 작은 배로 도주하였다.

양곡 수송선의 침몰은 그 뒤 평양에 침입한 우문술의 대군에게 결정적 타격이 되었으니, 고구려 고건무의 공이 을지문덕보다 크다고 하여 신채호 선생은 이렇게 말했다.

"왕제 고건무의 공이 큰데도 대부분의 역사 독자들이 을지문덕만 아는 것은 무슨 이유일까? 사마광의 『통감고이』에서는 양곡 수송선이 실패하지 않았다면 우문술이 살수에서 패하지는 않았을 것이라고 하였는데 이것이 맞는 말이 아닌가 생각한다."

고건무는 뒤에 영양 대왕을 이어 영류 대왕이 되어, 당나라와의 화친정책을 폈는데 이로 인하여 연개소문에게 시해당하였다.

요수에서 퇴각한 을지문덕은 수나라 군대의 약점을 탐지하기 위하여 단신으로 말을 타고 수나라의 진영에 들어가 항복을 청하는 사신으로 왔다고 속였다. 우문술 등은 그의 당당한 모습에 놀라 "이 사람이 고구려의 대왕이냐 대대로이냐?" 하며 그를 사로잡지 못하고 돌려보낸 것을 후회하였다. 우문술은 우중문과 함께 미리 양제로부터 만약 왕이나 을지문덕이 오면 잡아두고 알리라는 지령을 받았기 때문이다. 그들은 을지문덕을 머물게 하려고 했으나 상서우승 유사룡이 위무사로서 강력히 반대하므로 하는 수 없이 그를 돌려보냈다.

수나라 우중문은 뒤늦게 정신을 차리고 사람을 보내 "다시 의논할 일이 있으니 곧 와 주기 바란다"고 하였으나, 을지문덕은 이때 이미 패수의 첩보를 듣고 우문술의 부대에서 굶주린 기색을 보았다. 필승의 계산이 이미 섰는데 호랑이 굴에 다시 들어갈 이유가 없으므로 급히 말을 달려 돌아왔다. 우문술은 군량도 떨어져 군사를 돌리려 하였으나 우중문은 정예병으로 추격하면 공을 이룰 수 있을 것이라고 하였다. 우문술이 이를 반대하니 우중문이 크게 노하여 말했다.

"장군의 10만 대군을 가지고 소규모 적을 파하지 못하면 무슨 면목으로 황제를 뵙겠소?"

이에 우문술도 할 수 없이 그 말을 따라 압록수를 건너 추격하였다. 을지문덕은 수나라 군사들이 굶주린 기색을 알고 더욱 피곤하게 만들려고 번번이 싸우다가 패하는 척하니, 우문술은 하루에 7번 싸워 모두 이겨 "고구려군은 하잘것없다"고 기뻐하였다. 그리고 여세를 몰아 동쪽으로 나아가 살수를 건너 평양성에서 30리 되는 곳까지 이르렀다.

여기서 동쪽으로 나아갔다는 것이 중요하다. 동쪽으로 살수를 건너야 평양 근처에 이른다는 사실을 말한다. 만약 압록수가 지금의 압록강이라면 남쪽으로 내려와야 청천강이 나오므로 청천강은 살수가 아니었음을 알게 된다. 그러므로 북한의 청천강 남쪽이며 대동강 북쪽에 있는 지금의 평양은 고구려의 마지막 도읍인 평양과 이름은 같지만, 사실은 다른 곳으로 당시 평양은 고대 요동에 있었다.

을지문덕은 우중문에게 시를 지어 보내 그를 달랬다.

> 귀신같은 재주는 천문을 궁구하였고
> 헌묘한 계산은 지리를 통달하였도다.
> 싸움마다 이겨 공이 이미 높았으니
> 만족함을 알고 그만 그치기를 바라오.

전쟁을 그만두자는 간청을 하면서 은근히 조롱하는 내용이다.
우중문은 답서를 보내 을지문덕을 타일렀는데, 아마도 속히 항복하라는 내용으로 생각된다. 을지문덕은 다시 사신을 보내 거짓 항복하는 체하며 우문술에게 청하였다.

"만약 군사를 돌리면 마땅히 우리 임금을 모시고 수양제를 찾아 뵙겠습니다."

우문술은 군사들이 피폐하여 더 싸울 수 없고 평양성은 험하여 함락하기 어려우므로 그 거짓 항복을 기화로 군대를 돌렸다. 이를 본 을지문덕은 곧 군사를 내어 모든 방향으로 맹렬히 공격하니 우문술은 싸우면서 도망가 7월에 살수에 이르렀다.

그들이 강을 반쯤 건넜을 때 아군이 후군을 공격하니 우둔위장군 신세웅은 전사하고 전군이 궤멸되었다. 일부 남은 군사가 하루 동안에 450리를 뛰어 도망하여 압록수를 건너니, 처음 9군의 30만 5천 명이 요수를 건너왔으나 불과 2천 7백 명만 되돌아갔다.

현재 불교의 성지 태행산맥의 오대산에서 발원하여, 하북성 아래로 흐르는 강물이 있는데 그 아래 문덕(文德)진영 존재한다.

보살 살(薩)을 사용하는 살수의 어원은 그렇게 해석할 수 있을 것이다.

『삼국사기』를 보면 수양제가 대패한 우문술을 쇠사슬로 묶어 돌아갔다고 하여 더 이상의 전쟁에 대하여는 기록하지 않았다. 그러나 단재 신채호의 『조선상고사』를 보면 우문술이 평양에 있는 동안, 수양제의 어영군과 10여 군은 수십만의 대군을 이루어 요동성을 비롯한 요동 각지의 성을 공격했지만 하나도 함락하지 못했다고 하였다. 그리고 오히려 3~7월 사이 고구려인의 화살과 돌에 맞아 죽은 수나라 병사들의 해골이 성 바깥에 산을 이루었을 정도라고 하였다. 또 양식을 얻지 못하여 굶주림에 시달렸는데, 이런 상태에서 우문술이 패배하고 돌아오니, 더 이상 싸울 생각을 버려야 상식적이겠다. 그런데도 수양제는 최후의 요행을 바라며 전군을 요동성으로 집결시켰으며, 이때에도 을지문덕이 공격하여 대파하였다. 고구려에서는 전쟁의 승리를 기념하기 위하여 이곳에 경관(京觀)을 세웠는데 이는 수나라 군사들의 시체를 쌓아 거대한 무덤을 만든 것이었다. 수나라로서는 매우 치욕적인 기념물인데, 후일 고구려가 망하고 나서 당나라 안동도독부의 설인귀가 이것을 헐고 거기에 백탑을 세웠다.

수양제의 요동 전투의 패배로 수나라 군대 수백만 명이 전멸하고, 오직 호분낭장 위문승의 병력 수천 명만 살아서 이들이 수양제를 호위하며 도주하였다. 『수서』에 우문술이 살수에서 패한 것만 기록하고 수양제의 요동 전투 패전을 누락시킨 것은 "존귀한 자를 위하여 숨긴다"는 공자의 춘추필법에 따른 것이다.

다음 해 613년 4월, 수양제는 패전의 치욕을 씻기 위해 다시 쳐들어 왔다.

우문술·이경 등에게 고구려 구원군을 차단토록 하고 자신은 요동성을 포위하였다. 수양제는 높은 누각을 세우고 긴 사다리를 대는 한편 땅굴을 파고 토산을 쌓는 등 공성 기술을 있는 대로 다 동원하였다. 그러나 고구려 요동 성주도 이에 잘 응전하였기 때문에 대치한 지 수십 일 만에 수나라 병사들이 허다하게 죽었다. 당시 성주가 누구인지 알 수 없지만 지략과 용기가 대단한 인물임이 틀림없다. 이때 수나라 예부상서 양현감이 본국에서 반역하였다는 연락이 오므로 수양제는 은밀하고 신속하게 퇴군을 단행하였다. 그러나 고구려 요동 성주가 이를 알고 적의 후미를 습격하여 거의 다 죽였던 것이다.

수양제는 다음 해에도 세 번째 침입을 시도하여, 회원진으로 왔으나 도망자들이 많이 생기고 중원의 반란 지역에서는 징집에 불응하기도 했다. 수양제는 이번에도 싸우기 힘들 것을 깨닫고 중지하고 싶어졌지만, 중원 전체의 웃음거리가 되면 반란을 진압하기 어려울 것이라 우려했다. 그래서 아무 핑계라도 만들어 휴전하기 위해서 반역자 곡사정의 송환을 유일한 조건으로, 고구려에 화친을 제의하였다. 곡사정은 양현감의 일당으로 전 해에 고구려에 투항한 자였다.

이때 고구려 국론은 둘로 갈렸다. 한 쪽은 수나라에 너무 강경했기에 수년간 전쟁을 초래하였으므로 삼국통일 전까지는 수나라와 화친해야 한다는 것이었다. 대왕의 아우 고건무와 많은 호족들이 이를 대표하였다.

다른 한쪽은 신라와 백제는 산천이 험하고 백성도 강고하여 쉽게 굴복하지 않지만, 중원은 평원이 많아 고구려의 군대를 움직이기 좋고 백성도 전쟁을 무서워하여 한쪽이 무너지면 동요하므로 정예병으로 먼저 수나라를 쳐야 한다는 것이었다. 을지문덕과 일부 무장들이 이에 동의하였다.

고구려 영양 대왕은 을지문덕의 주장에 공감하였지만, 고구려가 호족 공화제 국가였으므로 고건무의 의견을 꺾기도 쉽지 않았다.

이런 상황에서 수양제가 화친을 제의하자 이를 받아들이자는 쪽이 우세하여, 결국 곡사정을 보내주고 화친해 버렸다.

이와 관련하여 안정복의 『동사강목』에서 을지문덕이 수나라를 합병하지 못한 것을 한탄하였다. 그러나 단재 신채호는 『해상잡록』에 이 전쟁 후에 을지문덕이 중원 정벌을 주장했다는 이야기가 있는데도 오히려 『동사강목』에는 기록되지 않은 점을 지적했다.

을지문덕에 대하여 『삼국사기』의 「을지문덕전」에서는 이렇게 논하였다.

> 수양제가 요동 전역에 동원한 군사의 성대함은 이제까지 없던 것이었다. 고구려는 변두리의 작은 나라였으나 능히 이를 막아 스스로 국가의 안보를 도모하였을 뿐만 아니라, 적의 대군을 다 격멸시킨 것은 을지문덕 한 사람의 힘이었다.

고구려와 백제의 인물들을 저평가하였던 『삼국사기』의 기록이 이렇게 간략하게나마 을지문덕의 공을 논한 것은 매우 이례적이다. 김유신전 바로 다음에 을지문덕전을 실었으며, 광개토호태왕 이후의 서진정책으로 광대한 영토를 지닌 대국이었던 고구려를 소국으로 조공기록을 강조하며 묘사하고 있다.

『삼국사기』와 대조적으로 신채호 선생은 을지문덕을 우리 4천 년 역사상 첫손가락을 꼽을 영웅으로 평하고 「을지문덕전」에 이렇게 썼다.

> 무릇 동서고금의 허다한 전쟁 기록에서 적은 인원이 수많은 무리를 능히 물리친 을지문덕과 같은 자가 어디 있는가? 약한 병력으로 강적을 상대한 을지문덕 같은 자가 또 있는가?
> 나라의 대신으로서 백만 적진에 홀로 들어가 정탐함이 을지문덕 같은 자가 있는가?
> 외로운 성의 약한 군사로 사면을 둘러싼 강적에 독립 불굴이었던 을지문덕 같은 자가 어디 있는가? 여러 번 강적이 극소수만이 겨

우 살아남아 되돌아가게 하여 어린아이가 울음을 그치고 초목도 이름을 아는 을지문덕 같은 자가 또 있는가? 안으로는 정교(政教)를 닦고 밖으로는 적국을 막아 홀몸으로 재상과 장군을 겸하였으나 행동과 그침이 편안하고 침착하여 부동의 명성이 을지문덕 같은 자가 있는가?

 땅이 좁고 사람이 적은 나라로 군사를 흥하게 하여 전쟁이 그치지 않음에도, 민심이 감복하여 원망·배반하는 사람이 없고 재상에게 몸과 마음을 바치니 을지문덕 같은 자가 있는가?

 후세의 사람이 그를 털끝만큼만 닮아도 나라의 독립을 지킬 것이며 손톱만큼만 배워도 나라의 역사를 채울 것이니, 을지 문덕은 4천 년 역사에 둘도 없는 유일의 위인일 뿐 아니라 세계 각국에도 그 예가 드물도다!

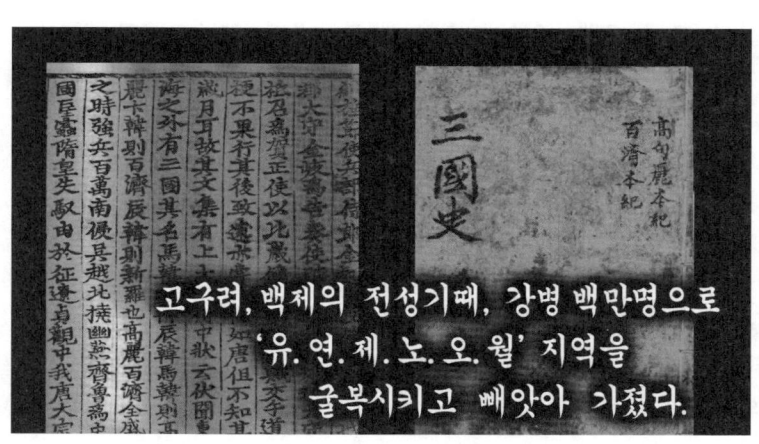

고구려, 백제의 전성기때, 강병 백만명으로 '유. 연. 제. 노. 오. 월' 지역을 굴복시키고 빼앗아 가졌다.

24. 대막리지 연개소문(淵蓋蘇文)

　고구려 연개소문은 서부 대인이며, 대대로인 연태조의 아들로 태어났다. 의표(儀表)가 씩씩하고 뛰어났으며 의기가 장하였다.
　『삼국사기』에는 그를 열전의 맨 마지막에 기록하였는데 이는 그가 영류 대왕을 시해하고, 보장 대왕을 옹립하였기 때문에 유교적 관점에서 나쁘게 보아 그렇게 한 것이다.
　연개소문의 바로 앞에는 고구려 창조리를 실었는데 그 또한 고구려 봉상 대왕을 시해하고 미천 대왕을 옹립한 같은 이유에서다.
　연개소문은 또 당나라와 계속 싸워 숙적 관계에 있었기 때문에, 중원의 그에 대한 나쁜 기록을 『삼국사기』가 그대로 받아서 그를 폄훼하였다. 이런 점에 관하여 신채호 선생은 이렇게 비판하였다.

　『삼국사기』에 나오는 연개소문에 관한 기록은 고작 「김유신 열전」에서 "개금(연개소문)이 김춘추에게 숙소를 마련해 주었다"고 언급한 것뿐이다. 그 외의 기록은 순전히 『신당서』·『구당서』·『자치통감』 같은 중국 역사책에서 베낀 것들이다.
　중국 역사책이라는 것은 연개소문의 숙적인 당 태종과 그 신하들의 입과 붓에서 나온 것을 소재로 했다. 그렇기 때문에 신뢰성이 매우 낮다. 신채호 선생의 비판이 지극히 타당하므로 필자는 선생의 『조선상고사』를 바탕으로 연개소문의 진정한 모습을 소개하고자 한다. 신채호는 연개소문에 대하여 이렇게 말했다.
　연개소문은 고구려 9백 년의 전통인 호족 공화제를 타파하고 정권을 통일했으며, 장수 태왕 이래로 철석같던 서수·남진 정책을 남수·서진 정책으로 바꾸었다. 그는 국왕 이하의 대신 및 호족 수백 명을 도살하고, 자신의 독무대를 만들었으며, 서국 제왕인 당 태종을 격파하고 중원 대륙에 대한 침략을 시도하였다. 그의 행동이 정의로웠는지 그의 판단이 옳았는지에 관계없이, 그는 당시 고구려뿐만 아니라 동아시아 전쟁에서 유일무이한 중심인물이었다.

고구려는 『삼국사기』에 의하면 서기전 37년~서기 668년까지 7백 년간 존속함으로 기록되나, 900년도 병기되어 있다. 이유는 추모 대왕의 고구려 건국 이전에 이미 고구려의 이름이 중화 측에 보이기 때문이다. 그러나 이 고구려는 당시 고조선의 거수국으로 이해되고 있으므로, 추모 대왕의 고구려 국호 제정 등 명확하게 밝혀지기 전에는 '900년' 고구려를 단정하기 어렵다고 본다.

고구려 900년에 대한 언급은 『삼국사기』에 당 고종이 연개소문 사후 고구려를 쳤을 때 시어사(侍御史) 가언충(賈言忠)이 고종에게 말한 내용에도 보인다.

> 『고구려 비기』에 말하기를 "900년이 되기 전에 80세 된 대장이 이를 멸망시킨다"고 하였는데, 고씨는 한나라 시대로부터 나라를 세운 지 지금 900년이 되었고, 이세적의 나이가 80세입니다.

『삼국사기』에 기록된 『고구려 비기(秘記)』가 믿을 만한 역사책이 아니었다고 해도 갑자기 900년이란 숫자가 하늘에서 떨어진 것도 아닐 것이며, 당나라 이세적은 실제 76세에 고구려 도읍 평양성을 점령했고 그 다음 해 죽게 된다 (서기 669). 가언충이 예언적인 일을 말한 것은 고구려가 도가를 숭상하고 예언을 의지하여 망하였음을 상기시키는 대목이다. 한편 위 단재의 말 중 연개소문이 중원에 대한 침략을 시도하였다는 부분도 향후 연구로 그 사실 여부를 밝힐 필요가 있는데 뒤에 다시 이야기할 것이다.

(『조대기(朝代記)』에 이르기를) 연개소문은 9살에 조의 선인에 뽑혔는데, 씩씩하고 뛰어났으며, 의기가 장하여 작은 일에 구애받지 않았다. 졸병들과 함께 장작개비를 나란히 베고 잠자며, 손수 표주박으로 물을 떠 마시며, 무리 속에서 스스로 힘을 다하였으니 혼란한 속에서도 작은 것을 다 구별해 내고 상을 베풀 때는 반드시 나누어주고, 정성과 믿음으로 두루 보호하며, 참는 아량이 있고, 땅과 하늘을 직물로 짜는 재량을 갖게 되었다. 사람들은 모두 감동하여 복종해 온 한 사람도 딴 마음을 갖는 자가 없었다. 법을 쓸 때도 엄명으로 귀천 없이 똑같았고, 법을 어기는 자는 하나같이 용서함이 없었다. 큰 난국을 만날 때도 동요가 없었으니 당나라 사신과 만나 굽힘이 없었고, 겨레를 해치는 자를 소인이라 부르고, 당나라 사람에 능히 대적하는 자를 영웅이라 말하였다. 기쁠 때는 천한 사람도 가까이 갈 수 있으나, 노하면 권세 있는 자도 겁을 냈다. 참으로 일세의 쾌걸 이로다! 라고 하였다.

고구려와 수나라가 화친한 4년 후 618년에 고구려 영양 대왕이 돌아가시고 그 아우 고건무가 즉위하니 영류 대왕이다.

그는 「을지문덕전」에서 보았듯이 수나라 해군 및 양곡선을 쳐부수어 큰 공을 세웠으나 그 후 화친책을 주장하였다. 대왕이 되므로 그러한 정책을 본격적으로 추진하였다. 중원에서는 수나라가 고구려와의 전쟁에 진 여파로 망하고 당나라가 서니, 대왕은 당과 수교하고 수나라의 전쟁포로들을 돌려보냈다. 반면에 신라와 백제를 치는데 주력하니, 서부 대인으로 서쪽을 잘 알았던 연개소문은 이에 극력 반대하여 말했다.

"고구려의 가장 큰 걱정거리는 당나라이지, 신라와 백제가 아닙니다. 지금 신라와 백제는 원한이 깊으므로 우리가 한 쪽과 화친하여 다른 쪽을 견제하면 걱정이 없습니다. 과거에 수나라를 정벌할 기회를 놓쳤으나, 지금 당나라는 아직 국력이 회복되지 않았고 이건성과 이세민(후일의 태종)이 서로 죽이려고 하니 매우 특별한 기회입니다. 두 사람 중 하나가 권력을 잡고 나라를 정비하여 우리에게 쳐들어온다면, 영토나 인구가 적은 우리가 무엇으로 저들에게 대항하겠습니까?"

그러나 고구려 대왕과 대신들은 듣지 않았다. 여기서 고구려 스스로 영토가 작고 사람이 적다고 말하고 있는데, 이는 고구려가 만주벌판이 아니라 서·북쪽이 태행산맥으로 둘러 쌓인 북경 근처라서 인구가 비교적 적어 전투 병사의 조달이 제한적이었다고도 해석할 수 있겠다.

당 태종 이세민이 626년에 즉위한 뒤 고구려 영류 대왕은 당나라의 침입에 대비하여 631년에 천 리가 넘는 장성을 남북으로 축조하기 시작하여 16년만에야 끝냈다.

『구당서』 고구려전 정관5년(A.D.631) 조를 보면 "건무(영류왕의 이름)는 나라가 침입당할 것을 두려워하여 장성을 쌓았는데, 동북쪽 부여성으로부터 서남쪽 물(海)에 이르기까지 1천여 리였다" 라고 기록되어 있고,

또 『삼국사기』 고구려본기 영류왕 14년(A.D.631) 조를 보면, "봄 2월 왕이 백성들을 동원하여 장성을 쌓았는데, 그 성이 동북쪽은 부여성으로부터 동남쪽으로 물(海)까지 닿았는데 무려 16년만에 준공되었다"라고 기록되어 있다. 이로 인하여 동원된 백성이 전쟁에 동원되었던 것보다 더 많았으니 국력이 많이 소진되었다.

북경 위에서부터 출발하여 서쪽으로 가서 황하(海)에 닿게끔 연결된 장성으로는 위쪽과 아래쪽의 두 경로가 찾아지는데, 두 경우 모두 약 천리 정도가 되어 보인다. 고구려의 천리장성을 신라를 겨냥해서 해빈의 영역이나 죽령 근처에 쌓은 성이라는 이론도 있지만 선비족 출신의 수·당나라는 거란·말갈족 등을 이끌고 쳐들어 오므로 이에 대비하고자 천리장성을 북경의 서북방에 쌓았을 것으로 보는 편이 더 타당하다. 현재 연·진 장성이라 알려져 온 성곽의 경우도 모두 재검토가 필요한 시점이다.

『삼국유사』에 연개소문이 장성의 축조를 주청하였다고 하였다. 서부 대인답게 서진 정책을 강력히 주장하는 한편, 연개소문은 적의 공격에도 대비하는 방책을 내었다. 또 『삼국사기』를 보면 장성의 공사가 시작된 지 11년 후인 642년에 연개소문에게 공사의

159

감독을 맡겼다고 하였다. 만약 연개소문이 공사를 제의했다면 처음부터 감독케 하여 제대로 축조하게 했어야 할 것이다. 그리고 이 해에 연개소문이 영류 대왕을 시해하였다고 기록된 것을 보면 연개소문은 대왕의 명령에 큰 불만을 가졌던 것으로 파악된다.

당시의 상황 전개에 관하여 신채호 선생이 『조선상고사』에 쓴 내용을 요약하면 이렇다. 기존 서부 대인이 죽자, 아들 연개소문이 대인을 승계해야 하나 대신들이 반대하여 곡절 끝에 대인이 되기는 하였으나, 그가 도성에 있는 것은 불가하다며 장성 북부의 공사를 감독하게 했다. 그런데 이때 고구려 해라장(해상경찰대장)이 당나라의 밀정을 잡았다 놓아주며 당 태종이 고구려에게 조공하지 않으면 당나라를 치겠다는 서한을 보냈는데, 그는 자신이 연개소문의 수하라고 서한의 끝에 썼다. 이에 당 태종은 사신을 보내 사실 여부를 알려 달라고 하였고, 고구려의 영류 대왕이 해라장을 문초하니 그는 당당하게 자백하였다.

그러자 대왕은 연개소문을 제외한 대인들과 대신을 은밀히 불러 말했다, "해라장이 당나라 왕을 모욕한 것은 큰 일이 아니지만 자기가 연개소문의 수하라고 한 것을 보면 추종자들이 연개소문을 추대하려는 것이 아니냐? 연개소문이 조정을 반대하고 인심을 얻고 있으니 지금 베지 않으면 후환이 생길 것이다."

이에 모두가 동의하여 연개소문이 장성으로 떠나는 날, 어전에서 엄숙히 예를 올리고 갑자기 체포하기로 하였다. 그러나 어전회의 비밀이 어떻게 누설되었는지 연개소문이 먼저 알게 되었다. 그는 심복들과 의논하여 먼저 손을 쓰기로 하고 출발 전에 평양성 남쪽에서 열병식을 가졌다. 초대된 대관들이 술을 두어 차례 마셨을 때 그가 신호하자 사방에서 장사들이 번개같이 달려들어 일제히 무기를 휘두르니, 빠져나갈 길이 없어 수백 명이 순식간에 도륙을 당하였다.

이어 왕궁으로 돌진한 연개소문은, "대왕의 긴급 명령이 있다"고 말하며 성문을 지나, 궁궐 문을 지키는 경호병을 베고 들어가 고구려 영류 대왕을 쳐 두 도막을 내고 수채 구멍에 던져 버렸다. 20년 전에 패강 입구에서 수나라 래호아의 해군 수십만을 섬멸하여 지략과 용기가 천하 제일이라 소문난 고구려 영류 대왕은 이렇게 무참하게 죽임을 당하였다.

영류 대왕을 죽인 연개소문은 대왕의 조카 고보장을 고구려 보장 대왕으로 추대하니 그는 실권이 없고, 연개소문은 스스로 대막리지가 되어 모든 권한을 장악하였다.

즉 신채호의 표현대로 '고구려 역사상 장군·재상·대신 뿐만 아니라 제왕도 갖지 못한 권력을 가진 유일한 인물'이 되었으며 '대왕은 국새만 찍을 뿐'이었다.

연개소문의 거사를 전후하여 신라의 김춘추가 고구려에 백제를 공격하고자 구원병을 요청하러 온 적이 있다. 『삼국사기』에는 그 시기가 보장 대왕 때로서 원년(642) 겨울이라 하였는데, 한편으로 영류 대왕이 죽은 것도 그해 10월이라고 되어 있다. 음력으로 기록한 10~12월 석 달이 겨울이므로 겨울의 시작인 10월에 영류 대왕이 죽은 것인데, 김춘추의 방문한 겨울이 대왕의 생존시인지 아니면 사후인지는 여전히 불명확하다. 신채호는 이에 대하여 영류 대왕이 생존시 김춘추가 방문한 것을 『삼국사기』에서 보장 대왕 즉위 후의 일로 잘못 기록했다고 하였다. 그러므로 어느 쪽이 맞는지를 밝히려면 당시의 정황을 가지고 판단해야 할 것이다. 고구려 영류 대왕은 위에서 본 대로 신라와 백제에 대하여 우호적이지 않았기 때문에 김춘추를 달갑게 여기지 않았을 것이다. 그러므로 앞에서 보았듯이 그에게 오히려 신라가 빼앗은 고구려 땅을 내놓으라고 하고 가둔 것으로 보인다.

한편 단재 신채호는 김춘추의 방문 시기를 제대로 보아 김춘추가 돌아간 이후에야 연개소문이 정권을 잡았으며, 신라는 당나라와 동맹을 맺었다고 하였다. 그러나 다른 곳에서, "연개소문은 김춘추를 자기의 사저에 기거시키고 천하의 대세를 토론했다"고 썼는데 이는 다소의 혼동이 있었던 것으로 보인다. 그가 『규염객전』이나 『갓쉰동전』 같은 연개소문에 관한 소설에도 참고할 만한 진실이 많다고 보았으므로, 거기 있는 내용 중 이 부분을 잘못 판단하였다고 하겠다.

연개소문이 거사를 일으키자 고구려를 침공할 기회를 호시탐탐

노리던 당 태종은 즉각 영주도독 장검을 시켜, 고구려를 치고 배 4백 척으로 군량을 운반하게 했다. 그런데 요수가 범람하여 군대를 되돌렸다고 기록되어 있는데 이에 대하여 신채호는 고구려와의 전쟁에서 대패한 사실을 숨기기 위하여 이렇게 둘러댄 것이 분명하다고 하였다. 당 태종이 연개소문의 혁명 후 고구려 민심이 안정되지 않은 틈을 타 뱃길로 신속히 침투하려다가 고구려 해군에게 여지없이 당한 것이다.

『당서』에 간략히 기록된 이 침공 사실은 『삼국사기』에는 기록하지도 않았다.

다음 해(643) 당태종이 신하들에게 말했다.

"개소문은 임금을 시해하고 국정을 마음대로 하고 있으니 정말 참을 수 없다. 병력을 동원하여 그를 잡는 것은 어렵지 않지만 백성을 괴롭히고 싶지 않으니, 거란·말갈을 시켜 치게 함은 어떤가?"

장손무기가 조금 더 때를 기다리는 것이 좋겠다고 하자 당 태종이 전쟁의 준비가 덜 된 것을 알고 이를 받아들였다. 그러나 실제로는 신채호가 지적하였듯이 이때 거란·말갈이 고구려에 복속된 지 오랜 시간이 지났으므로 언제든지 변심이 가능했다. 당 태종이 모를 리가 없는데도 연개소문을 잡는 것이 어렵지 않다고 말했다는 것은 중화 역사가들의 필법으로 보인다. 지금까지도 중국에서 가장 훌륭한 제왕으로 꼽는 당 태종을 미화하기 위해 이같은 일이 생기는 것이다. 여기서 당나라는 고구려를 치려면 날쌘 북방의 종족들에 의존하지 않으면 안되는 것이 파악되는 바이며 이들을 막고자 하므로 당연히 고구려의 천리장성도 비교적 북쪽에 위치할 가능성이 높은 것이다.

다음 해 당 태종은 신라의 급한 구원병 요청이 있으므로 고구려에 신라와의 화친을 권하기 위해 사농승 상리현장을 보냈다. 그러나 그가 평양에 이르니 이미 연개소문이 신라의 2개의 성을 함락한 상태였으므로, 상리현장이 연개소문에게 신라를 치지 말라고 타일렀으나 그는 신라가 빼앗아 간 땅을 돌려주지 않으면 전쟁을 멈출 수 없다고 답했다 한다. 그러나 신채호는 이러한 기록은 중화에서 조작한 것이라고 하였다. 즉 『삼국사기』에 연개소문이 신라의 2개의 성을 함락했다는 기록이 없으며 이전에 수양제의 고구려 침입시 신라가 고구려 땅을 빼앗은 기록도 없다고 하였다. 그러나 「김유신전」에 의하면, 진평 대왕 49년(서기629)에 신라 김유신은 이찬 임영리, 파진찬 용춘과 백룡, 소판 대인과 김서현 등과 함께 고구려의 낭비성을 함락하였었다. 이처럼 『삼국사기』 에서는 연개소문에 대한 업적이 많이 생략된 것이 분명한 것이다.

644년 11월 당 태종은 고구려를 치기 위한 군사를 대대적으로 일으켰다. 형부상서 장량을 평양도행군대총관에 명령하고 방효태 등은 정병 4만여를 거느리고 물길로 떠나게 하였다.
또 이적을 요동도행군대총관에 명령하고 장량의 부대와 요동에서 합류케 하였다. 당 태종은 친위군 20만 명을 거느리고 뒤따르기로 하였다.
이에 연개소문은 장수들을 모아 대응책을 강구하여 건안·안시성 등 몇몇 성만 지키고 나머지는 곡식과 사료를 치우거나 불태워 적이 약탈할 것이 없게 하였다. 오골성을 방어선으로 삼고 용맹한 장수와 대규모 병력을 배치하였다. 안시성주 양만춘과 오골성주 추정국에게는 별도로 은밀한 계책을 내렸다.
"당나라 군은 군량 문제를 해결하기 위해 소·말·양을 많이 가져왔으나 겨울에 무엇으로 짐승들을 먹이겠습니까? 그러니 속전속결로 나와 안시성을 먼저 칠 것입니다. 양공께서는 성을 지키다가 저들이 굶주릴 때 공격을 개시하고 추공께서는 밖에서 공격하면 됩니다. 나는 뒤에서 당나라의 후미를 습격하여 퇴로를 끊고 이세민을 사로잡고자 합니다"
645년 3월 태종은 정주를 출발하여 5월에 요택에 이르니 2백 리나 되는 진흙길이 펼쳐졌다. 목석을 날라 길을 만드는데 수나라 장병들의 해골이 도처에 널려 있었다. 당 태종은 제문을 지어 곡하고 신하들에게, "오늘날 중화의 자제들이 거의 다 이 해골들의 자손이니 어찌 복수하지 않겠느냐?" 하였다. 요택을 건너고는 웃으면서, "누가 연개소문이 병법을 잘 안다고 했는가? 어찌 이 중요한 요택을 지키지 않는다는 말인가? "라고 하였다.

　요수를 건넌 뒤의 전황은 거의 순조로워 요동·백암·개평·횡악·은산도·황성 등을 차례로 함락하였다. 당 태종은 이세적 등을 불러 군사회의를 열고 작전을 다시 의논했다. 강하왕 이도종은 오골성을 뺏고 곧바로 평양을 치자고 했고, 이세적과 장손무기는 안시성부터 치자고 하였다. 태종은 일찍이 수양제가 우문술에게 30만 대군으로 평양을 치게 했다가 전군이 몰살당한 일을 잘 알았으므로 이세적의 말에 따라 안시성부터 공격하였다.

　안시성은 즉 환도성으로, 해상과 육상의 요충지이며 난공불락의 요새로 불리었는데, 성첩을 더 쌓고 정예병을 배치하였으며 수십만 석의 양곡을 비축해 두었다. 6월에 당 태종이 이세적 등 수십만 명을 거느리고 안시성을 포위하였다. 그러나 여러 달이 지나도록 성을 함락하지 못하니 식량이 점차 바닥나기 시작하였으나 해상의 전함들도 죄다 격파되어 식량을 운반할 수 없었다. 게다가 날씨가 쌀쌀해지므로 풀이 마르면 소·말·양떼가 아사할 수밖에 없었다.

　극심한 낭패를 당한 당 태종은 성 동남쪽에 토산을 쌓게 하였다. 2개월에 걸쳐 50만의 인력이 투입되는 동안에도 줄기차게 성을 공격하였으나 사상자만 늘어갔다. 토산이 완성되니 산 위에서 투석기를 쏘고 충거를 굴려 성벽을 훼손하였다. 안시성에서는 무너진 곳에 목책을 세웠으나 도저히 감당할 수가 없었다. 양만춘은 결사대 100명을 뽑아 성벽이 무너진 틈으로 나가 당군을 공격하도록 하여 토산을 빼앗고 산 위의 포석기와 충거를 차지하였다. 이로써 도리어 고구려가 산 아래의 당나라 군대를 공격하게 되니 계책이 궁해진 당 태종은 회군을 고려하기 시작하였다.

　요동 지역을 양만춘과 추정국에게 맡긴 연개소문은 정병 3만명으로 적봉진으로 향해 남진하여 상곡을 기습하였다. 이에 긴급을 알리는 봉화가 오르니 하룻 밤에 안시성에 전달되고 당 태종은 곧바로 회군을 준비하였다. 봉화를 본 추정국은 오골성의 전군을 동원하여 안시성 동남쪽의 협곡으로 몰래 진군하여 기습을 단행하고, 양만춘은 성을 나와 공격을 퍼부었다.
 당나라의 진영은 대혼란에 빠져 사람과 말이 서로 짓밟고 달아나는 지경이 되었다. 당 태종은 헌우락에 이르러 말발굽이 진흙에 빠져 움직이지 못하고 왼쪽 눈마저 양만춘의 화살에 맞아 생포될 위기에 처했다. 다행히 용장 설인귀가 달려와 그를 구하고, 전군 선봉장 유홍기는 추격군을 가로막고 혈전을 벌였다.
 이때 양만춘 등은 당 태종을 쫓아 요수에 이르러 수많은 당나라 장수를 베고 사로잡았다. 요택에 이르니 당 태종은 말들을 진흙밭에 눕히고 다리로 삼아 건너고 있었다.
 10월에 임유관 남쪽의 연개소문은 당나라군의 퇴로를 끊고 북쪽의 양만춘은 추격을 계속하였다. 당 태종은 어찌할 바를 몰랐다. 때마침 눈보라가 크게 몰아쳐 천지가 아득해지고 지척을 분간하기 어려워, 양쪽의 군마가 엎어지고 뒤엉키는 혼란을 틈타 당 태종은 간신히 도망하였다.
 지금까지 당 태종의 침입과 대막리지의 대응을 신채호 선생의 『조선상고사』를 통하여 보았는데 그는 이 전쟁의 성격을 이렇게 평하였다.

　안시성 전투는 고대 동양 역사상 큰 전쟁이었다. 군대 규모는 수나라 때에 미치지 않지만 양쪽 전략의 치밀함이나 군대의 훈련이나 물자의 규모로 보면 살수 전투를 능가한다. 전투 기간도 그 때보다 갑절이었다. 이 전투는 두 민족의 운명을 좌우한 대전투였다. 그런데도 『당서』의 기록은 사리에 맞지 않는다.

 신채호 선생은 한·중 두 민족의 운명이 걸린 대전투를 기록한 중화 역사서가 사리에 맞지 않음을 강조하였고, 위 글에 이어 구체적인 5개의 잘못된 사례를 나열하였으며 또한 『해상잡록』이나 중국 동북 3성 토착민들의 전설을 근거로 기술했음을 밝혔던 것이다. 『해상잡록』은 지금 구할 수가 없고 토착민의 전설은 신뢰성이 떨어지므로 선생의 기술이 완전할 수는 없을 것이다. 그러나 그가 혜안을 가진 훌륭한 학자로서 사료에 근거하여 엄밀하게 연구한 분이기에 터무니없는 설을 주장하지는 않았을 것이라고 본다.

신채호 선생이 예시한 것 중에 1가지만 여기서 살펴보기로 하겠다. 『당서』나 그를 복사한 『삼국사기』에는 당 태종이 안시성을 공격하기 시작하자 북부 욕살 고연수와 남부 욕살 고혜진이 15만의 군사로 안시성을 구원하러 왔다고 했다. 그리고 두 사람이 제대로 싸워 보지도 못하고 당 태종의 위세에 눌려 항복하였다고 그 과정을 장황하게 써 놓았다. 이에 대해 신채호는 이렇게 평했다.

> 당 태종이 패주한 사실을 숨기고 승리한 것처럼 꾸미려다 보니, 고씨의 천하가 이미 연씨의 천하로 바뀐 것을 잊어버리고 15만 대군을 가진 고연수·고혜진이 투항했다는 망언이 나온 것이다.

선생의 통찰이 정확하다고 하겠는데 필자가 보기에도 이 부분은 의문의 여지가 너무 많다. 안시성이 요충지라고 하더라도 일개 성에 불과한데 이를 구하기 위해 고구려에서 15만이라는 엄청난 인원을 보냈다는 것은 믿을 수 없다. 더구나 안시성이 위급한 상황이 아니라 이제 막 공격받기 시작한 때였으므로, 대대적인 지원군을 보낸다는 것은 어느 모로 보나 적절하지 않다.

또 만약에 고구려의 명장이 대군과 함께 항복해 왔다면 고구려의 모든 사정을 잘 아는 그들이 그 후 안시성 공략에 큰 도움을 주어 당 태종이 쉽게 싸움을 승리로 마무리할 수 있었을 것이다. 후에 고구려가 망할 때 연개소문의 맏아들 연남생이 당나라에 미리 항복하여 고구려를 쳐 짧은 시간 동안에 멸하는 데 큰 도움이 된 것과 비교해 본다면 답이 나온다. 그러나 이후 수개월의 싸움에 두 장군이 한 역할은 전혀 기록되지 않았으며, 단지 처음에 안시성보다 오골성을 먼저 쳐야 한다고 의견을 낸 것밖에 없다.

한편 위에 당 태종이 양만춘의 화살에 눈을 맞았다고 했는데 이에 대하여 신채호는 목은 이색의 「정관음」과 노가재 김창흡의 「천산시」 등 많은 시에서 언급했다고 하였다. 김창흡의 시에는 양만춘의 이름이 나오는데 『삼국사기』에는 안시성주가 누군지 전하지 않는다고 하였으니, 당 태종에게 결정적 패배를 안겨준 그를 드러내어 영웅으로 만들 수는 없었던 것이다.

당 태종은 귀국 후 몇 년만에 병으로 고생하다 죽었는데, 그 병이 내종이라거나 감기·이질 등으로 제각기 다르다. 신채호의 말을 들어보자.

한 세대 동안 중원에서 군림한 만승천자의 사망 원인을 분간할 수 없도록 모호하게 기록한 것은, 고구려인의 독화살에 맞아 죽은 치욕을 숨기기 위한 것이라고 볼 수 있다. 하지만 당 태종의 병이 요동에서 생긴 점은 모든 기록이 일치한다. 그가 양만춘이 쏜 화살에 묻은 독 때문에 죽은 것은 명백하다. 이는 송나라 태종이 태원에서 독화살에 맞아 입은 부상이 매년 재발하다가 3년 만에 죽은 사실을 『송사』가 숨긴 것과 같다 (진정의 『양산묵담』에 나온다).

또 앞에서 대막리지가 중원을 침입했다는데 대하여 신채호는 그런 기록은 보이지 않지만, 지금 하북성과 북경 주변에 10여 곳의 황량대와 고려성·고려진 등 고려라는 글자가 앞에 붙은 여러 지명이 그 증거일 것이라고 하였다. 그러나 필자의 견해로는 그 지역은 앞에서 고구려 대왕들의 전기에서 보았듯이 이미 고구려의 영토였기 때문에, 연개소문의 중원 침입의 증거로는 적절하지 않다고 생각한다. 오히려 연개소문에게 쫓기던 당 태종이 숨었던 이야기의 몽통보탑이 동부 강소성에 있으므로 연개소문이 그 곳까지 쫓아 왔음을 기록한 것이다.

연개소문이 수군을 이용하여 중원 정벌을 시도함은 충분히 가능하다. 광개토호태왕은 수군을 활용하여 백제와 후연을 굴복시켰고, 고구려, 수나라 전쟁시 영류 대왕은 수군으로 패강에서 수나라 수군을 몰살시켰다. 게다가 보장 대왕 때는 고구려는 신라와 당의 교역을 방해했는데 이는 강력한 수군이 뒷받침하지 않고서는 불가능하다. 중화의 역사가들에 의해 가려지고 숨겨졌지만, 연개소문은 산동성 봉래시에서 이미 당 태종의 형을 전사시켰다. 또 산동성 즉묵시에서는 당태종이 연개소문에게 포위당해 사로잡힐 뻔했을 때, 신라 출신 용양장군 김걸이 당 태종을 구하고 자신은 죽게 되었다. 신라의 본토가 어디인지를 알 수 있는 현지 유적들과 증언이 남아있다.

연개소문은 당시 군의 최고 통수권자로서 당 태종의 침략을 여지없이 물리쳐 패주하게 만들었으니 을지문덕 장군이 수양제의 침략을 물리친 것과 그 공이 다를 바 없다.
그런데도 『삼국사기』에서는 당 태종과 같은 입장에서 전쟁을 기록하면서 연개소문이라는 이름을 거론하지도 않았다. 다만 그 다음 해에, "(고구려) 왕과 막리지가 사신을 파견하여 사죄하고 아울러 2명의 미녀를 바쳤다"고 하였으니 이 얼마나 왜곡된 기록인가? 또 이렇게도 써 놓았다.

당 태종이 작년에 군사를 돌이킬 때 활쏘기용 옷을 연개소문에게 주었는데 이를 받고도 사례하지 않았으며, 더욱 교만하고 방자하여 비록 사신을 파견하여 글을 보내도 그 말이 모두 궤변이었고 당나라의 사신을 접대하는 것도 거만하였다.

당 태종이 옷을 주었다는 것도 의심스럽지만 만약 받았다고 치면 나라를 침략한 원수에게 허리 굽혀 사례라도 했어야 한다는 뜻인가? 또 연개소문의 말이 궤변이라는 단어는 당나라가 기뻐할 표현이니 우리를 할 말 잃게 만든다. 그러므로 신채호 선생은 사대주의 역사가들을 이렇게 비판하였다.

노예적인 사대주의 역사가들은 좁쌀과 팥알처럼 작은 자기 눈알에 보이는 대로 연개소문을 수백 년간 혹평해 왔다. 그들은 "신하는 충성으로써 군주를 섬겨야 한다"는 불완전한 도덕률로 그의 행위를 탄핵하고, "대국을 섬기는 소국은 하늘을 두려워해야 한다"는 노예적 심리로 그의 공적을 부인하였다. 이런 식으로 역사적 인물의 시체를 한 점 살도 남기지 않도록 씹어버린 것에 대해 나는 통탄한다.

고려시대 이제현의 『사략』에 의하면 문무에 능한 홍포장군 연개소문이 "키가 10척이고 진한 붉은색 사자의 복식(獅服)을 입고, 적규마(赤虯馬)를 타고 허리에는 2개의 활집을 매고, 등 뒤에는 5자루의 비도(飛刀)를 둘러맸으니, 바로 고구려 장군 갈소문(曷蘇文)이다."라고 기록하고 있다.

또 『한원』「고려」조에도
'고구려 남자들이 허리에 은띠를 차는데, 왼쪽에는 숫돌, 오른쪽에는 칼 5자루를 달고 다닌다'는 기록이 나온다.

이는 고구려에서는 혼인 전, 자제들이 경당에서 독서와 활쏘기를 배웠다고 하고, 일반 백성들도 칼 5자루 던지는 기술과 늘 날카롭게 숫돌에 칼을 가는 등, 무술 연마를 많이 하였음을 알 수 있게 하는 대목이다. 고사에 묘사된 연개소문의 〈비도술〉시를 보자.

  비도(飛刀)가 일어나 공중에서 춤을 추네
  화살과 비도가 먼지를 일으키며 대적하네
  비도가 화살을 대적하니 노을빛이 찬란하네
  화살이 비도를 대적하니 화염이 일어나네
  공중에서 두 보배가 대적하니
  두 장수 모두 신통력으로 겨루네

고구려 특유의 비도술, 비검술의 칼 5자루를 차고, 등 뒤에는 이민족을 상징하는 깃발을 꽂은 연개소문이 등장하는 경극이 4종류 이상 존재한다. 독목관(獨木關), 분하만(汾河灣), 어니하(淤泥河), 살사문(殺四門) 등인데 앞의 3개는 스토리가 비슷하다. 당태종 이세민이 봉황산에서 연개소문에게 쫓겨 도망가는데 위기에 처하자 백포를 입은 설인귀가 구해준다는 이야기이다.

연개소문은 비도(飛刀)를 날려서 대항하지만, 설인귀는 신통력이 있는 화살 신전(神箭)을 사용하여 연개소문을 죽이고 나서 병든 몸을 이끌고 독목관을 탈환한다는 스토리이다. 경극 분하만에서는 연개소문이 청룡으로, 설인귀(선비족)는 백호로 등장한다. 청룡과 백호는 풍수나 고대 천문학의 사상에서 동쪽과 서쪽을 각기 의미한다. 이에 연개소문은 동방을 지키는 사방신으로 승화되었다.

강소성 비주와 숙천에서 연개소문과 설인귀가 격전을 벌였다고 하는 이야기가 전해진다. 가장 유명한 강소성 염성에서는 몽롱보탑의 전설이 있기에 탑이 강소성에 아직도 남았다. 당 태종이 연개소문에게 쫓겨 도망가다가 거미줄이 쳐진 빈 우물에 숨어 겨우 살아났는데, 나중에 이 은공을 잊지 못해 그 우물이 있는 곳에 탑을 세웠다고 한다. 어려움에 처해 있다 살아났을 때, 그 상태를 꿈처럼 몽롱(蒙朧)하다라고 표현한다.

이를 단순히 전설로만 치부하기에는 그 근처에 연개소문과 관련된 유적 전설이 너무나 많다. 이외에 어니하, 독목관, 분하만 등의 이야기들이 만들어진 까닭은 그만큼 연개소문이 무섭고 두려운 존재였으며 전투가 치열했기 때문이리라. 중화는 소위 춘추필법이라고 자국의 불리한 역사는 기술하지 않는다. 고구려와 후한의 대전쟁인 좌원 대첩 역시 기록하지 않은 그들이 과연 자신들의 영웅 당 태종이 연개소문에게 쫓긴 내용을 어찌 기록에 남기겠는가?

25. 신라를 빛낸 화랑들

 신라에서 소년들을 인재로 키우기 위해 실시한 것이 화랑제도로 알려져 왔으나 상세한 내용은 알지 못하다가, 신라 때 김대문이 지은 『화랑세기』(681-687년 추정)가 20세기 말 일본에서 근무한 박창화 덕분에 발견되어 많은 사실들이 밝혀졌다.
 그 서문을 보면 화랑의 기원에 대하여 이렇게 써 놓았다.

 화랑은 선(仙)의 무리이다. 우리나라에서 신궁을 받들고 하늘에 제사를 드리는 것은 마치 연의 동산(桐山) 및 노의 태산과 같다. 옛날 연부인(燕夫人)이 선의 무리(仙徒)를 좋아하여 미인을 모아 국화(國花)라 이름하였는데, 그 풍습이 동쪽으로 흘러들어 와 우리나라에서도 여자를 원화로 삼았으나 지소 태후가 원화를 폐지하고 화랑을 두어 사람들이 받들게 하였다.

 지소 태후는 진흥 대왕의 어머니로서 대왕이 어린 나이에 즉위하게 되므로 섭정을 하였는데 그녀가 여자를 원화(源花)로 삼는 제도를 고쳐 남자를 화랑으로 받들게 했다는 것이다. 여기서 하나 지적할 것은 위 인용문에 신궁을 받들고 하늘에 제사하는 것이 연이나 노나라에서 들어온 것처럼 말하였으나, 이는 본말을 전도하여 잘못 기록한 것이며 황궁씨전에서 본 것처럼 우리나라에서 수천 년간 신궁을 받들고 하늘 제사를 행하던 선도가 중원으로 전해진 사실을 몰라 이렇게 된 것이다.
 화랑 이전의 원화에 대해 『삼국사기』에 이렇게 기록하였다.

군신들이 인재를 알지 못하여 근심하다가 많은 사람을 무리 지어 놀게 하여 그 행실을 보아 인재를 가려 등용코자 하였다. 이에 아름다운 두 여자 남모와 준정을 뽑으니 그 무리가 3백 명이나 되었다. 두 여자가 차츰 서로 다투게 되니 준정이 남모를 집으로 유인하여 독한 술로 취하게 한 뒤, 남모를 끌어 강물에 던져 죽였다. 사건이 발각되어 준정은 사형되고 두 무리들은 흩어졌다.

남모와 준정의 경쟁과 질투로 인하여 나쁜 결과가 초래되었으므로 그 뒤로는 잘생긴 남자를 뽑아 곱게 단장하여 화랑이라 부르니 그 무리가 구름처럼 모여들었다고 한다. 그러나 이 화랑이라는 이름의 유래는 밝히지 않았는데, 『화랑세기』에는 진흥 대왕 이전인 법흥 대왕이 위화랑을 사랑하여 그를 '화랑'이라고 이름하여 불렀다고 하였다. 그러므로 법흥 대왕의 왕후가 대왕의 사후에 태후로서 (진흥 대왕 원년; 540) 전 대왕이 사랑한 위화랑을 화랑의 우두머리인 풍월주(風月主)로 삼아 화랑조직을 출범시킨 것이다.

화랑은 12~13세의 진골 및 귀족의 자제 중에서 원하는 자를 선별하였으며, 그 밑에 중간 계층의 낭두가 있고, 그 밑에는 서민 계급의 낭도가 있어 13~30세의 청·소년들로 구성되었다.

풍월주 아래에 좌3부가 있어 도의·학문·무예를 담당하고 우3부는 현묘·음악·예술을, 전3부는 유화(遊花)·제사·봉사를 맡았다. 화랑들은 그동안 무예를 주로 익히는 것으로 알려졌으나 이를 보면 전인적인 교육으로 다양한 인재를 양성한 것을 알게 된다.

『화랑세기』에 보인 화랑의 특징으로는 제7세 풍월주 설화랑의 낭도들은 향가를 잘하고 속세를 떠나 유람을 즐겼으며 제8세 풍월주 문노의 낭도들은 무예를 좋아하여 호탕한 기질을 가졌다. 제20세 예원공 때는 보종공이 선도(仙道)를 지도하고 김유신이 무예를 지도하였으며, 제24세 천관공 때는 활쏘기와 말달리기를 익혀 선발된 자를 병부에 보충한 사실 등을 알 수 있다. 그러므로 『화랑세기』에 이렇게 기록하였다.

옛날에 선도는 단지 신을 받드는 일을 주로 하였으나 나라의 공(公)들이 들어와 봉신을 행한 뒤부터 선도(화랑)는 서로 도의를 힘썼다. 이에 어진 재상과 충성스러운 신하가 이로부터 나오고 훌륭한 장수와 용감한 군사가 배출되었다.

또 최치원은 난랑의 비석 머리말에서 이렇게 썼다.

나라에 현묘한 도가 있으니 풍류라고 한다. 교의 근원은 『선사(仙史)』에 상세히 보이거니와 그 가르침은 실로 3교를 포함하여 중생을 친히 교화한다. 집에서는 부모에게 효도하고 나가서는 나라에 충성을 다하니 이는 노나라 공자의 뜻이요,
자연 그대로의 이치에 따르고 말없이 가르침을 실행하는 것은 주나라 노자의 뜻이요, 악한 일을 하지 않고 착한 행실만 받들어 하는 것은 인도 태자(석가)의 교화이다.

현묘한 도를 풍류라고 하였으니 이는 풍월과 같은 의미로 생각된다. 지금 풍류나 풍월의 뜻이 원래와 달라져 자연을 즐기거나 시가(詩歌)를 읊는 정도를 의미하나, 옛적에는 근본적인 가르침을 의미한 것임을 알 수 있다. 우리의 현묘한 도가 유·불·선 3교의 가르침을 모두 포함했다고 하였으니, 이는 다른 말로 하면 신시나 고조선의 선교(신선도)의 가르침이 중원 등 각지로 전파되어 3교를 형성하는데 토대가 되고 큰 영향을 미친 것이다.
『화랑세기』에는 32명의 풍월주에 대하여 그들의 가계와 인품, 행적과 공로 등을 상세하게 정리하였다. 그중에는 뒤에 신라 역사에서 중요한 위치를 차지한 인물들이 많은데 예를 들면 5세 풍월주 사다함, 8세 문노, 13세 용춘공, 15세 김유신, 18세 김춘추, 22세 풍월주 양도공 같은 사람들이다. 이 중에 김유신과 김춘추는 뒤에 실었으니 여기서는 어린 나이에 요절한 풍월주 사다함을 포함하여 풍월주는 아니었지만 어린 나이에 순국한 화랑 관창에 대하여 살펴보겠다.

< 풍월주 사다함 >

　사다함의 가계는 내물 대왕의 7세손으로 아버지는 급찬 구리 진이고 어머니는 금진이다. 그는 좋은 가문에 풍모가 뛰어나게 깨끗하고 준수하며 심기가 바르고 굳었다. 12살에 문노를 따랐는데 격검에 능하였고 사람을 사랑하며 특히 우애가 독실하였다. 사람들이 화랑이 되기를 요청하여, 마지못해 화랑이 되어 풍월주가 되니 따르는 낭도가 천 명이나 되었다.
　사다함이 16세 때(562년) 대가야의 왕 도설지가 신라를 공격하니 진흥 대왕이 이사부 장군에게 방비를 명하니, 그도 전투에 나가기를 요청하였으나 대왕은 그의 나이가 어리므로 허락하지 않았다. 이에 사다함은 개인적으로 낭도들을 거느리고 출전하여 적을 크게 깨뜨리니 대왕이 기뻐하여 그를 귀당비장으로 명하였다. 사다함이 정병 5천 명으로 성문으로 쳐들어가 백기를 세우니 가야군이 우왕좌왕하는 사이 이사부 장군의 본대가 들이닥쳐 그들을 대파하였다. 대왕이 공으로 가야의 포로 3백 명을 사다함에게 주니 그는 이들을 모두 풀어주었다. 대왕은 다시 밭을 내리니 그는 이것을 부하들에게 나누어 주었다.
　사다함은 미진부공의 딸 미실을 사모하였다. 미실 또한 그를 좋아하였으나 태후의 명령으로 세종공에게 시집을 갔다. 이에 사다함은 청조가를 지었으니 청조는 바로 미실을 가리키며 이룰 수 없는 사랑을 노래한 것이다.
　사다함은 또 다른 불행을 겪었으니 자신의 부하이며 변치 않을 우정을 약속한 무관랑이 자신의 어머니 금진과 정을 통한 것이었다. 이를 안 사다함은 오히려 무관랑을 달랬다.
　"네가 아니라 우리 어머니 탓이다. 생사를 같이 하기로 맹세한 벗으로 어찌 작은 혐의를 문제 삼겠나? "
　그러나 낭도들 중에 무관랑이 옳지 않다는 말이 많으므로 무관랑은 밤중에 도망하려고 궁의 담을 넘다가 구지(溝池)에 빠져 크게 다치고 얼마 지나지 않아 죽었다.
　사다함이 애통하여 병이 들어 자신도 7일 만에 숨이 끊어지려

하니 어머니 금진은 그를 품에 안고 슬퍼하며 말하였다.
"나 때문에 너의 마음이 상해서 이 지경이 되었으니 내가 어찌 살겠느냐?"
사다함이 천천히 눈을 뜨고 말했다.
"죽고 사는 것은 운명입니다. 내가 어찌 어머니 때문에 마음을 상하였겠습니까? 살아서 어머니의 큰 은혜를 갚을 수 없었는데, 죽어서 저세상에서 갚겠습니다."
그의 말대로 생사는 운명이기는 하지만 영웅적인 면모를 두루 갖춘 그가 17세에 어이없이 요절했으니 참으로 안타까운 마음 금할 길이 없다.

< 화랑 관창 >

관창은 장군 품일의 아들로서 의표가 단아하여 화랑이 되었는데 사람과 잘 사귀고 말타기와 활쏘기에 능하므로, 16세에 어느 대감이 그를 무열 대왕에게 천거하였다. 서기 660년 대왕이 군사를 내어 당나라와 함께 백제를 칠 때 관창을 부장으로 삼아 황산에서 계백 장군의 군사와 싸우게 되었다.
장군 품일이 아들 관창에게 말하였다.
"너는 비록 어리지만 의지와 기개가 있으므로 오늘이야말로 공명을 세우고 부귀를 얻어 가질 때다. 가히 용맹이 없어서야 되겠느냐?"
관창이 "잘 알겠습니다!"라고 짧게 대답하고 바로 말을 타고 창을 휘두르며 적진으로 돌진하여 몇 명을 죽였다. 그러나 적의 수가 많아 사로잡혀 계백 장군 앞에 끌려갔다. 계백은 그의 투구를 벗겨 보고 소년의 용맹함을 사랑하여 감탄하였다.
"신라에는 기이한 용사들도 많구나. 소년도 이와 같으니 하물며 장수들이야 더 말해 무엇하겠는가?"
그리고는 관창을 살려 보냈다. 그는 돌아와 말했다.
"내 적진 속으로 뛰어들었으나 능히 장수를 죽이고 깃발을 빼앗지 못한 것을 깊이 원망한다. 다시 들어가면 꼭 성공할 것이다."

관창은 물을 한 번 들이키고는 적진으로 달려가 힘껏 싸웠다. 계백은 또 그를 잡아서 목을 베고 말안장에 매달아 보냈다. 이에 품일이 아들 관창의 머리를 들고 소매로 피를 씻으며 말했다.

"내 아들의 얼굴이 마치 살아있는 것처럼 보이는구나. 능히 나라를 위하여 죽었으니 후회할 것이 없다."

이에 군사들이 크게 분개하여 모두 결사의 투지로 북을 울리고 함성을 지르며 진격하니 계백은 전사하고 백제군은 대패하였다. 대왕은 그에게 급찬 벼슬을 추증하고 예로써 장례를 지내고 부의로 비단 30필, 20승 베 30필, 곡식 100석을 보냈다.

26. 태대각간 김유신(金庾信)

신라 김유신은 명장으로 백제, 고구려와의 전쟁에서 많은 공을 세우고, 당나라와 연합하여 두 왕조를 무너뜨림에 있어서도 상당한 역할을 하여 신라 조정에서 오른팔로서 일등 공신이다.

『삼국사기』「김유신전」은 삼국의 어느 위인들보다 상세하게 그의 일생에 대하여 기록하였으나, 편찬 책임자 김부식이 신라 김씨의 후손으로 신라가 삼국을 통일하였다는 관점에서 썼기 때문에 얼마나 객관적 입장에서 그를 평가하였는지는 의문의 여지가 많다.

『삼국사기』에도 밝혔듯이 김유신의 전기는 김유신의 현손 집사랑 김장청의 행록 10권을 토대로 하여, 만들어 낸 이야기로 생각되는 것은 버리고 쓸 만한 것만을 취하였다고 하였다. 그러나 필자가 보기에 간추릴 여지가 더 있다고 판단되어, 생략할 것은 생략하고 아래에 정리하였다. 『삼국사기』 이외에 달리 김유신에 대한 기록이 없음은 유감스러운 일이다. 부가적으로 말할 것은 신라가 삼국을 통일했다고 하지만 고구려의 땅의 대부분 당나라에 내주고 백제의 땅도 당나라와 싸워 얻었을 뿐이니 그 의미가 퇴색될 뿐만 아니라, 고구려 멸망 후 오래지 않아 대조영이 고구려 땅을 회복하고 대진국을 세워 우리 민족의 나라가 발해와 신라로 병립하였기 때문에, 신라가 삼한을 통일하였다고 보는 것은 옳지 않겠다.

김유신은 왕경(王京; 신라의 도읍) 사람으로 그의 12대조인 김수로왕이 서기 42년에 구봉(거북 모양의 산봉우리)에 올라 가락의 9촌을 바라보고, 그곳에 가야국을 세웠으며 뒤에 나라 이름을 금관국으로 고쳤다. 금관국의 10대 왕은 '구해'였는데 그가 김유신의 증조이다. 신라 사람들은 소호 금천씨의 후손이라 하여 성을 김씨라고 하였는데 김유신의 비석에도 이렇게 써 있으니, 김수로왕도 같은 김씨이다. 앞에서 소호씨 편에서 김씨가 김일제의 후손 중 1세기에 왕망 실정 이후의 화를 피해서 신라로 망명해 온 김알지 일족일 것으로 보았는데, 같은 1세기의 김수로왕은 그들과 같이 망명하였다가 가야를 건국한 일가로서 진한과 합류한 사로국의 후손이거나 진시황 노역을 피해서 마한의 동편으로 이주해 온 자들로 추정이 가능하다.

김유신의 할아버지 김무력은 신주도 행군총관으로 있으며 백제왕과 장수 4명을 사로잡고 1만의 백제군을 쳐부수는 공을 세웠다. 김유신의 아버지 김서현은 벼슬이 소판에서 대량주 도독을 거쳐 안무 대량주 제군사에 이르렀다. 김유신의 비석에는 그 아버지를 소판 김소연이라 하였으니 두 이름이 전해 오는데 자세한 내막은 알 수 없다.

김서현이 젊었을 때 길에서 갈문왕 입종의 아들 숙흘종의 딸 '만명'을 만났는데 서로 마음에 들어서 중매도 없이 혼인하였다. 그런데 김서현이 만노군의 태수가 되어 만명을 데리고 가려 하니 만명의 아버지 숙흘종이 그 사연을 듣고 딸을 가두었다. 그러나 갑자기 하늘에서 벼락이 쳐 감시가 소홀해진 틈을 타서 만명은 빠져나와 김서현과 함께 만노군으로 갔다. 어느 날 김서현은 두 개의 별이 자기에게 떨어지는 꿈을 꾸었는데, 만명 역시 한 동자가 금빛 갑옷을 입고 하늘에서 구름을 타고 집안으로 들어오는 태몽을 꾸었다 한다. 그 후 임신하여 김유신을 낳았는데 때는 진평 대왕 건복 12년(서기 595)이었다.

김유신은 15세에 화랑이 되었는데 그를 따르는 무리가 많았으며 그들을 용화향도라고 불렀다. 17세에 김유신은 고구려와 백제가 자주 쳐 오는 것을 분하게 여겨 홀로 중악의 석굴 속에 들어가 나라를 지키기 위한 기도를 드렸다. 며칠 만에 난승이란 노인이 나타나 김유신이 3국을 아우르려는 큰 뜻을 품은 것을 알고는 비법을 가르쳐 준 뒤 홀연히 사라졌다.

김유신이 처음으로 전쟁에 공을 세운 것은 38세 때로 다소 늦은 편이라고 하겠다. 진평 대왕 49년(서기629) 왕은 이찬 임영리, 파진찬 용춘과 백룡, 소판 대인과 김서현에게 고구려의 낭비성을 치도록 명령하였다. 그러나 전세는 신라군에 불리하게 돌아가 사상자가 많이 생겼고 사기가 꺾여 더 싸울 형편이 아니었다. 때에 김유신은 중당의 당주로 아버지와 함께 출전하였는데 그 앞에 나아가 말하였다.

  "우리 군사는 졌습니다. 소자는 평생에 충효를 맹세하였사온데 싸움에 임하여 용맹스럽지 않아서는 안 됩니다. 듣건대 '옷깃을 정돈해야 옷이 바로잡히고 벼리를 당겨야 그물이 퍼진다' 하였으니 제가 옷깃과 벼리가 되겠습니다."

  말을 마치고는 곧장 말에 올라 참호를 넘어 적진으로 달려가 적장의 머리를 베어 돌아왔다. 이에 군사들이 분격하여 5천여 명을 참살하고 1천 명을 사로잡으니 성에서 모두 나와 항복하였다.

  선덕 여왕 11년(서기 642) 김유신은 대장군으로 압량주 군주(軍主)가 되고 2년 뒤에는 소판으로 올랐으며, 9월에 다시 상장군이 되어 왕명으로 백제 정벌에 올라 크게 이기고 가혜성, 성열성, 동화성, 석토성 등 7개 성을 취하였다.

  다음 해 정월 김유신이 개선 후 돌아와 대왕을 뵙지도 못하였을 때, 백제의 대군이 신라의 매리포성을 침공한다고 급한 연락이 왔다. 대왕은 김유신을 상주장군으로 하여 방어를 명하니 그는 집에 들르지도 못한 채 바로 출정하여 백제군을 격파하여 2천 명을 베고 3월에야 다시 돌아와 대왕에게 복명하였다.

  김유신이 아직 집에 돌아오기도 전에 또다시 백제가 쳐들어 온다는 급보가 있어 형세가 급하므로 대왕이 김유신에게 "나라의 존망이 공의 한 몸에 달렸으니 모든 노고를 생각지 말고 나가서 적을 막도록 도모하시오"라고 명령하므로 김유신은 이번에도 집에 갈 틈이 없었다. 급히 군사를 훈련하고 병장기를 손질하여 서쪽으로 나아가는데, 가족들이 모두 나와 바라보고 눈물을 흘렸다.

  선덕 여왕 16년(서기 647)에 대신 비담과 염종이 여왕은 정사를 잘 다스릴 수 없다고 반란을 일으켰다. 여왕의 군사는 월성에 있고 비담의 무리는 명활성에 주둔하여 10여일 동안 전투를 벌였으나, 김유신의 지휘로 일당을 모두 참살하고 그 9족까지 모두 죽였다. 8월에 선덕 여왕이 승하하고, 진덕 여왕이 왕위를 이었다. 신라에는 골품제도가 있어 부모가 모두 왕족인 성골이 제1품인데 성골 중에 남자가 없어 선덕·진덕의 두 여자 대왕이 대통을 이은 것이다.

　10월에 백제군이 쳐들어와 무산성·감물성·동잠성을 포위하므로 대왕은 김유신에게 군사 1만 명으로 막게 하였으나, 힘껏 싸웠음에도 불구하고 기세가 다하고 위급한 상황이 되었다. 이때 김유신 휘하의 비녕자와 그 아들 거진이 적진으로 달려가 용감히 싸우다 전사하니, 모든 장병들이 분격하여 적을 격파하고 3천여 명을 참살하였다.

　다음 해인 진덕 여왕 2년 3월에도 백제 장군 의직이 요차성 등 서쪽 10여 성을 함락시키므로, 여왕은 크게 근심하여 압독주 도독 김유신으로 하여금 맞아 싸우게 하였다. 김유신은 장병들을 훈련시키며 3개의 길로 나누어 공격하니 의직은 대패하여 도망하였다. 김유신은 잔적을 추격하여 거의 섬멸하고 개선하니 여왕이 크게 기뻐하고 모든 장병들에게 고루 상을 내렸다.

　다음 해 8월에는 또 백제 장군 은상이 석토성 등 7개의 성을 함락시키므로 여왕은 김유신과 진춘·죽지·천존 등에게 명령하여 적을 막게 하였다. 김유신은 군사를 3군으로 나누고 5개의 길로 나가 10여 일 동안이나 싸웠으나 적은 물러가지 않았다. 김유신은 도살성 밑에 군사를 주둔시키고 모든 장병들에게 말했다.

　"오늘은 반드시 백제의 첩자가 올 것이니 너희들은 모르는척 하며 그를 조사하지도 말라."

　과연 그날 첩자가 오므로 김유신은 곧 군중에 명령을 내렸다.

　"성벽을 굳게 지키며 조금도 움직이지 말라. 내일 구원군이 온 뒤에는 결전을 할 것이다."

　첩자는 이 말을 듣고 돌아가 은상에게 보고하였다. 은상은 신라군이 증가된다 듣고 두려워하였고, 그 때 김유신 등이 진격하여 사기가 꺽인 적을 크게 격파하고, 장수 100 명을 사로잡고 군졸

8,980 명을 참하였으며, 말 1만 필을 노획한 외에 병장기 등은 헤아릴 수도 없었다.

　태종 대왕 7년(660) 3월 당 고종은 소정방을 신구도 행군대총관, 김인문을 부대총관으로 하여 13만 군으로 백제를 정벌토록 명하였다. 대왕은 당나라 군과 합세하기 위하여 6월에 남천정에 이르러 태자 김법민에게 당나라 군대를 맞게 하였다. 김법민은 돌아와 소정방의 군세가 매우 강성함을 말하자 대왕은 기쁨을 이기지 못하고, 태자에게 명하여 대장군 김유신, 장군 품일·흠춘 등과 더불어 정병 5만 명을 거느리고 당나라 군과 호응토록 하였다.

　7월에 김유신 등은 황산벌로 진격하였는데 백제 장군 계백은 먼저 험한 곳에 의지하여 군영을 설치하고 기다리고 있었다. 김유신 등은 군사를 3개의 길로 나누어 백제군과 4번 싸웠으나 싸움마다 불리하여 군사들의 기력이 다하였다. 이때 장군 흠순의 아들 반굴이 홀로 적진으로 뛰어들어 힘껏 싸우다 전사하였으며, 좌장군 김품일의 어린 아들 관창도 화랑의 기백으로 뛰어들어 잡혔다 놓여난 후 다시 가서 용감히 싸우다가 목을 베였다. 김품일이 아들의 머리를 안고 흐르는 피를 옷깃에 적시며 외쳤다. "내 아들의 얼굴이 마치 살아있는 것 같다. 나라를 위하여 죽었으니 보람되다" 이에 3군은 모두 격분하여 결사적으로 진격하니, 백제는 대패하여 계백은 전사하고 좌평 충상과 상영 등 20여 명은 포로가 되었다. 관창의 이야기는 앞의 화랑전에서 보았다.

　김유신 등은 백제를 격파한 후 당나라의 병영에 이르니 소정방은 김유신이 약속한 기일에 늦었다 하여 신라독군 김문영을 참수하려 하므로 김유신이 말하였다.

　"소정방 대장군은 백제와 우리의 황산 전투를 보지도 않았으면서 기일에 늦었다고 죄를 논하려는가? 나는 죄없이 욕을 당하지 않을 것이다. 굳이 그렇게 한다면 당나라 군사와 먼저 전투를 한 뒤에 백제를 격파할 것이다"

　김유신이 군문에 큰 도끼를 잡고 섰는데, 크게 노하여 머리털은 꼿꼿이 일어서고 허리의 보검은 저절로 약동하여 칼집에서 튀어나오려는 것 같았다. 소정방의 우장 동보량은 그의 발을 밟으며,

"신라군의 변심이 있을까 두렵습니다" 하자 소정방은 곧 김문영의 죄를 묻지 않았다.

문무 대왕 원년(661) 6월에 당나라에 가 있던 대왕의 아우 김인문과 유돈 등이 돌아와, 당 고종이 이미 소정방을 보내 고구려를 칠 것이므로 대왕도 군사를 내어 당군과 호응하라는 명령을 전하였다. 7월에 대왕은 김유신을 대장군으로 삼고 이하 20여 장군을 지역별 총관으로 명령하여 백제의 반군을 막으며 또한 고구려 정벌을 준비하였다.

10월에 당나라의 함자도총관 유덕민이 와서 신라에서 고구려 평양으로 군량을 운송하라는 당 고종의 명령을 전하였다.

다음 해 정월 대왕은 김유신에게 명령하여 김인문·양도 등 9명의 장군과 더불어 수레 2천여 량에 쌀 4,000석과 벼 22,000여 석을 싣고 평양으로 가서 당나라 군을 돕게 하였다.

1월 18일 김유신은 풍수촌에 이르러 묶게 되었는데, 얼음이 미끄럽고 길은 험하여 수레가 갈 수 없으므로 군량과 아울러 수레를 소와 말로 싣고 갔다. 2월 1일에 바람과 눈으로 너무 추워서 사람과 말이 다수 얼어 죽었다.

김유신이 장새에 이르니 평양에서 3만 6천 보(약 50km) 떨어진 곳이었으므로 먼저 보기감 열기 등 5명을 당나라 병영으로 보내 알리게 하였다. 2월 6일 양오에 이르러 김유신은 아찬 양도와 대감 인선 등에게 당나라의 병영으로 군량을 보내게 하고, 소정방에게는 은 5,700푼, 세포 30필, 머리털 30량, 우황 19량 등을 보냈다. 그런데 소정방은 군량을 받고는 갑자기 전투를 그만두고 돌아가 버렸다. 이미 옥저도총관 방효태가 연개소문과 사수 언덕에서 싸우다가 군대가 죄다 몰살당했고, 소정방은 간신히 포위를 풀고 겨우 달아난 상태였던 것이다.

김유신은 당나라 군대가 돌아간 것을 알고 역시 군사를 돌이켜 호로하를 건너오는데 고구려 군사가 추격하므로 마주 싸워 1만여 명을 참살하고 병장기 1만여 점을 얻었다. 이에 대왕은 전공을 논하여 김유신과 김인문에게 본피궁의 재화와 전장(田莊) 및 노복을 나누어 하사하였다.

문무 대왕 3년(663) 백제의 옛 장수 복신과 승려 도침은 의자왕의 아들 부여풍을 임금으로 세우고, 당나라 유인원이 지키는 웅진성을 포위·공격하였다. 이에 당 고종은 유인궤를 검교대방주자사로 삼아 전 도독 왕문도의 군사와 신라군을 거느리고 백제 병영으로 보냈다. 유인궤는 향하는 곳마다 적을 함락하고 쫓아내므로 백제 복신 등은 웅진성의 포위를 풀고 임존성으로 물러나 주둔하였다. 그러나 복신이 도침을 죽여 단결을 꾀하고 흩어진 무리를 다시 모으니 세가 크게 불어났다. 이에 유인궤는 본국 당나라에 증원군을 요청하니 우위위장군 손인사가 파견되었다.

 손인사는 군사 40만을 거느리고 덕물도에 이르러 웅진부성으로 향하는데 대왕은 김유신 등 38명의 장군을 거느리고 당나라 군과 합세하여 두릉·윤성·주류성 등 여러 성을 공격하여 모두 함락하니, 부여풍은 도망하고 왕자 충승과 충지 등은 무리를 데리고 항복하였다.

 문무 대왕 8년(668)에 당 고종의 명령으로 영국공 이세적이 요동도행군대총관이 되어 고구려를 치러 가므로, 대왕과 각 도 총관들은 당나라 군과 합세하기 위하여 도성을 출발하였으나 김유신은 풍병이 있어 대왕이 남아 있게 하였다. 장군 김흠순이 대왕에게, "만약 김유신과 함께 가지 않으면 후회가 있을까 염려됩니다." 하니 대왕이 말하였다.

 "세 사람은 나라의 보배다. 만약 모두 전장에 나갔을 때 갑자기 생각지도 않은 일이 생겨 곧 돌아오지 못한다면 국사는 어찌하겠는가? 그런 까닭으로 김유신을 머물러 두어 나라를 지키려는 것이다" 김흠순은 김유신의 동생이고 옆에 있던 김인문은 김유신의 여동생의 아들이므로, 대왕의 말에 감히 항의하지 못하였다.

 김유신은 당나라에서도 영입 순위 1호이었다. 665년 그를 봉상정경 평양군 개국공 식읍 2,000호(奉常正卿 平壤郡 開國公 食邑 二千戶)로 책봉하는 등 유혹의 손길을 뻗쳐 왔던 것이다. 그러나 그는 당나라가 무엇을 노리고 있는지를 간파하고 이에 대처함으로써 그들의 침략 야욕을 분쇄시켰다. 김유신은 스스로에게 엄격하며 신라인의 결속과 사기를 북돋우려 한결같이 노력하였다. 연속되는 출정 중에도 집에 들르지 않은 것이나, 혹독한 추위에도 행군에 스스로 앞장선 일화, 아들 김원술이 당나라 군과의 전투에서 패하고 오자 왕에게 참수형을 건의하고 끝까지 용서하지 않은 등 그의 애국심은 특별하였다.

  문무 대왕 13년(673) 7월 1일 김유신은 79세로 세상을 떠났다. 대왕은 부고를 듣고 몹시 슬퍼하며 채백 1천 필과 벼 2천 석을 부의로 보내 장례 비용에 쓰게 하고 금산원에 장례 지내게 하였다. 또 군악대 1백 명을 내주어 주악하게 하고 관원에 명하여 비석을 세워 공명을 기록하게 하였으며, 민호를 정하여 보내 분묘를 지키게 하였다.

27. 신라 태종 무열 대왕

신라 태종 무열대왕은 제29대 대왕으로 선덕, 진덕 두 여왕에 이어 보위에 오른 분이다. 이름은 김춘추이며, 제25대 진지 대왕의 왕자 이찬 용춘의 아들이며 생김새는 키가 크고 흰 얼굴에 귀품이 풍기었다. 그 어머니 천명부인은 26대 진평 대왕의 공주이다. 대왕의 왕후 문명부인은 서현 각찬의 딸로서 김유신의 여동생인데 대왕과 왕비의 혼인에 관하여는 재미있는 일화가 전한다.

왕후의 이름은 문희인데 처녀 시절 언니 보희가 꿈에 서형산 꼭대기에서 오줌을 누니 그 오줌이 서라벌 안에 가득 찼다. 꿈 이야기를 들은 문희는 장난투로 언니의 꿈을 사고 싶다고 하여 서로 팔고 사기로 한 뒤, 문희는 꿈값으로 보희에게 비단 치마를 주었다. 며칠 후 김유신이 김춘추와 같이 공을 차고 놀다가 김춘추의 옷끈을 밟아 떨어뜨렸다. 김유신은 김춘추에게 집이 가까우니 가서 옷끈을 달자고 하여 데려와 주연을 베풀고, 조용히 보희를 불러 김춘추의 옷 끈을 꿰매라고 하였다. 그러나 보희는 사연이 있다며 나오지 않고 대신 문희를 내보냈다. 김춘추는 문희의 깔끔한 단장과 가벼운 옷차림을 한 아름다운 자태를 보고 기뻐하여 혼인을 청하였다고 한다. 그러나 사실은 김춘추는 이미 결혼한 몸이었기에 김유신의 요청을 정중하게 거절하였으나, 김유신은 김춘추가 귀인상으로 장차 왕이 될 것이라고 짐작하고 집요하게 자신의 여동생과의 결혼을 성사시킨 것이었다.

대왕은 의표가 매우 뛰어나고 어려서부터 세상을 다스릴 웅지가 있었는데, 진덕 대왕 때 이찬 벼슬을 지냈고 당나라 황제로부터 특진의 벼슬을 받기도 하였다. 진덕 여왕이 승하하자 군신들은 이찬 알천에게 섭정을 청하였으나 알천은 굳게 사양하며 이같이 말하였다.

"나는 이미 늙었고 덕행도 이렇다 할 것이 없다. 임금이 될 덕망이 높기로는 춘추공 만한 사람이 없다. 그는 실로 세상을 다스릴 만한 위대한 영웅이라 할 것이다."

이렇게 알천이 김춘추를 추대하여 대왕으로 받들게 되었으나 김춘추는 3번 사양한 뒤 마지못해 즉위하였다.

김춘추는 선덕 여왕 때인 서기 642년 원병을 요청하기 위해 고구려에 사신으로 간 적이 있었다. 그 해에 백제의 의자 대왕이 크게 군사를 일으켜 신라 서부의 40여 성을 빼앗고 장군 윤충이 대야성을 공격하여 함락시켰는데, 이때 도독 이찬 품석, 사지 죽죽과 용석 등이 전사하였다. 이 중 품석은 김춘추의 사위로 대야성주였으며 그 부인 고타소랑은 김춘추의 딸이었는데 두 사람 다 죽임을 당하였다. 김춘추는 비보를 듣고 기둥에 기대서서 하루 종일 눈도 깜짝하지 않고 앞에 누가 지나가도 알지 못하였다. 얼마 후 정신을 차린 춘추는 "슬프다! 사나이 대장부로서 어찌 백제를 멸망시키지 못한단 말이냐?" 하고 탄식한 뒤, 대왕을 배알하고 "신의 소원은 고구려에 원병을 요청하여 백제를 치는 것입니다" 하니 대왕이 허락하였다.

김춘추는 고구려로 떠나기 전에 김유신에게 말했다.

"나는 공과 한마음 한 몸으로 나라의 팔다리가 되어왔는데 내가 지금 고구려로 갔다가 해를 입는다면 공은 무심하리오?"

김유신이 대답하였다.

"공이 만약 돌아오지 않으면 내 말발굽이 반드시 고구려와 백제 두 나라 궁정을 짓밟아 버릴 것이오. 이렇게 하지 않고서야 장차 무슨 면목으로 나라 사람들을 볼 수 있으리오?" 이에 김춘추는 기뻐하며 김유신과 서로 손가락을 깨물어 피로 맹세하고 말하였다.

"내 계획으로는 60일이면 돌아올 것 같으나 만약 그때 돌아오지 않으면 다시 볼 기약이 없을 것이오."

김춘추는 사간 훈신과 함께 고구려로 가게 되었는데 대매현에 이르니 고을 사람 두사지가 청포 300보를 선물하였다. 고구려에 도착하여 영류 대왕을 알현하는데 대왕은 평소에 김춘추의 이름을 들었으므로 군사들로 엄중히 호위하게 하였다. 김춘추가 말하였다.

"지금 백제는 무도하여 뱀처럼 잔악하고 돼지처럼 욕심을 내어 우리 강토를 침략하므로 우리 임금은 귀국의 구원병을 얻어 그 치욕을 씻으려 하여 왔습니다"

대왕은 대답하기를, "죽령은 본시 우리 고구려의 땅이니 그대들이 만약 죽령 서북 지방을 준다면 군사를 내어 도울 것이다." 하였다.

이에 김춘추가 결연히 말하였다.

"저는 임금의 명령을 받들어 구원병을 빌러 왔는데 대왕께서는 신라의 환난을 구원하여 서로 화친할 뜻은 없으시고, 사신으로 온 사람을 위협하여 강토의 귀속 문제를 요구합니까? 저는 죽는 한이 있어도 구원병을 요청하는 이외의 일은 알지 못하겠습니다"

고구려 영류 대왕은 그 말이 불손하다고 크게 노하며 그를 별관에 가두었다. 이때 김춘추는 두사지에게 받은 청포 300보를 비밀히 대왕이 총애하는 신하 선도해에게 선물하니, 그는 김춘추와 술을 마시며 임시로 대왕에게 영토를 돌려주겠다는 약속을 하라고 일러 주었다. 김춘추는 곧 영류 대왕에게 글을 보내 마목현과 죽령의 두 곳은 본래 고구려 땅이므로 귀국 후 임금께 요청하여 반환하겠다고 맹세하였다. 이에 대왕은 김춘추를 후하게 대우하여 돌려보냈다.

위에서 언급한 선도해와의 만남과 대왕에게 거짓 약속의 글을 보냈다는 내용은 『삼국사기』「김유신전」에 기록되어 있으나 「신라본기」에는 기록되지 않았다. 반드시 그런 일이 있었는지에 대하여는 의문의 여지도 있으나 죽령은 당시 고구려-신라의 국경선이었으므로 가능성이 높다고 본다. 「김유신전」에는 김유신이 김춘추를 구해오기 위한 결사대 3,000명을 조직하여 출정을 기약하였다고만 하였으나, 「신라본기」에는 김춘추가 갇힌 사실을 신라에 알려 선덕 대왕이 김유신에게 명령하여 결사대 1만 명이 고구려의 남쪽 경계에 들어가니 고구려에서 김춘추를 돌려보냈다고 하여 내용에 차이가 존재하지만, 두 내용이 서로 어긋나지 않는다. 양쪽에서 진척시켜 최종적으로 김춘추가 풀려나게 된 것으로 본다.

진덕 여왕이 즉위한 다음 해(648년) 여왕은 김춘추와 그 아들 문왕을 당나라에 조회하게 하였다. 당 태종은 광록경 유형을 교외까지 내보내서 영접하였고, 김춘추가 이르자 당 태종은 그의 용모와 태도가 빼어남을 보고 후하게 대접하였다. 그때 김춘추는 국학에 가서 공자에 대한 제사의식과 경전의 강론을 보고자 청하니, 당 태종은 허락하고 자기가 지은 「온탕비」 및 「진사비」와 함께 새로 편찬한 『진서(晉書)』(진晉나라 역사를 기록한 책)를 주었다.

당 태종은 자주 김춘추를 불러서 만나고 금백(金帛)을 후하게 주면서, "경은 어떤 뜻을 품고 있는가?" 하고 물으니 김춘추가 꿇어 앉아서 말하였다.

"우리나라는 바다 한쪽에 있으나 당나라를 섬긴 지 오래되었는데, 백제가 굳세고 교활하여 번번이 국토를 침략하고 작년에는 대군으로 수십개 성을 함락시키므로 방문할 길이 막혔으니, 만약 폐하께서 군사를 빌려주어 흉적의 피해를 없애 주지 않으면 우리 백성들은 모두 그들에게 사로잡혀서 앞으로는 물(海)을 건너 조공을 오지 못할 것 같습니다."

이를 주의해서 읽어 보자. 만약 경상도의 신라라면 남해와 서해 바다를 거쳐 오므로 백제가 제아무리 뱃길을 막는다고 해서 당나라에 못 갈 순 없다.

즉 당시 대륙의 신라는 (당)항성을 통해 당나라로 가는 통로가 한 곳이 있었는데 백제가 이를 차지하게 되면 왕래가 아예 불가능하게 되는 것이었다.

당 태종은 이를 깊이 생각한 후 그럴 것이라 하고 군사를 내어 돕겠다고 허락하였다. 김춘추는 또 신라 복장을 당나라식으로 고치겠다고 하니 당 태종은 진귀한 의복을 꺼내 김춘추와 그 시종에게 주고, 조서를 내려 김춘추에게 특진 벼슬을 주고 문왕에게는 좌무위장군을 제수하였다. 그들이 귀국할 때는 조칙으로 3품 이상의 관리를 송별 잔치에 참석시키는 등 극진한 예를 갖추므로 김춘추는 말하기를, "원컨대 내 아들 7명 중 하나를 폐하의 곁에서 숙위토록 해 주십시오" 하고, 아들 김문주를 대감 한 사람과 함께 당나라에 머물게 하였다.

김춘추는 귀국하는 길에 물(海)에서 고구려 군사를 만났다. 이때 김춘추를 모시고 오던 온군해가 김춘추 대신에 고관을 쓰고 대례복을 입고 변장하여서, 고구려 군사들이 그를 김춘추로 알고 죽여 버렸다. 김춘추는 작은 배로 옮겨 신라에 무사히 이르니, 대왕은 온군해의 죽음을 애도하여 대아찬을 추증하고 자손들에게는 넉넉한 상을 내렸다. 여기서 물(海)이 드넓은 서해라고 친다면 도중에 고구려 군사를 만날 확률이 거의 없으므로, 이 물은 서해가 아니라 황하로 봐야 한다.

진덕 여왕이 즉위 8년 만에 돌아가시므로 김춘추가 서기 654년에 대왕이 되었는데 성골이 끊어져 그로부터 진골(부모의 한 쪽만 왕족인 제2품)에서 대를 이었다. 다음 해 고구려가 백제·말갈과 더불어 쳐들어와 신라의 북쪽 변경의 33개 성을 공취하므로 대왕은 당나라에 사신을 보내 구원병을 청하였다. 김춘추와 가까웠던 당나라에서는 영주도독 정명진과 좌우위중랑장 소정방으로 하여금 고구려를 공격하게 하였다.

태종 무열대왕 6년 백제가 번번이 침범해오므로 대왕은 장차 백제를 치기 위해 당에 구원병을 청하였다. 이에 따라 당 고종은 다음 해(660) 3월 좌무위대장군 소정방을 신구도행군 대총관으로, 대왕의 왕자 김인문을 부대총관으로 하여 13만 대군을 거느리고 백제를 정벌토록 명하였다. 그리고 대왕을 우이도행군 총관으로 삼아 군사를 거느리고 이들을 성원하게 하였다. 대왕은 당나라 군대와 합세하기 위하여 5월 26일 김유신·진주·천존 등 장병을 거느리고 도성을 출발하여 6월 18일 남천정에 이르렀다.

6월 21일 대왕은 태자 법민으로 하여금 당나라 군을 맞게 하니 그는 전선 100척에 군사를 태우고 나가 덕물도에서 소정방을 맞았다. 김법민이 돌아와 소정방의 군세가 매우 강성함을 아뢰자 대왕은 기쁨을 이기지 못하며, 태자에게 명령하여 대장군 김유신과 장군 품일·흠춘 등과 정병 5만 명으로 당나라 군과 호응토록 하고 대왕은 금돌성에 행차하였다.
  신라·당 연합군은 7월 12일 소부리 벌판으로 진격하여 도성인 소부리성(사비성)을 4면에서 공격하니 다음 날 의자 대왕은 웅진성으로 도피하였고 왕자 부여융은 나와 항복하였다. 18일에는 의자 대왕도 웅진 수비대장의 배신으로 인하여 그에게 잡혔으며 태자와 함께 소부리성으로 가서 항복하였다. 무열 대왕은 이 소식을 듣고 7월 29일 금돌성으로부터 소부리성에 이르렀다. 8월 2일에 크게 잔치를 베풀고 모든 장병들을 위로하였다. 대왕은 소정방 및 여러 장수들과 함께 당상에 앉아 의자 대왕과 아들 부여융을 당하에 앉히고 술을 부어 올리게 하니, 백제의 좌평 등 군신들이 모두 울며 눈물을 흘렸다.
  9월에 백제 의병들이 사비성으로 쳐들어 왔다가 사비성 남령 위로 물러나 목책을 쌓아 진영을 만들고 틈틈이 성읍을 공격하니, 백제 20여 성이 의병 활동에 호응하였다. 이에 당 고종은 좌위중랑장 왕문도를 웅진도독으로 파견하였다. 10월에 대왕은 태자와 뭇 장병을 거느리고 이례성을 공취하여 관리를 두어 지키니, 의병에 동조하였던 20여 성이 두려워 신라에게 항복하였다. 이에 사비성 남령의 군책을 공격하여 1,500명을 참살하였다.
  무열 대왕 8년 백제의 남은 의병들이 사비성을 침공하므로 이찬 품일을 대당장군으로 하여 부장 문왕·양도·충상 등 10명의 장군을 거느리고 사비성을 구원토록 하였다. 그러나 한 달이 넘도록 성을 빼앗지 못하고 군사를 돌리고 말았다. 대왕은 신라 군사들이 패하였다는 말을 듣고 크게 놀라서 장군 김순·진흠·천존·죽지 등의 지원병을 보내 구하도록 하였으나, 가시혜진(加尸兮津)에 이르러 품일의 군사가 물러난 것을 알고 또한 회군하였다. 대왕은 장수들의 패배한 죄를 논하여 벌을 주었다. 6월에 대왕이 돌아가시므로 시호를 무열(武烈)이라 하고 영경사 북쪽에 장사지내고 태종의 묘호를 올렸다.
  무열 대왕의 일생을 살피건대 신라가 고구려와 백제보다 힘이 약하여 특히 백제로부터 끊임없이 침입을 받고, 수십 개의 성이 몇 차례 함락되는 등 국가의 존망이 매우 위태로운 시기를 지내 왔다. 백제를 물리치기 위하여 고구려에 군사 지원을 받으려 하였 으나 고구려는 오히려 백제와 가까워 뜻을 이루지 못하였다. 하는 수 없이 당나라 군을 끌어 오려 환심을 사기 위하여 국내의 풍속 을 고치고 아들들을 당나라에 머무르게 하는 등 외교에 모든 힘을 기울였다. 그 결과 당나라의 도움으로 백제를 멸망시켜 일단 국가 의 최대 위기는 벗어났다.

하지만 그것이 다른 민족에 의존한 것이었기에 국가의 안전과 영속을 보장받는 방도는 아니었다. 「김유신전」에 보면, "당나 라 사람들은 백제를 멸한 다음 사비성에 병영을 설치하고 있으면 서 몰래 신라를 침략하려는 음모를 꾸몄다"고 하였으니, 바로 옆 에 있는 이민족이 늘 우리의 편이라고 결코 볼 수 없는 것이다. 「김유신전」에는 또 당나라 소정방이 백제에서 개선하여 포로들 을 데리고 귀환하자 당 고종이, "어찌해 연이어 신라를 정벌하지 않았는가?" 하고 물었다고 썼다. 지난날 김춘추가 당 태종을 배 알하였을 때 태종은 그를 극진히 대하고 구원병을 약속하였는데, 이때부터 신라까지 차지하려는 생각이 있었는지는 모르지만, 그의 아들 당 고종이 그런 의도를 가진 것을 볼 때, 외교 관계는 멀리 내다보고 신중하게 결정해야 함을 새삼 느끼게 한다.

한편 우리는 신·당 연합으로 백제와 고구려가 패망했다고 말하 지만 현재 중국에서는 과연 신라와의 연합이라고 생각을 할까?

오만한 당나라에서는 신라를 충성을 바치는 속국 정도로 여겼는 데 동맹국과의 연합이란 말은 부적절한 것이었음에 틀림없다. 그 러므로 당나라는 고구려와 백제의 옛 땅을 자기들이 독차지하고 안동도독부, 웅진도독부 같은 것을 두어 다스리고자 하였다. 당나 라는 원래 백제 땅은 신라에 주기로 약속했었음에도 불구하고 약 속을 지키지 않았으므로, 신라 태종 무열 대왕의 아들인, 문무 대 왕은 당나라와 수없이 싸워서 쟁취함으로써 간신히 백제 땅을 가 지게 되었던 것이다. 당나라와 여러 전쟁에 대하여는 다음의 문무 대왕전에서 살펴보자.

28. 신라 문무 대왕

신라 문무 대왕의 이름은 김법민으로 태종 무열 대왕의 첫째 아들이고 그 어머니는 김씨 문명왕후로 앞의 무열 대왕전에서 본 것처럼 소판 서현의 막내딸이며 유신의 누이동생이다. 대왕의 부인 자의왕후는 파진찬 선품의 딸이다. 김법민은 용모와 자질이 영민하고 총명과 지략이 뛰어났다. 그는 태종 무열 대왕 원년(654)에 파진찬 벼슬에 올라 병부령이 되고 얼마 후 태자에 책봉되었다. 서기 660년에 무열 대왕이 당나라 소정방과 백제를 평정할 때 김법민은 종군하여 큰 공을 세웠다.

문무 대왕 원년(661) 6월에 당나라에 가서 숙위하던 외교관 김인문과 유돈이 돌아와 대왕에게 아뢰었다. "당 황제는 이미 소정방을 보내 수륙군으로 고구려를 정벌하게 하면서 대왕께 당나라 군과 서로 합세하라고 하시니, 비록 부왕의 상복(喪服) 중이시오나 황제의 칙명을 어기기는 어렵겠습니다" 그러나 문무 대왕은 오히려 백제지역의 평정을 우선시하여 백제의 잔적들을 타이르고 항복을 받는 데 집중하였다.

10월 29일 문무 대왕은 당나라에서 함자도총관 유덕민이 와서 평양으로 군량을 수송하라는 당 고종의 사신이 도착했다는 소식을 듣고 곧바로 수도로 돌아왔다. 결국 662년 봄 정월에 대왕은 김유신에게 명령하여 김인문·양도 등 9명의 장군과 함께 수레 2천여 량에 쌀 4,000석과 벼 2,2000여석을 싣고 평양으로 가서 당나라 군을 돕게 하였다. 1월 18일에 김유신은 풍수촌에 이르러 머물게 되었는데, 얼음이 미끄럽고 길은 험하여 수레가 갈 수 없으므로 군량과 아울러 수레를 소와 말에 싣고 갔다.

2월 6일에 양오에 이르러 김유신은 아찬 양도와 대감 인선 등을 시켜 당나라 군영에 군량을 보내고, 소정방에게 은 5,700푼, 세포 30필, 등을 보냈다. 그러나 옥저도총관 방효태가 연개소문과 사수 언덕에서 싸우다가 군대가 죄다 몰살당하였고, 그의 아들 13명과 함께 다 죽었다. 소정방은 겨우 달아났던 것이다. 그래서 소정방은 군량을 얻은 후 곧바로 귀국해 버렸다. 김유신 일행은 당나라 군사들이 돌아갔다는 말을 듣고 군사를 돌이켜 호로하를 건너오는데 고구려군이 추격하였다. 이를 맞아 싸워 1만여 명을 참살하고 소형 아달혜 등을 사로잡았으며 병장기를 1만여 점이나 얻었다. 귀국하니 대왕은 전공을 논하여 본피궁의 재화와 전장(田莊) 및 노복을 나누어 김유신과 김인문 등에게 하사하였다.

  대왕 3년(663) 5월 백제의 옛 장수 복신과 자진 (『삼국사기』에는 승려 도침이라고 함)이 의자왕의 아들 부여풍을 왕으로 세우고 유인원이 지키는 웅진성을 포위·공격하였다. 이에 당 고종은 유인궤를 검교대방주자사로 삼아 전 도독 왕문도의 군과 신라군을 거느리게 하여 백제의 병영으로 보냈다. 유인궤는 이리저리 옮겨가며 백제의 진영을 함락하여 그들을 쫓아냈다. 이에 복신과 의병들은 웅진성의 포위를 풀고 임존성으로 물러났다.

  복신과 도침은 평소 의견이 잘 맞지 않았기에 복신이 도침을 죽여 단합을 도모하고 흩어진 의병을 다시 규합하니 그 세력이 크게 불어났다. 이에 유인궤는 유인원과 합세하고 당나라에 증원군을 요청하니 당 고종은 우위위장군 손인사를 보냈다. 그는 덕물도에 이르러 웅진부성으로 향하니 문무 대왕은 김유신 등 38명의 많은 장군들을 거느리고 당나라 군과 합세하여 두릉·윤성·주류성 등을 공격·함락하였다. 이에 부여풍은 도망하고 왕자 충승과 충지는 그 무리들과 항복하였다.

  대왕 5년(665)은 백제 멸망 후 5년이 되는데 그동안 부흥을 위한 의병들의 저항이 매우 거세었으므로, 당 고종은 당나라로 잡아왔던 왕자 부여융을 돌려보내 민심을 안정시키고 신라와도 화친토록 명령하였다. 옛 백제 영토가 신라 땅으로 거의 평정되어 갔으나 당 고종은 백제의 존속을 원했다. 이에 따라 문무 대왕은 웅진도독이 된 부여융과 웅진 취리산에서 화친을 맹약하게 되었는데, 당 고종의 칙사 유인원이 화친 맹약문을 짓고 의식에 같이 참여하였다. 먼저 흰말을 잡아 맹세하였고 하늘과 땅의 신, 그리고 강과 계곡의 신에게 제사를 지내고, 그다음 피를 입가에 바르며 이렇게 맹세하였다.

"지난날 백제는 역리와 순리를 혼동하고 고구려 및 왜국과 통교하더니 잔악하게도 신라를 침략하고 편안한 해가 없었다. 지리가 험준함을 의지하여 모욕하고 방자하기에 징벌하고 평정하였다. 부여융을 웅진도독으로 삼아 자기 조상의 제사를 모시고 가문을 보전하게 할 것이니, 신라의 우방이 되고 서로 화친하고 당나라에 복종하라"

그런 후에 당나라 유인궤는 신라, 백제, 탐라, 왜 등의 4개의 나라 사신과 함께 뱃길로 서쪽으로 돌아가 태산에 모여 제사를 지냈다. 따라서 웅진은 분명히 산동성 태산과 가까운 위치라 보겠다. 다음 해 대왕은 이미 백제를 평정하였으므로 고구려를 격멸코자 당나라에 군사를 요청하였다. 이에 당나라에서는 이세적을 요동도행군대총관으로 하여 고구려를 치게 하였다. 그 다음 해 9월 대왕은 이세적과 합세하기 위하여 가던 중 이세적이 회군하였다는 소식을 듣고 돌아왔다. 다시 그 다음 해(668) 6월 27일 대왕은 당나라 군과 합세하러 도성을 출발하였다. 2일 후에는 각 도 총관들도 모두 출발하였으나 김유신은 풍병이 있어 남게 하였다. 7월 16일에 대왕은 한성주에 행차하여 모든 총관들이 당나라 대군과 만나도록 명령하였다.

여기서 대왕의 2번의 출전 경로를 보면 매우 중요한 역사지리적 상황을 알 수 있는데, 그것은 바로 당시 신라의 근거지가 지금의 경상도 지방이 아니라 중국 대륙의 동해안 지역이었다는 사실이다. 위에 본 기록들은 대왕의 신라군이 당나라 군과 합류하기 위해 한성주로 갔다고 하였는데 만약 한성주가 지금의 한강 부근이었다면 도무지 당시 상황이 설명이 되지 않는다.

이세적이 고구려의 요동으로 가려면 발해의 북쪽인 지금의 요녕성을 지나야 했을 것인데, 한반도의 한강에서 기다려서야 어찌 만날 수 있다는 말인가? 이세적이 신라군을 만나기 위해서 육로가 아니라 바다를 건너 한강으로 와서 신라 대왕과 만나 한참 동안 북쪽으로 걸어가서 고구려를 치려고 했다는 것인가?

　기록에 의하면 당나라의 해군이 따로 바다로 고구려를 치러 가기는 하였으나, 이세적의 대군을 수많은 배로 날랐다는 이야기는 아무리 찾아봐도 보이지 않는다.

　그러므로 당시 신라의 수도는 지금 대륙의 동부에 있어, 신라 대왕이 거기서부터 발해 쪽에 있던 한성주로 나가 당나라 군을 기다렸다고 밖에 볼 수 없다. 이러한 추론을 뒷받침하는 근거도 많이 있지만 여기서는 하나만 들겠다. 뒤에 보겠지만 대왕이 백제·고구려의 유민을 받아들여 당나라에 대항하자 당나라는 대왕의 동생 김인문을 신라왕으로 옹립하면서 그를 임해군공이라 불렀다. 임해 지명은 현재 중국 양자강 근처 절강성 부근인데, 한반도에 있는 임해는 경남 김해지방의 작은 마을일 뿐이다.

　신라 하반기에 임해전이 5회나 기록되어 있고 임해군공이라고 김인문을 옹립할 때 직함으로 사용했는데 작은 마을의 명칭을 사용했다는 게 말이 되겠는가 독자가 생각해보기 바란다.

　조금 뒤 문무대왕이 백제 땅을 되찾기 위해 당나라와 싸운 곳들도 한반도가 아니었음을 살펴볼 것인데, 이는 백제와 신라가 대륙에서 서로 인접해 있었음을 증명하는 것이다.

　신·당 연합군은 고구려를 협공하는데 668년 7월 문무 대왕이 한성주에 당도하였고 문영 등이 사천평원에서 고구려군과 싸워 크게 승리하였다. 9월에는 평양성을 포위·공격하였는데 고구려 왕이 천남산 등을 보내 항복을 청하였다. 백제왕과 그 종묘사직을 신라 문무 대왕이 이미 선대 하였음이 소문이 나서 고구려는 항복을 선택한 듯하다. 이세적은 고구려 보장 대왕과 왕자 복남·덕남 및 대신 등 20여만 명을 포로로 하여 당나라로 돌아갔다.

　신라 문무 대왕은 11월 5일에 고구려 포로 7천 명을 데리고 도성으로 돌아와 다음 날 문무백관과 함께 선조 사당을 배알하고 아뢰었다.

　"삼가 선조의 뜻을 이어 받들고 당나라와 더불어 의병을 일으켜 백제와 고구려에 죄를 물었는데, 그 원흉들이 복죄하였으므로 나라가 태평하게 안정되었습니다. 이에 감히 알리오니 성신께서는 이를 들어주시옵소서"

문무 대왕 10년(670) 6월 고구려의 수림성 출신 대형 검모잠이 그 유민을 모아 궁모성으로부터 패하의 남쪽에 이르러 당나라의 관리를 죽이고 신라로 향하였다. 사야도에 이르러 고구려 대신 연정토의 아들 안승을 만나 그를 한성으로 맞아들여 고구려의 왕으로 모시고, 소형 다식 등을 신라 대왕에게 보내 애원하였다.

"망한 나라인 고구려를 일으키고 끊어진 세대를 잇는 것은 천하의 공정한 의리이므로 오직 대국에 이를 바랄 따름입니다. 우리 고구려의 선왕은 왕도를 잃고 망하였습니다만 지금 저희들은 본국의 귀족 안승을 고구려 왕으로 받들어 신라의 번병으로 충성을 다하고자 합니다."

이에 문무 대왕은 그를 나라 서쪽의 금마저에 거처하게 하였다.

8월에 대왕은 사찬 수미산을 보내 안승을 고구려왕으로 봉하였다. 그 책명문에는, "···공의 태조 중모왕이 북으로는 덕을 산만큼 쌓고, 공이 남쪽으로는 해(海)에까지 미치니, 위풍이 청구에 떨치고, 어진 가르침이 현토를 덮었다.

개척한 땅이 1,000리요, 해가 거의 800년이다.··· 공을 고구려왕으로 삼으니, 공은 마땅히 유민들을 잘 위로하고 안정시키고 옛 왕업을 이어 흥하게 할 것이며 영원히 이웃이 되어 형제와 같이 함께하고 공경하여야 할 것이다"라고 하였다. 신라 대왕이 안승을 고구려왕을 봉하여 그 유민을 포용하는 것은 당나라에 대한 누적된 불만의 표시로서, 고구려와 백제의 옛 영토를 차지하기 위해 당나라와의 충돌을 불사하겠다는 뜻이었다.

위 인용문에서 '해'로 표현된 바다(황하), 청구, 현토, 개척한 땅이 천 리, 왕조 800년 등 역사 지리적으로 매우 중요한 단어들이 등장하고 있음을 유의해서 보자. 또한 글귀에서도 고구려 왕조에 대한 칭찬, 같이 흥하자고 북돋우는 인자함이 들어있어 문무 대왕의 인품이 드러나고 있다.

대왕은 이러한 의지를 곧바로 실행에 옮겼다. 다음 해 정월 백제로 쳐들어가 웅진 남쪽에서 싸웠는데, 당나라 군이 백제를 구원하러 온다는 말을 듣고 대아찬 진공을 보내 옹포를 수비토록 하였다. 이제 상황이 이전과 달라져, 당나라에서는 망한 백제 유민들을 지원하게 되었으니 신라와 당나라는 서로 적이 되어 싸워야 할 지경에 이른 것이다. 6월에 대왕은 장군 죽지를 백제 가림성으로 보내 군량미가 될 벼를 밟아 버리고, 마침내 당나라 군사 및 말갈병과 석성에서 싸워 5,300명을 참수하고 백제 장군 2명과 당나라 과의(果毅) 6명을 사로잡았다.

이에 문무 대왕은 옛 백제의 영토를 모두 차지하게 되었다.

품일, 문충, 중신, 의관, 천관 등이 백제 63개의 성을 공격하여 빼앗고 그곳 사람들을 내지로 옮겨 살게 하였다. 남은 백제 왕실은 모두 왜국으로 이주해 갔으며, 그 후 왜국이 국호를 일본으로 고치게 되는데, 해돋는 곳과 가까이 있다는 데서 그 이름을 지었다고 스스로 말하였다.

두 나라 사이가 악화되자 대당총관 설인귀가 671년 7월에 신라에 와서 대왕에게 장문의 글을 보내 당에 대한 배신이라며 힐난하였는데 그 내용이 오만하고 일방적이었다. 한두 구절을 살펴보면 우선 "신라에서 형은 당나라의 역적이 되고 동생 김인문은 충신이 되어···" 라고 하여, 형인 문무 대왕이 역적이라고 노골적으로 썼다. 당나라 황제에게 그 누구도 대항해서는 안 된다는 오만한 태도가 아닐 수 없다. 이어 "왕께서는 편한 터전을 버리고 떳떳한 시책을 싫어하여, 멀리는 천명을 어기고 가까이는 부왕의 뜻을 저버리고, 천시(天時)를 함부로 모멸하며 정든 이웃을 속여···" 라고 하였다. 이와 같은 훈계조의 말은 윗사람이 아랫사람에게나 하는 것인데, 설인귀가 당나라 황제의 신하라고는 하나 동맹국의 왕을 아랫사람 취급하는 오만한 태도가 여실히 드러나 있다.

기타 중요한 대목으로서 "..(당)고간장군이 거느렸던 한(漢)기병, 이근행이 거느렸던 번병, 오·초나라의 수군들 뿐만 아니라, 유주·태원의 거친 병사들이 사방에서 모여들어, 배를 정렬하고 내려가서 험한 곳에 의지하여 성을 쌓아 지키고 땅을 개척하여 밭을 일군다면, (문무) 왕에게 목의 가시가 될 것입니다" 라고 한 것으로, 이는 '산서성, 하북성 및 말갈족 기병, 유주와 태원의 기병들과 오와 초 지방의 해군' 등 강한 병사들이 신라에 대항하여 재기할지도 모르니 어서 빨리 이 땅을 포기하라는 뜻이다. 따라서 이는 산서, 하북성, 유주 태원 오와 초 지방과 가까운 대륙에 신라가 존재했다는 증거이다. 또 백제·고구려의 강토를 차지하게 된 신라가 이러한 지역들까지 모두 차지하게 되었다는 사실이 파악되는 중요한 대목이다.

대왕도 설인귀에게 장문의 답서를 보냈는데 거기에는 그동안 신라에서 겪은 여러 가지 부당함과 어려움을 조목조목 상세하게 밝혀 신라 쪽은 전혀 잘못이 없음을 해명하였다. 그중 몇 가지 중요한 사항을 살펴보자. 우선 지난날 당 태종이 무열 대왕에게 약속한 사실을 이렇게 상기시켰다.

"내가 양국을 평정하면 평양 이남과 백제의 땅은 아울러 신라에게 주어 영원히 편안하게 하겠다"

고구려와 백제를 평정하면 평양 이남과 백제의 땅을 주겠다고 한 약속이 전혀 이루어지지 않고 있음을 빗대어 지적하였다. 또 백제를 멸망시킨 후 당군 1만과 신라군 7천 명이 웅진을 지킬 때 백제 복신의 의병이 성을 포위·공격하여 어려웠던 상황을 설명하였다.

"(대왕이) 이를 모두 격파하여 당나라 군을 위험에서 구해주고 양식을 운반하여 당나라 군사 1만 명을 호랑이 입에 든 것과 같은 위험에서 벗어나게 하고, 굶주린 군사들이 자식을 바꾸어 서로 잡아 먹는 폐단을 없앴다"

유인원은 고립된 곳에 있었기에, 항상 백제의 침략을 받아 포위를 당했는데 그때마다, 신라가 구원을 해 주었을 뿐만 아니라 1만 명의 당나라 병사들에게 4년간 신라가 양식을 주고 신라의 의복을 입혔다. 당시 당나라 군이 얼마나 먹을 것이 없어 심각한 지경이었는지 충분히 짐작하게 한다.

한편 고구려 정벌시 신라는 평양으로 군량을 수송해야 했는데 그렇게 하면 웅진의 통로는 차단될 수도 있어 난처한 입장에 처하였다. 만약 웅진과의 통로가 끊어지면 거기에 주둔하고 있는 당나라의 군사가 곧 적의 손아귀에 들어갈 수 있기 때문이었다.

　결국 웅진의 군량이 다 떨어졌을때 웅진으로 군량을 보내면, 평양에는 보낼 수가 없고, 평양으로 보내면 웅진은 군량이 떨어질 수밖에 없었다. 결국 군대를 둘로 나누어 노약자들로 웅진에 식량을 보내고 강건한 장병들은 평양으로 수송하게 되었다.

　그런데 웅진으로 갈 때, "길에서 눈을 만나 사람과 말이 모두 얼어 죽어 100명 중 1명도 돌아오지 못하는 형편이었다"고 기록하였다. 이 기록을 보면 지금 학계에서 비정하는 웅진이 충청남도의 공주라는 주장이 도무지 납득할 수 없다.

　당시의 수송로를 보면 지금의 경상도 경주에서 충청도 공주로 갔다는 것인데, 수송 중에 눈 때문에 거의 모두 얼어 죽었다는 것은 말이 안 된다. 공주 부근은 눈이 온다 해도 폭설이 내려 얼어붙고 기온이 급강하하여 얼어 죽는 지역은 아니기 때문이다.

　실제 백제의 웅진은 중국 대륙에 있었기에 이런 일이 생긴 것이다. 앞에서 본 대로 수도 역시 지금의 경주가 아니라 대륙에 있었기에, 북쪽으로 가면서 추운 날씨 때문에 얼어 죽는 불상사가 발생한 것이다.

　다음으로 1년전 입조사 김흠순이 당나라에서 돌아와 장차 경계선을 획정하려 하였고 지도를 살펴보면 백제의 옛 땅을 모두 잘라 돌려주려 했다는 점을 지적하였다.

　"황하가 아직 띠가 되지 않고 태산도 숫돌이 되지 않고 3~4년 동안 한 번 주었다 한 번 빼앗았다 하니, 신라 사람들은 모두 실망하여 말하기를···"

　당나라가 황하와 태산에 걸쳐져 있던 백제 땅을 신라에 주었다가 다시 빼앗아 백제에 돌려주니 백성들이 모두 실망하여 당나라를 믿지 못할 지경이 되었다는 것이다.

　또 문무 대왕은 "우리는 원치도 않았지만 당나라 뜻에 맞추어 주느라 국경합의 (665년 가을 8월)를 하였고 합의를 한 지역을 결국 두 나라의 경계로 삼게 되었다. 그런데 최근 백제는 합의 장소로부터 국경 경계 표시를 옮겨 놓고 우리를 침탈하였다... 또 백제의 옛 영토를 모두 돌려주라고 한 당 고종의 뜻을 듣게되니... 왜국의 수군 1,000척이 와서 백제를 도와준 주류성 전투에서는 백제의 정예 기마병에 대하여 신라의 용맹한 기마병들이 선봉이 되어 먼저 진지를 격파하였다. 또 고구려 평양성 공격 때 같이 사수에 집결하였으나 신라군이 단독으로 선봉이 되어 먼저 큰 진영을 격파하였고 날쌘 신라 기마병 500명이 먼저 성문 안으로 들어가서 마침내 평양을 격파하였지 않았는가? 그런데 지금 신라의 공이 없다면서, 30년 만에 되찾은 비열성을 당나라가 고구려에게 돌려주었다...." 등을 언급하며 반박하였다.

대왕과 설인귀가 주고받은 서신 내용을 보면 서로의 입장 차이만 확인한 결과로 현상 타개에 아무런 도움이 되지 못하였지만 우리에게 중요한 내용을 많이 전달하고 있다.

신라와 당나라의 전쟁 가운데 위의 석성(石城)에서의 싸움이 있었다. 또 672년에 고구려의 남쪽에서 당나라 장군 고간을 이기고 도망하는 당나라 군사를 쫓아 석문(石門)이라는 곳에서 싸웠다. 석문성은 원래 말갈의 것이었으나 백제 초고 대왕 때 공취한 곳이었다. 그러므로 고간이 백제 쪽으로 도망한 것임을 알 수 있게 된다.

대왕이 고구려의 유민을 회유하여 거두어들이고 백제의 옛 땅을 속속 점거하므로 당 고종은 크게 화가 났다. 문무 대왕 14년 (674) 조서를 보내 왕위를 삭탈하고 대신에 당나라에 있던 대왕의 아우 김인문을 왕으로 임명하여 귀국하도록 하였다. 다음 해 당 고종은 이근행을 안동진무대사로 삼아 신라를 경략하게 하므로 대왕은 곧 사신을 보내 공물을 바치고 화해를 요청하면서 전투에 매진하는 화전양면 작전을 구사하였다. 이에 당나라가 신라 문무 대왕의 관직을 복구시키고 김인문은 중도에 당나라로 돌아가고 다시 임해군공에 봉해졌다.

그리하여 신라와 당나라는 장문의 서신을 교환한 이후로도 6~7년 동안 대륙 백제와 대륙 고구려의 옛 땅에서 영토전쟁을 벌였다. 크고 작은 30번에 이르는 전투에서 모두 신라가 이김으로써 양국 간의 충돌은 막을 내리고, 신라는 그 결과로 백제 땅을 모두 차지하게 되었다. 또 고구려의 남쪽 땅도 차지하게 되었고 이곳에 북원소경을 설치하였다. 한편 문무 대왕은 고구려와 백제의 유민들을 끌어안는 데에도 노력을 기울였다. 이렇게 전쟁에 이길 수 있었던 데에는 백제와 고구려 유민들의 도움이 큰 힘이 되었기 때문이다.

문무 대왕 20년(680년)에 보덕왕(전 고구려왕) 안승에게 금은 그릇과 비단 100필을 내리고, 대왕의 누이동생을 그의 부인으로 삼도록 교서를 보냈다. 고구려왕 안승은 대장군 연무를 시켜 글월을 올려 기꺼이 수락할 뜻을 밝히고 사례하였다. 다음 해 대왕 21년 7월 1일 대왕이 55세에 돌아가시므로 문무를 겸비한 영웅이란 뜻의 '문무(文武)'를 시호로 올렸다. 그리고 유언에 따라 동해 어귀의 큰 바위 위에 장사지냈다. 세상에 전하기를 대왕은 용이 되어 나라를 지킨다고 하여 그 바위를 대왕석이라고 하였다. 현재 산동성 아래에 신라의 동해현과 대왕묘, 감은사, 망해사가 아직까지 존재한다.

대왕은 유언의 마지막에 이런 말을 남겼다.

"오왕의 북산 무덤에서 향로 광채가 지금도 보이는가? 위왕의 서릉에는 동작대는 사라지고 이름만 남았는데, 옛날 세상을 주무르던 영웅도 한줌 흙이 되어, 그 위에서 나무꾼과 목동이 노래하고 여우와 토끼가 그 옆에 굴을 팔 것이다. 그러므로 (나의) 장례에다가 재물을 낭비하는 것은 헛되고 영혼 구제에도 도움이 되지 않는다. 불교식으로 화장하고 장례 절차는 검소하게 하라. 변성 및 주·현에서 부과하는 세금 중에 불필요한 것은 모두 살피어 폐지하고, 율령과 격식은 불편한 것이 있으면 즉시 바꾸고 개정하라. 이를 모든 지방에 포고하고, 백성들이 이 뜻을 알게 하라. 다음 임금이 바로 시행하라!"

간결하지만 백성을 위하는 가장 기본적인 일을 잘 시행하기 바라는 문무 대왕의 따뜻한 마음이 느껴지는 말씀이라 하겠다. 대왕이 평생 전쟁과 나라 보존하는 일에 매달려 미처 돌보지 못한 일들을 앞으로 평화로운 시기에 펴 달라는 당부가 아니겠는가?

29. 신라 김인문(金仁問)

신라 김인문은 제29대 태종 무열 대왕의 둘째 아들이며 제30대 문무 대왕의 동생이다. 어려서부터 학문에 힘써 유교의 책을 많이 읽었으며 도교와 불교의 학설까지 두루 익혔다. 또 재주가 많았는데, 특히 예서(隸書; 한문 글씨체의 하나)를 잘 쓰고 활쏘기와 말타기에 능하였으며, 향악도 잘 알고 예능에 숙달하였으며 이 외에도 식견과 도량이 넓어 모든 사람들이 그를 좋아하였다.

진덕 여왕 5년(서기 651)에 김인문은 왕의 명령을 받고 당나라에 숙위로 들어갔는데 23세였다. 당 고종은 그가 멀리서 황하(河)를 건너 조회하러 왔으니 그 충심이 칭찬할 만하다 하여 특별히 좌령군위장군의 벼슬을 내렸다. 2년 후 김인문은 귀국하여 부왕으로부터 압독주 총관에 임명되어 장산성을 쌓아 국방을 견고히 하였으므로 신라 대왕은 그 공을 기록하고 식읍 300호를 주었다.

신라는 백제의 빈번한 침공에 시달려 대왕은 당나라의 군사 지원을 받기 위해 김인문을 또 다시 당나라에 보내 숙위하게 하였다. 신라의 요청에 따라 마침내 당 고종은 소정방을 신구도 행군 대총관으로 명령하여 서기 660년 백제를 치게 하였다. 당 고종은 김인문에게 백제의 도로 정보를 얻고, 군사행동의 거취에 대하여 상세하게 듣고는 크게 기뻐하여 그를 부대총관으로 명령하여 소정방을 보좌하도록 하였다. 김인문은 그해 6월 소정방과 함께 군사를 거느리고 (황)하를 건너 덕물도에 이르렀다.

신라 태종 대왕은 태자 김법민에게 장군 김유신·진주·천존 등과 함께 당시 신라 만의 특징이었던 거대한 배 즉 거함 100척에 군사를 싣고 덕물도로 나가 당나라군을 맞이하고 전략을 세우고 수륙 양면으로 공격하도록 하였다.

당나라 군은 수로로 웅주구에 이르러 강가의 백제 진영을 격파하고, 여세를 몰아 도읍 사비성으로 쳐들어가 드디어 백제를 멸망시켰다. 소정방은 백제 의자 대왕과 태자 효, 왕자 태 등을 포로로 잡아서 당나라로 돌아갔다. 이에 태종 대왕은 김인문의 공을 가상히 여겨 파진찬의 벼슬을 주었다가 다시 각간으로 높여 주었다.

　다음 해 당 태종 대왕이 죽고, 문무 대왕이 즉위하였을 때 김인문은 당나라에 전과 같이 숙위하고 있었는데, 당 고종이 그를 불러 말하였다.

　"짐이 백제를 멸망시켜 그대 나라의 우환을 제거하였으나 지금 고구려는 험한 지형을 믿고 예맥과 더불어 사대(事大)의 예를 어기고 이웃 나라와의 의리도 저버리고 있다. 그러므로 짐은 군사를 일으켜 이를 정벌하려고 하니 그대는 돌아가 국왕에게 이를 알리고 함께 군사를 내어 망해 가는 고구려를 섬멸시키도록 하라" 하였다. 즉 신라는 백제를 평정하기를 원했지만, 당나라는 고구려를 먼저 공격하기를 원했다는 것이 드러나는데, 고구려를 이기는 것이 당나라의 숙원사업이었던 것으로 보인다.

　김인문은 바로 귀국하여 문무 대왕에게 당 고종의 뜻을 알리니 대왕은 김인문으로 하여금 김유신 등과 함께 군사를 훈련시켜 때를 기다리도록 명령하였다.

　당 고종은 지체없이 형국공 소정방을 요동도 행군대총관으로 명령하니 그는 6군을 거느리고 멀리 쳐들어와 패강에서 고구려군을 격파하고 드디어는 평양성을 포위하였다. 그러나 고구려가 완강히 저항하므로 쉽게 이기지 못하고 오히려 군대의 말들이 많이 죽고 다치는 가운데 군량마저 끊어져 곤경에 빠졌다. 다행히 이때 김인문이 유인원과 함께 쌀 4,000석과 벼 20,000여섬을 운반해 오므로 당나라 군은 간신히 굶주림을 면하였다. 하지만 큰 눈이 오고 추위가 심하여 하는 수 없이 포위를 풀고 군대를 돌렸다.

　신라군도 철수하려고 하는데 고구려군은 중도에 대기하였다가 공격하려고 하였다. 김인문은 김유신과 더불어 꾀를 내어 속이고 밤에 위험한 지역을 겨우 벗어날 수 있었다. 다음 날 고구려는 이를 알고 추격하였으나 김인문 등이 거꾸로 크게 깨부수어 1만 여 명을 참살하고 5천여 명을 사로잡아 돌아왔다.

김인문은 그 뒤 다시 당나라에 가 있었는데 666년에 당 고종이 태산에 올라 봉선(封禪;천지와 산천에 올리는 제사)할 때도 참여하였으며, 이에 흡족한 당 고종은 인문에게 우효위대장군의 벼슬을 더하고 식읍 400호를 주었다. 2년 후 당 고종은 영국공 이세적으로 하여금 고구려를 정벌하게 하였는데, 이때 김인문은 귀국하여 신라의 군사를 징발하게 되었다. 문무 대왕은 친히 김인문과 더불어 군사 20만을 거느리고 한성주에 이르러 사천평원에서 고구려군과 싸워 크게 승리하였다. 또 김인문 등을 보내 당나라 군과 합세하여 평양성을 포위하고 공격하게 하였다. 이에 한 달 남짓에 평양성을 함락시키고 고구려 보장 대왕을 잡았는데 김인문은 대왕을 이세적 앞에 꿇어 앉히고 그 죄를 들어 책망하였다. 보장 대왕이 엎드려 항복하자 이세적은 답례하고 보장 대왕과 연개소문의 세 아들 연남생·연남건·연남산 등을 데리고 회군하였다.

당 고종은 김인문이 여러 차례 전공을 세웠다는 말을 듣고 그를 칭찬하여 말하였다.

"나라를 지키는 훌륭한 장수요 문무를 겸한 뛰어난 인재다. 관작을 주고 봉토를 나누어 주어야 할 것이니 특별한 관작을 내림이 마땅하다"

그리고는 작위를 더하고 식읍 2,000호를 주었다. 그 후로 김인문은 신라 궁중과 당나라를 오가며 양쪽 왕들을 보필하기를 몇 해가 지났다. 이 무렵 신라 문무 대왕은 고구려를 되찾으려는 유민들을 거두어들이고 또 백제의 옛 땅도 조금씩 확보하니, 당 고종은 크게 화를 내며 유인궤를 계림도 대총관으로 명령하여, 신라를 공격하게 하고 조서를 내려 문무 대왕의 왕위를 박탈하였다.

이때 김인문은 당나라에서 우효위원외대장군 임해군공이라는 직위로 도읍인 장안에 있었는데, 당 고종은 그를 세워 신라의 왕으로 봉하면서 김인문에게 귀국하여 그 형(문무 대왕)을 대신하라고 명령하였다.

김인문은 이를 사양하였으나 당 고종이 말을 듣지 않으므로 어쩔

수 없이 신라로 귀국길에 올랐다. 때마침 신라 문무 대왕이 사신을 보내 사죄하니, 김인문은 이를 알고 중도에 발길을 돌려 이전의 관직으로 돌아가니, 본국의 형과 대결해야 하는 난처한 입장에서 겨우 벗어나게 된 것이었다.

그 후 당나라에서는 김인문을 진군대장군 행우무위위대장군으로 보하였다가 서기 694년에는 보국대장군 상주국 임해군개국공 좌우림대장군이라는 긴 명칭을 내렸는데, 같은 해 4월에 당나라 수도에서 병으로 세상을 떠나니 향년 66세였다.

부음을 들은 황제 [측천무후] 가 매우 슬퍼하며 수의를 주고 관작을 더한 다음, 조산대부(朝散大夫) 행사례시대의서령 (行司禮寺大醫署令) 육원경과 판관 조산랑 직사례시 등에게 명령하여 영구를 호송하게 하였다고 한다.

김인문의 부고를 듣고 효소 대왕(문무 대왕의 손자로 제32대 대왕)은 크게 애도하여 수의를 내리고 영구를 신라로 호송해 오도록 하였다. 대왕은 그에게 김유신 장군이 받았던 태대각간이라는 최고의 벼슬을 추증하고 수도의 서원에 장사지냈다. 김인문은 총 7번이나 당나라에 가서 머물렀는데 그 날짜를 계산하면 무려 22년이나 된다고 하니 생의 3분의 1을 해외에서 보낸 셈이다.

김인문은 당나라 머물며 신라가 백제와 고구려를 공격하는 데 있어서 당나라의 협조를 최대한으로 이끌어내는 외교력을 발휘했다. 또 백제를 정복할 때는 당나라군을 이끄는 장군으로, 고구려를 정복할 때는 신라군의 사령관으로 역할을 다하였다.

백제 및 고구려와의 전쟁을 끝낸 후에도 신라와 당나라의 분쟁 조정과정에서 많은 공을 세웠다. 결국 신라와 당나라의 수십 번에 걸친 전쟁에서 승리한 문무 대왕 쪽이 당나라와 화친을 하며 전쟁을 마무리하였는데, 이때 김인문이 중재자로서 큰 영향을 미쳤던 것이 아닌가 한다. 격동기의 난세에 속셈이 따로 있었던 당 고종과 또 파란만장한 삶의 주인공이자 당시 실세였던 측천무후를 상대로 하여 뛰어난 외교력을 십분 발휘하였고, 그 후에도 계속 당나라에 머물러 신라를 위해서 일하다, 타국에서 숨을 거두었던 것이다.

30. 백제 의자 대왕(義慈大王)

　백제의 의자 대왕은 마지막 제31대 대왕으로 나라가 망하는 불운을 겪은 영웅이라 하겠다. 집권 후 15년까지는 유교를 통해 집권력을 강화시켜 강력한 왕권을 구축하고 정국을 훌륭하게 이끌었다. 고구려와 동맹을 맺고 당나라와는 거리를 두면서, 신라에 대한 공세를 강화해 영토를 확장하였다. 그러나 의자 대왕에 대한 역사적 평가는 냉정하여 나중에 향락에 빠져 국가를 보존하지 못한 비도덕적인 군주로 낙인이 찍혀 버렸는데, 그는 20년의 재위 기간 중 15년 간은 신라를 존망의 기로에 서게 할 만큼 영웅적인 면모를 보여주었음에도, 마지막 5년 동안 유종의 미를 거두지 못하여 이런 결과를 초래하였으니 우리에게 좋은 교훈을 주고 있다.

　의자 대왕은 무(武)대왕의 원자로서 용맹스럽고 담이 크며 결단성이 있었다. 태자 시절 어버이를 효도로 섬기고 또한 형제와 우애가 남달리 깊었으므로 사람들이 '해동(海東) 증자(曾子)'라고 칭송하였다. 대왕이 되어서는 곧바로 신라를 공략하기 시작하여 역대의 대왕들이 이루지 못한 혁혁한 전과를 올렸다.
　당시는 고구려, 백제, 신라 3국이 국운을 걸고 천하를 쟁패하려는 우리 역사상 최대의 난세였다고 하겠는데, 의자 대왕의 타고난 영웅적 기질을 유감없이 발휘하기에 최적의 환경이었다고 볼 수 있다. 그러므로 대왕의 업적을 신라와의 관계를 중심으로 보기로 하겠다. 대왕은 즉위 다음 해(642) 윤충의 1만 군사로 신라 대야성을 함락시키고 성주 품석과 부인까지 목을 쳐 신라에 보냈다.

이는 신라를 자극하였던 처사라고 여겨진다.
 앞에서 보았듯이 품석은 김춘추의 사위이고 그 부인은 김춘추의 딸 고타소였다. 고타소 공주까지 죽인 것으로 인해 돌이킬 수 없는 신라의 복수 전쟁이 펼쳐지게 되었던 것이다.
 이어 의자 대왕은 여세를 몰아 장수들을 여러 지역으로 보내 공략하도록 하였다. 대야주는 원래 가야 땅이었으나 신라에 복속된 곳이었으므로 그곳 백성들은 고국을 그리워하였고 신라를 싫어했다. 이런 차에 백제가 쳐들어 오자 모두가 환영했던 것이다.
 이로 인하여 한 달 사이에 신라 원숭이성(獮猴城) 등 40여개 성들이 모조리 백제의 차지가 되었다. 이는 신라 전체 성의 4분의 1에 가까운 숫자로 대왕은 역대에 없던 큰 전과를 올린 것이었다.
 반면 신라로서는 타격이 심각하여 국가 존망의 위기 의식까지 느낄 정도였으며 딸을 잃은 김춘추가 고구려로 가서 구원병을 요청하기에 이르렀다.
 이에 의자 대왕은 다음 해(643년)에 고구려와 기존의 화친을 강화하였고, 또 신라가 당나라에 외교하는 길을 끊으려고 병사를 보내 당항성을 공격하였다. 그러나 신라 선덕여왕이 사신을 보내 당나라에 구원을 요청하였기에 그 소식을 듣고 의자 대왕은 출병을 멈추었다. 당시 중원은 한나라 이후로 수십 개로 분열이 반복되었던 형편이었으며, 거의 4백 년만에 다시 통일된 수·당나라 정권이고 이들은 북방의 선비족 출신 정권이므로 고구려와 동아시아의 패권을 겨루고 싶어 했다. 그러므로 신라는 물론 백제도 당나라와 화친 관계를 유지해 왔다. 의자 대왕의 아버지 무 대왕은 당나라의 건국 이래 사신을 거르지 않았으며 대왕도 즉위하여 4년 동안 해마다 사신을 보냈다. 이런 사실을 쉽게 확인할 수 있는 까닭은 『삼국사기』는 철저한 사대주의에 입각하여 3국이 중원의 왕조에 사신을 보내고 조공하였다고 빠짐없이 모두 기록해 놓았기 때문인데, 일반 외교사신으로 보면 합리적이다.
 당나라에서는 신라와 백제에 등거리 외교를 펴 왔는데, 계속되는 신라의 구원 요청에 당 태종은 의자 대왕 4년(644)에 사농승 상 이현장을 백제와 고구려에 보내 신라와의 화친을 권유하니,

고구려에서는 이를 듣지 않았으나, 백제 의자 대왕은 글을 보내 사과하였다. 당나라가 이렇게 신라를 두둔한 표면적 이유는 신라가 선덕여왕 이래로 각별하게 사대의 예를 갖추고, 더하여 당나라의 제도와 심지어 복색에 이르기까지 신라 고유의 것을 과감히 버리고 당나라풍을 따른 이유 때문으로 보인다. 그러나 당나라의 진정한 속셈은 3국이 치열하게 경쟁하는 틈을 이용하여 신라와 함께 나머지 두 나라를 삼키고, 또 그 후에는 신라까지 모두 차지하려는 것이었다. 이런 속셈은 끝까지 감출 필요도 없고 감출 수도 없으므로 결국 양국 정벌과 그 이후의 과정에서 그 야욕이 다 드러나게 되었다.

9월에 신라 김유신 장군이 백제를 쳐서 칠성을 탈환하였다. 7개의 성이라고 주석을 달기도 하고 번역하고 있으나 성의 명칭들이 나열되어 있지 않으므로, 이는 1개 성으로 명칭이 칠성인 것으로도 보인다. 다음 해 의자 대왕은 당 태종의 고구려 정벌에 신라도 참전함을 들으므로 그 틈을 노려 칠성을 도로 빼앗으니 김유신이 다시 쳐들어 왔다. 2년 뒤 백제 의직 장군이 기병·보병 3천 명을 이끌고 신라 무산성 아래에 진둔을 해서 병사를 나누어 감물, 동잠 2개의 성을 공격하였으나 김유신에게 패하였다. 이에 이듬해 다시 공격하여 요거성 등 10여 성을 뺏았는데, 김유신의 역공에 결국 패하고 말았다. 이에 의자 대왕은 이듬해에 좌장 은상을 정병 7천 명을 이끌고 보내어 석토성 등 7개의 성을 공격해 취하였으나 김유신, 진춘, 천존, 죽지 등의 역공에 밀려 또다시 패하였다.

의자 대왕 11년(651) 당나라에 갔던 사신이 돌아와 당 고종의 국서를 전하였는데 그 내용은 신라에게서 빼앗은 성들을 신라에 돌려주면, 신라에 잡혀간 백제의 포로들도 돌려주게 조치하겠다는 것이었다. 그러나 당나라의 조언을 무시하면 고구려가 백제를 돕지 못하도록 하고, 백제와 동맹을 맺은 고구려를 공격하겠다는 엄중한 경고도 끝에 달아 놓았다. 이 뜻은 경우에 따라 백제도 칠 수 있다는 위협성 문구로 해석된다. 이에 자극을 받은 의자 대왕은 2년 후 왜국과의 수호를 새롭게 다지게 되었고, 또 다음 해

(655)에는 오히려 고구려와 말갈과 함께 동맹으로 신라를 공격해 33개 성을 공격하여 취하였다. 이에 신라 무열 대왕이 다급히 당나라에 구원병을 요청하자 당 고종은 영주도독 정명진과 좌위중랑장 소정방을 시켜 백제의 동맹국 고구려를 공격하였다.

　이후 백제가 660년에 망하기까지의 5년 동안 『삼국사기』에는 659년의 단 한 차례 의자 대왕이 장군을 보내 신라의 2개의 성을 공격했다는 기록 이외에는 전쟁 기록이 보이지 않는다. 대신에 대왕이 방탕하게 놀며 충신 성충의 간언도 듣지 않았다는 일, 그리고 나머지는 백제의 멸망을 암시하는 듯한 해괴한 현상을 여우·두꺼비·물고기 등을 등장시켜 10가지나 열거하여 일일이 써 놓았다. 이런 여러 징조들 때문에 망할 운명이었다고 말하려는 것이지만 지금의 관점에서 본다면 몇 가지 풍설일 가능성이 있다고 본다. 의자 대왕의 방탕한 행적에 대하여는 『삼국사기』에 이렇게 기록하였다.

　왕은 궁인과 더불어 음란하고 탐락하며 술 마시고 놀기를 그치지 않으므로 좌평 성충이 간하니, 왕은 화내며 성충을 옥에 가두었다. 이로 인하여 감히 직언하는 사람이 없어졌다.

성충은 옥에서 갇혀 죽을 때에도 임금에게 글을 올렸다.

> "충신은 죽어도 임금을 잊지 않는 것이니 한 말씀 아뢰고 죽겠습니다. 신이 항상 형세의 변화를 관찰하였는데 반드시 전쟁은 일어날 것입니다. 무릇 전쟁에서는 반드시 지형을 잘 살펴 선택해야 하는데 상류에서 적을 맞아야만 나라를 보전할 수 있을 것입니다. 만일 다른 나라 병사가 오거든 육로로는 침현(沈峴)을 지나지 못하게 하고, 수군은 기벌포(伎伐浦)의 언덕에 들어오지 못하게 하여, 험준한 곳에 의거해야만 막을 수 있을 것입니다."

대왕이 방탕했다는 것은 일시적일 수는 있어도 그 후로도 5년 동안 계속 그렇게 하였다고는 잘 믿어지지 않는다. 고구려와 격전을 벌이기 위해서 백제를 식물 상태로 묶어두기 위해서 신라와 당나라가 어떻게 손을 쓴 듯도 싶다. 백제가 망한 원인을 의자 대왕의 잘못으로 돌리기 위하여 과장하거나, 위의 해괴한 징조들을 퍼뜨리고 조작하였을 가능성이 농후하다. 그가 백제사를 쓰고 싶은 대로 조작하여 농락한 사실은 앞의 소서노 대왕이나 동성 대왕의 경우에서도 익히 보았다. 대왕이 주색에 빠져 그치지 않았다고 하였는데, 한 번 이렇게 기록한 이후에는 5년 동안 비슷한 내용이나 다른 어떠한 비행·학정 등을 하였다는 기록이 전혀 없다.

백제의 도읍 사비성에 3천 궁녀가 있어 백제가 망했을 때 그녀들이 타사암에서 떨어져 죽었다는 이야기가 전해오고 있다. 그런데 만약 이곳이 한반도 사비성이었다면 너무 비좁은 곳이라서 지형을 살펴볼 때 3천 명이나 되는 많은 궁녀가 떨어져 죽었을 만한 공간이 아니므로, 이는 사실이 아니고 꾸며낸 이야기일 것이다. 그러나 대륙의 사비성이라면 3천 명 궁녀들이 한꺼번에 떨어지는 장면의 이야기는 사실이라고 볼 수 있게 된다.

한때 해동의 증자라 불린 의자 대왕의 백제는 산동성-하북성-회남으로 이어진 대운하를 통한 무역 교차로를 보유하고 있었으므로 매우 풍요로운 곳이었다. 이에 『삼국유사』의 3천 궁녀 기록은 사실일 수도 있다고 보는데, 『삼국사기』에는 이를 기록하지 않았다. 타사암(낙화암)의 기록은 『삼국유사』에 실려 있다.

> "부여성 북쪽 모퉁이에 큰 바위가 있는데, 그 아래로 강물을 굽어보고 있다. 전해 내려오기를 의자왕이 여러 후궁들과 죽음을 면하지 못할 것을 알고 '차라리 자살할 지언정 남의 손에 죽지는 않을 것이다' 하고는, 서로 이끌고 이곳에 와서 강물에 투신하여 죽었다고 한다. 그래서 세상에서는 이 바위를 타사암(墮死岩)이라고 한다."

일연스님은 '백제고기'를 인용해서 썼다고 밝혔는데, '궁녀들만

떨어져서 죽었고 의자 대왕과 태자 부여효는 항복을 하였고 당나라에 가서 죽었다'라며 기록의 오류도 지적하였다. 낙화암의 원래 이름을 타사암(墮死巖)인데, 『삼국유사』에는 분명히 타사암으로 불리게 되었다고 하며 '떨어질 타(墮)'자를 썼다.

여기서 한 가지 더 의혹이 드는 것은 백제와 고구려가 연합하여 조금만 더 신라를 압박하고 도성으로 쳐들어갔다면 단기간 내에 항복을 받거나 도성을 점령할 수도 있었을 것 같은데, 주춤하는 사이 오히려 신·당 연합군의 대대적 공격으로 백제는 하루아침에 무너지고 고구려도 그후 8년 만에 같이 망하는 운명에 처하였으니 그 진정한 원인이 무엇일까 하는 점이다.

한 가지 추측할 수 있는 것은 의자 대왕의 신라에 대한 강공책에 대하여 귀족들의 심한 반발이 있지 않았나 하는 점이다. 오랜 전쟁으로 국력의 소모가 많은데 비해 상대적으로 확실한 이익이 없었기 때문으로 보인다. 위에서 본 성충이 간언하다가 옥에 갇힌 것이 그 한 예로 보이며 대왕은 그 후 자기의 서자 41명을 좌평으로 삼고 식읍을 주는 것으로 대응하였다. 이런 이례적인 조치는 왕권을 강화하여 반대 여론을 잠재우기 위한 조치였다고 할 수 있다. 그럼에도 불구하고 대왕의 뜻대로 잘 풀리지 않아 고구려와의 연합으로 신라를 궤멸시키는 일도 추진하지 못한 것으로 보인다. 만약 당과 신라가 연합하여 신라의 빼앗긴 성들만을 되찾는 것이 아니라 아예 백제와 고구려를 없애버리려 한 계획을 미리 예측하였더라면, 아마도 의자 대왕은 고구려와 연합하여 먼저 신라를 공격하는 방향으로 나갔을지도 모르겠다.

결국 의자 대왕 20년(660)에 당 고종이 소정방을 대총관으로 하여 13만의 대군으로 백제를 치고 신라 무열 대왕이 총관이 되어 김유신 이하 5만의 정병으로 합세하였다. 이에 의자 대왕은 대책을 논의하였으나 좌평 의직은 당나라 군과 먼저 싸우자고 하고, 달솔 상영은 먼저 신라군을 치고 당군과는 지구전으로 대응하자 하니 결단을 내리지 못하였다. 그리고 귀양보낸 좌평 흥수에게 대책을 물으니 이렇게 대답해 왔다.

"··· 백강(기벌포)과 탄현(침현) 고개는 우리나라로 들어오는 중요 길목이므로 용사들을 뽑아 당군이 백강으로 오지 못하게 하고 신라는 탄현을 지나지 못하도록 한 뒤, 대왕께서는 성을 굳게 닫아 지키다가 그들의 군량이 다하고 피로함을 기다려 분격하면 반드시 적을 격파할 수 있습니다."

이에 대하여 대신들은 흥수가 대왕을 원망하여 잘못된 의견을 냈다고 비난하며 오히려 반대되는 의견을 제시하였다.

"··· 만약 당나라 군을 백강으로 들어오게 하면 거스르는 물에 배를 움직이지 못할 것이요 신라군이 탄현을 넘게 하면 길이 좁아 군사와 말을 벌리어 세울 수 없을 것이니, 때를 보아 몰아치면 비유컨대 울 안에 있는 닭을 잡는 것과 같고, 그물에서 고기를 줍는 것과 같습니다."

대왕이 이 말을 듣고 수긍하는 순간에 이미 당나라 군은 백강으로 들어왔고 신라군도 벌써 탄현을 넘었다 하므로, 대왕은 황급히 달솔 계백 장군을 신라군 쪽으로 보냈다.

계백은 결사대 5천 명을 이끌고 출전하기 전에 이렇게 말했다.

"당나라와 신라의 대군이 왔으니 국가의 존망을 알 수 없다. 내 아내와 자식들이 적에게 잡혀 노비가 되어 욕을 당하느니 차라리 쾌히 죽는 것만 못하다."

그리고 자기 손으로 모두 죽인 뒤, 비장한 결의로 황산벌로 나가 김유신의 군대와 싸웠는데 장병들에게 이와 같이 맹세하고 격려하였다.

"옛날 월나라의 구천은 5천의 군사로 오나라의 70만 대군을 쳐부수었다. 오늘 모든 장병은 분발하여 승리를 쟁취함으로써 나라의 은혜에 보답하라."

이에 한 사람이 천 명을 당할 기세로 쳐나가니 신라군은 퇴각하였으며 모두 4번의 싸움에 승리하였다. 그러나 군사의 수가 신라의 십 분의 일에 불과하고 계속되는 싸움에 힘이 다해 계백과 군사들은 패하여 죽고 말았다.

승리한 신라군은 당나라 군과 합하여 웅진 어귀를 막고 강을 따라 진을 쳤으며 소정방은 강 왼쪽의 산에 진을 치고 백제군과 싸워 크게 이겼다. 소정방은 이어 보·기병을 거느리고 바로 도성인 사비로 육박하여 30리 부근에 주둔하니, 백제군은 전력을 다하여 싸웠으나 다시 패하여 1만이 넘는 사상자를 냈다.
　당나라 군이 승리한 기세로 궁성으로 접근하자 의자 대왕은 최후가 가까이 온 것을 알고 탄식하였다. "후회스럽구나! 내가 성충의 충성된 말을 듣지 않아 이 지경에 이르렀구나!" 그리고는 밤중에 태자 부여효와 좌우 신하들을 거느리고 웅진성으로 도망갔다. 의자 대왕이 떠나자 둘째 아들 부여태가 왕을 자칭하고 성을 지키는데 태자의 아들 문사가 왕자 부여융에게 말하였다.
　"대왕께서 태자와 함께 나간 틈에 숙부가 마음대로 대왕을 칭하였으니, 만약 당나라 군이 포위를 풀고 돌아가면 우리들은 어찌 안전할 수 있겠습니까?"
　이에 부여융이 마침내 성문을 열고 나오니 백성들도 모두 따르므로, 부여태는 이를 막지 못했고, 잠시 후 그도 성을 나와 항복을 청하였다.
　의자 대왕은 5일 후에 웅진성으로부터 와서 항복하였다. 『삼국사기』에는 대왕의 항복에 대하여 간략히 기록하였으나 기막힌 숨은 사연이 있었으니, 그것은 대왕이 자의로 순순히 항복한 것이 아니라 웅진성주 예식에게 붙잡혀 강제로 항복하게 된 것이다. 단재 신채호는 이렇게 썼다.

　왕은 웅진성을 지키려고 하였으나 성을 지키는 대장이 임자(예식)의 일파였다. 그가 왕을 잡고 항복하려 하자 왕은 스스로 목을 베었지만 동맥이 끊어지지 않았다.
　결국 왕은 태자 및 어린 아들 부여연과 함께 포로가 되어 당나라의 군영에 끌려갔다.

성을 지켜야 할 장군이 오히려 배반하여 대왕을 사로잡아 항복을 했다는 것이다.
　신·구『당서』의 「소정방전」에 보면, "장군 예식이 의자왕과 함께 항복하였다"하고, "장군 예식이 의자왕을 잡아가지고 항복하였다" 하여 대왕보다 예식을 앞세웠으니, 항복이 백제 의자 대왕의 뜻이 아니었음을 알 수 있다. 예식은 이러한 큰 공으로 당나라에 가서 대당좌위위대장군이 되었는데, 최근 그의 묘지명이 낙양에서 발견됨으로써 이런 사실이 확인되었다. 묘지명에 이름은 예식진(禰寔進)으로 되어 있으나, 그가 백제 웅천(웅진) 사람이라 하고 생존연대가 일치하므로 예식과 동일인임은 분명하다.

　의자 대왕은 포로가 된 후 신라 무열 대왕이 베푼 잔치에 끌려나가 단하에 무릎을 꿇고 앉아 술을 따르는 굴욕을 당하였다. 그 뒤 태자와 왕자들, 대신과 장수 88명 및 백성 1만 2천 8백명과 함께 당나라로 끌려갔다. 얼마 지나지 않아 의자 대왕은 불귀의 객이 되어 북망산에 묻혔다.

31. 백제 의병장 부여복신(夫餘福信)

 백제가 망한 후 뜻있는 백제인들은 고국의 부흥을 위한 대대적 의병 활동을 전개하였으니 그 대표적 인물이 부여복신이다.
 그는 의자 대왕의 부왕인 무 대왕의 조카였다. 일찍이 고구려와 당나라에 사신으로 가서 외교계에서 명성을 얻었다. 서부 은솔 시절에는 임존성을 견고히 수리하고 창고에 군량미를 비축하는 등 장래를 위하여 착실히 대비하였다. 그러나 부여복신이 임자의 참소를 당해 관직을 떠나게 되었을 때 군사와 백성들이 함께 울며 차마 떠나보내지 못하였다.
 서기 660년 당나라 군이 도성과 웅진성을 함락하고 의자 대왕을 체포하자 임존성에서는 군사들이 당시의 은솔을 내쫓아 버리고 부여복신을 은솔로 추대하여 적군에 대비하였다. 그 무렵 전 좌평 도침(『당서』에는 승려 자진이라 함)이 주류성을 점령하였고, 전 좌평 정무는 두시이(豆尸伊) 지방을 점령하였다. 이들은 병력을 합쳐서 웅진성의 당나라 군을 치자고 복신에게 제의하였으나 복신은 아직 때가 아니라고 답신을 보냈다.
 "지금 적의 대군은 우리의 2개의 도읍과 각지의 요새를 빼앗고 군사 물자와 병장기를 몰수했습니다. 이런 상황에서는 우리가 패잔병과 양민을 모아 적을 들에서 공격한다해도 패할 뿐입니다. 우리 의병이 패하면 백제의 운명도 끝납니다. 10만 당나라 군은 곧 철수하고 1~2만의 수비병만 남게 될 것이니 그때 적을 격파하고 나라를 되찾으면 됩니다. 그러니 어찌 지금 성급하게 요행의 승리를 바라겠습니까?"
 정무 등은 이 말을 듣지 않고 웅진 동남의 진현성을 쳐서 의자 대왕 이하 대신·장수들을 구출하려다 패하여 돌아가 수비에 임하였다.
　얼마 후 당나라에서는 웅진에 도독부를 두고 유인원의 1만 병력과 신라 왕자 김인태의 7천 병력으로 지키게 하고 그 외의 주요 성읍에도 양국 병력을 약간씩 배치했다. 이에 복신과 도침은 웅진을 치기 위한 준비에 착수하였는데 복신이 말하였다.
　"아군이 패한 뒤라서 대승을 얻지 못하면 민심을 모을 수 없습니다. 웅진성은 지세가 험준하여 격파하기가 매우 힘드니, 차라리 정예병을 뽑아 신라군의 퇴로를 끊는 게 낫습니다."
그러나 도침은 이번에도 듣지 않고 대군으로 웅진 동남의 진현성과 왕흥사 쪽 고개의 목책을 공격하였다. 여기서 그는 군사 물자와 병장기를 많이 빼앗고 웅진의 사방에 겹겹이 목책을 세우고 신라 군량미의 보급을 차단했다. 이어 의병의 기세가 크게 일어나 남부 20여 성이 다 합세했다. 신라 무열 대왕이 여례성을 치매 정무는 싸우다 죽었다. 그리고 진현성과 왕흥사의 의병도 신라의 습격에 당하여 2천여 명이 죽었다. 이 틈을 타 신라군은 임존성을 쳤으나 부여복신의 방어가 주도 면밀하여 이기지 못하였다.
　다음 해 2월 복신은 백강 서쪽의 패잔병을 모아 강을 건너 진현성을 되찾았다. 당나라 유인원이 정예병 1천을 보냈지만 복신이 기습하여 전멸시켰다. 이에 유인원이 신라에 구원을 요청하여 품일 등 7인의 장수가 급파되었다. 3월 5일 신라의 선발대가 두량윤성(豆良尹城)에 이르렀으나 대오가 정비되기도 전에 복신이 급작이 공격하여 전멸시키고 병사들에게 획득한 무기를 주어 성을 지키게 하였다. 신라의 본군은 36일이나 성을 포위하였지만 사상자만 많이 내었으며 이에 회군하고 말았다. 그 후 당 고종의 요청에 따라 무열 대왕은 다시 김흠순을 보내 유인원을 구원하도록 하였으나, 가소천(加召川)에 이르러 복신에게 대패하여 말 한 마리로 도망하고 신라는 다시는 싸우지 못하였다.
　부여복신은 왕자 부여풍을 대왕으로 추대하는 한편 웅진성을 포위하여 신라 군량미의 수송로도 끊어 버렸다. 그의 연전연승과 과감한 조치에 힘입어 그의 위세는 천하에 진동하고 곳곳의 백제 성읍들이 모두 호응하였다. 백제인들은 신라와 당나라가 임명한 관리를 죽이고 그 대신 자기들의 뜻대로 임명하였다. 대외적으로는 고구려의 연개소문의 아들, 막리지 연남생이 지원병을 보내 술천성과 북한산성을 공격하였고 일본에서도 화살 10만 개를 바치고 군수품 확보를 도왔다.

상황이 이렇게 되면 백제의 다물운동이 거의 완성될 단계까지 왔는데 이후 복신이 부여풍과의 갈등으로 죽게 되어, 그만 허무하게 끝나니 참으로 안타까운 마음 금할 수 없다. 백제가 다시 섰다면 고구려도 백제와 연합하여 당나라와의 싸움이 또 다른 양상으로 전개되었을 가능성이 크기에 더욱 그러하다.

필자는 복신의 전기를 단재 신채호 선생의 『조선상고사』에 있는 내용을 토대로 쓰고 있다. 그는 중화 기록인 『당서』나 그를 추종한 『삼국사기』가 승자 신라의 입장에서 백제의 의병을 "잔적(殘賊)으로 몰고 그들의 발자취를 없애고 이름마저 지워버렸다"고 개탄했다. 그런 고로 『해상잡록』과 『일본서기』를 토대로 복신의 의병 활동을 서술하였는데 그 내용이 매우 상세하여 신빙성이 높은 것으로 판단된다. 그러나 『삼국사기』의 기록은 백제의 좋은 모습은 철저하게 차단한 것을 이미 보았으며, 특히 신라가 멸한 백제가 금방 쉽게 재기하는 것을 결코 달갑게 볼 수 없는 것은 불을 보듯 뻔하다.

『삼국사기』의 열전을 보면 복신은 포함되어 있지 않으나 흑치상치는 포함시켰다. 흑치상치는 복신의 휘하에 있다가 복신이 죽은 뒤에 한때 기세를 떨쳤으나, 당 고종의 회유 한 번에 항복하고 당나라에 가서 장군으로 공도 제법 세운 사람이다. 이 한 가지 사실만으로도 『삼국사기』역사관과 백제에 대한 편협한 태도를 충분히 파악할 수 있겠다. 또 복신은 위에 보듯이 연전연승했음에도 불구하고 『삼국사기』에는 거의 모든 싸움에서 패한 것으로 되어 있다. 또 백제의 의병을 도둑 떼처럼 표현하고 있으니 당나라나 신라가 이 의병들에게 크게 졌다는 수치스런 기록을 용납할 수가 없는 것이다. 사마천의 『사기』나 『삼국사기』나 자국 위주의 역사를 허위로 많이 기록하였으니 '사기'라는 역사책의 좋은 이름을 '사기(詐欺)'라는 뜻으로 잘못 이해한 것일까?

부여복신이 처음 일어날 당시 어떤 사람이 그에게 권했다.

"타인의 간섭을 받으면 대사를 그르치기 쉽습니다. 공은 무 대왕의 조카로서 명성이 국내·외에 퍼졌으니 직접 대왕이 되어 전 군대를 지휘해야 합니다."

그러나 복신은 "그렇게 하면 백성들에게 사심을 보이는 것이므로 의롭지 않습니다" 라고 하며 의자 대왕의 왕자인 부여풍을 대왕으로 추대하였다. 또 자진을 의병을 처음 일으킨 공이 있고 좌명을 지낸 대신이라 하여 영군대장군 자리를 양보해주고 자신은 상잠장군을 맡아 백강 서쪽의 군사만을 지휘하였다.

복신이 신라와 당나라의 군대를 여러 번 격퇴하고 웅진성을 포위하자 웅진도독 당나라 유인궤는 감히 덤비지 못하였고 또 소정방은 고구려의 평양에서 패배하여 달아났다. 이에 당 고종은 유인궤에게 "고립된 웅진성을 지키기 어려우니 전군이 물길로 돌아오라"고 명령하였다. 복신은 이를 눈치채고 당나라 군의 퇴로를 막고 유인궤를 사로잡으려 하였다. 그런데 도침은 처음부터 복신의 재능과 명성이 자기보다 나음을 시기하던 차였기에, 더 큰 공을 세울까 염려하여 유인궤에게 복신의 계책을 알려주고 이같이 말했다.

"만약 백제가 국가를 다시 이룰 수 있도록 당 황제께서 허용해 준다면 우리는 은혜에 감동하여 길이 당나라를 섬기고 복신을 잡아 바치겠습니다"

이에 유인궤는 도망할 생각을 고쳐 도침과 자주 연락하였다. 복신의 부장 사수원이 이 같은 동향을 복신에게 알리자, 대노한 복신은 연회를 핑계로 장수를 모은 다음 도침을 잡아 죄를 폭로하였다. 그리고 부여풍왕에게 보고하고 참형을 하려고 하자 부여풍왕은 오히려 "도침이 비록 죄를 지었지만 대신에게 극형을 가함은 불가하다"고 하며 옹호하였다. 그러나 복신은 "나라를 배반한 자를 살려줄 수 없습니다" 하고 도침을 참수하였다.

부여풍은 복신의 추대로 대왕이 되었으나 병권이 장수들의 손에 있는 것이 늘 불만이었다. 복신이 도침을 참수하고 전국의 병권을 장악하자 부여풍왕의 측근들이 복신을 참소하였다.
 "복신이 전횡을 일삼고 마음대로 대장을 죽일 정도이니 대왕인들 안중에 있겠습니까? 만약 복신을 지금 죽이지 않으면 장차 대왕을 살해할 것입니다"
 부여풍왕은 복신을 죽일 음모를 꾸몄다. 663년 6월 복신이 병에 걸려 치료를 받고 있을 때 부여풍왕은 문병을 핑계로 측근들을 데리고 가서 복신을 결박하였다. 부여풍왕은 복신의 손바닥을 뚫어 가죽으로 꿰고 대신들을 불러 그의 죄를 물으니, 달솔(達率:제2품) 득집이, "이처럼 악한 대역 죄인은 죽여도 부족합니다" 하였다. 결국 복신은 사형을 당하니 백제의 백성들은 모두 눈물을 흘렸다. 백제의 부흥은 이렇게 하여 실현 일보 직전에 물거품이 되고 말았으니 어찌 두고두고 한이 되지 않겠는가?
 복신의 이 같은 죽음에 대하여는 『일본서기』에 상세하게 기록되어 있다. 그러나 『삼국사기』에서는 중화 기록을 좇아 복신이 먼저 대왕을 죽이려고 했다고 이렇게 써 놓았다.

 이 때에 복신은 이미 권세를 전횡하므로 부여풍과 서로 시기하게 되었다. 복신은 병이라 칭하고 골방에 누워 부여풍이 오면 잡아 죽이려 하였는데, 부여풍이 이를 알고 부하를 데리고 가서 복신을 엄살하였다.

 이 기록은 믿기가 어려운데 그 이유는 권세를 장악한 복신이 만약 병권이 없는 대왕을 죽이려 했다면 먼저 기습하여 죽이는 것이 마땅하다. 대왕이 문병 오기를 기다려 죽일 필요가 있겠는가? 또 설사 그렇게 하려고 했다면 복병이나 경계병을 두었어야 할 것인데 대책없이 쉽게 당한 것을 보면 복신은 대왕을 죽일 생각이 없었다고 보아야 합리적이다. 복신을 어떻게 하든 욕심 많고 오만한 자로 만들려는 기록자의 장난이 아니고 무엇이겠는가?
 한편 당 고종은 백제 의병이 위세를 떨치자 포로로 데려 온 왕자 부여융을 백제의 땅에 왕으로 책봉하여 민심을 수습하려 하였다. 마침 복신이 죽은 소식을 알고는 손인사에게 2만 7천 병력을 주어 덕물도에 상륙하게 하고, 부여풍의 장군들에게 은밀히 사신을 보내 회유와 협박으로 꼬드겼다. 즉 부여풍이 잔인하므로 만약 전쟁에 이기더라도 장군들은 복신과 같은 운명이 될 것이고, 지면 모두 살육을 당할 것이니 지혜롭게 판단하라는 것이었다.

당시 남부 달솔 흑치상지와 진현 성주 사타상여는 부여풍이 복신을 죽인 일을 원망하고 있었으므로, 결국 모든 성을 들어 부여융에게 투항하였다. 흑치상지는 서부 달솔 지수신에게도 같이 항복하기를 권하였으나 그는 듣지 않고 이렇게 답변했다.

"우리가 상좌평(복신을 말함)과 함께 의병을 일으켜 백제를 부흥하려 했지만 중도에 불행히도 간신 때문에 일이 잘못되었습니다. 복신이 의병을 제창한 것은 당나라를 쫓아내기 위함이었습니다. 이제 당나라에 투항한다면 이는 복신을 배신하는 것이 아니라 백제를 배신하는 것입니다. 나는 공이 마음을 바꾸고 제자리로 돌아가시기를 바랍니다"

흑치상지는 복신이 죽은 두 달 후인 663년 8월 신·당 연합군의 선도가 되어 5만 병력으로 주류성을 포위하였다. 이로써 백제는 둘로 갈라졌으니, 지수신이 관할하는 서부는 부여풍에 속하여 서백제가 되고, 흑치상지의 남부는 부여융에 속하여 남백제가 되었다. 부여풍은 복신을 죽인 뒤 적을 막을 방도가 없어 고구려와 일본에 구원병을 요청했으나 고구려는 당나라의 침입을 우려해 군사를 보내지 못하였고 왜는 병선 400척을 보냈다.

왜군은 백마강 위에, 서백제군은 강가에 포진하여 남백제·신라·당의 군대와 전투를 벌였다. 신라 함선이 강의 상류를 타고 내려와 왜 선박과 정면충돌하여 불을 질러 배를 태우자, 왜군은 패배하여 전부 물에 빠져 죽었다. 강가의 서백제군은 남백제와 당의 공격에 무너졌다. 이에 3국 군대는 총집결하여 주류성을 치니 부여풍은 도주하여 행방을 모르고, 군사들은 전사하였다.

백제 부흥의 실패에 대하여 신채호 선생은 제1의 죄인은 복신을 죽인 부여풍이라 하였고 제2의 죄인은 흑치상지라 하여 이렇게 말하였다.

"부여풍이 죄인이기는 하지만 흑치상지는 부여풍이 악하다는 이유로 백제를 배반하고 당나라의 노예가 되었으니 백제를 망가뜨린 제2의 죄인이다. 기존 역사서에서는 그저 『당서』의 평가에 따라 흑치상지를 찬미하였으니 이 어찌 미친 자들의 붓이 아니겠는가?"

『삼국사기』에는

백제는 본래 5개의 부, 37개 군,
200개의 성(城), 760,000만 가호(戶)가 있었는데,
패망 후
웅진(熊津), 마한(馬韓), 동명(東明), 금련(金蓮), 덕안(德安)
5개 도독부가 설치되었다.

라고 하였는데, 1가호는 1가구로, 그 당시로 보면 6인~9인으로 집계를 해야 하니, 최소 백제는 4~6백만 인구가 있었다고 본다. 조선시대초 인구와 비교해 보면 과연 충청,전라도에 그 많은 백제의 인구가 존재할 수 있었을까?
또 백제의 200개의 흙과 돌로 만든 성곽은, 21세기에도 발견되어야 함이 마땅한데, 충청,전라도에 그 많은 성들이 존재하는가? 놀라운 것은, 한반도에는 존재하지 않는 동명(東明), 덕안(德安)이 현재 역사서상 백제의 지역명들로 가득한 중국 동부 대륙에 있으니, 어찌 패망시까지의 백제의 본토가 동이, 즉 동부 대륙임을 부정을 할 수 있을까.

발해까지 백제의 영토를 차지했다는 아래 『삼국사기』 마지막 기록을 보자. 그간 배운 한국사 해석에 환멸을 느낄 것이다.

패망한 백제의 그 땅은
신라와 발해말갈이 나누어 가졌다.
(其地已爲 新羅 渤海靺鞨 所分),

32. 대진국 시조 대조영(大祚榮)

　바로 위에서 부여복신의 백제 부흥은 실패함을 보았으나, 반대로 고구려의 부흥 활동은 성공을 거두었으니 그것은 바로 발해대진국의 건국이었다. 고구려가 패망한 서기 668년 이후에 검모잠을 비롯한 유민들의 고구려 부흥을 위한 의병 활동이 계속되므로, 당나라에서는 데려갔던 보장 대왕을 안동도호부로 보내 고구려 유민들을 안정하도록 하였다 (서기 677년).
　이에 보장 대왕은 은밀하게 부흥을 위한 세력을 규합하니 압록수 이북 지역을 중심으로 유민들이 많이 호응하였다. 고구려가 항복하였을 당시 압록 이북에는 항복하지 않은 성이 11개나 있어 많은 유민들이 그 지역으로 이동했는데, 거기는 당나라의 통치력이 미치지 못하였다. 이를 보아도 고구려 및 압록수가 하북성에 있었음이 재확인된다. 만약 압록수가 현 압록강이라면, 이남보다 이북이 당나라와 가까운 곳인데, 어떻게 그 이북에 항복하지 않은 많은 성과 유민들이 존재할 수 있단 말인가?
　그리하여 다음 해(678) 고구려 장수 대중상과 그의 아들 대조영이 천문령(天門嶺)을 지나 읍루의 동모산에서 나라를 세워 이름을 대진국(大震國)이라고 하였다. 현재 천문령은 현 북경시 북서부에서 찾아지며, 북쪽에 읍루가 있었다.
　『삼국사기』「최치원전」과 『삼국사』에는 고구려 유민이 태백산 아래에 발해를 세웠다고 하였는데, 중화의 『당서』에는 원래 나라의 이름이 진국(震國)이라 하였으며 그 시기도 698년이라고 하여 20년이나 늦추었다. '진국'이라는 이름은 원래 고조선이 와해되기 전에 쓰던 명칭이었으며 고조선 영토에서 일어난 나라이므로 당나라에서 대중상을 진국공이라고 호칭해서 나온 것이다.

　대진국이 건국되기는 하였으나 고구려의 광대한 옛 영토를 다물하는 일이 시급했다. 대중상은 대조영으로 하여금 세력을 규합하고 의병 활동을 전개하도록 하였다. 영주(榮州)는 거란의 원주지였는데 696년 거란의 옛 추장 이진충이 당나라에 저항하여 독립을 선포하니, 대조영에게도 매우 좋은 기회가 왔다. 이에 대조영은 말갈 추장 걸사비우의 의병과 연합하여 영주 동부의 여러 성을 탈환하고 안동도호부를 공격하는 등 분전하였다.

　그런데 다음 해에 동돌궐의 묵철가한이 당나라와 내응하여 거란을 치니 이진충을 이은 손만영이 죽고 거란 무리가 당나라에 항복하였다. 그 여파로 대조영과 걸사비우는 동쪽으로 안전한 지역을 찾아 이동하게 되었다.

　당나라는 이들을 진압하기 위하여 거란의 손만영 밑에 있던 이해고를 장군으로 보냈는데 첫 전투에서 걸사비우가 죽고 말았다. 이해고가 승세를 몰아 고구려 유민을 추격하자 대조영은 말갈군을 흡수하여 재정비하며 계속 동쪽으로 유인하였다. 그리하여 익숙한 지형으로 인해 천문령 전투에서 이해고의 당나라군을 섬멸하니 이해고는 혼자 살아남아 돌아갔다. 당나라의 기록에 보면 대조영이 날쌔고 용감하며 용병술이 뛰어났다고 하였다.

　이를 계기로 고구려 전역의 유민들이 호응하고 점차 대조영에게로 모여들기 시작하니 사실상 고구려의 다물이 완성 단계에 이르렀다. 동모산으로 가던 중 아버지 대중상이 병사하였지만, 동모산과 그 부근에 40만 대군이 모이게 되자 698년 대조영은 대왕으로 즉위하였고, 다시 대진국의 건국을 내외에 선포하였다. 고구려 왕조의 멸망후 정확히 30년만이다.

　이와 같이 순조롭게 대제국이 된 것은 전적으로 고구려인들의 한결같은 염원에 힘입은 것이었으며, 고구려에 신속한 말갈인들의 호응도 큰 역할을 하였다. 거란 용병을 대동해서라도 당나라는 대진국 발해를 밀어낼 능력이 없었던 것이다. 신라와의 수십 번에 걸친 전쟁에서도 당나라는 매번 패배하였다.

　서역의 대진국 국명과 중복되어서 그런지 중화에서는 발해국으로 국명 변경을 요청하였다. 중원 기록에 의하면 발해는 이후 해동성국(海東盛國)이 되었다고 하였으며, 국토가 사방 5,000리에 가구가 10여 만이라고 하였다. 땅이 5,000리라는 것은 고구려의 옛 영역을 모두 회복하였다는 것으로서 부여·옥저·조선 등 '북쪽'의 나라들을 차지했다고 하였다. 북쪽이란 말할 필요도 없이 황하 북쪽으로 현 하북성 지역과 산서성을 말하는 것이며, 특히 이 중에 당나라에서 고구려 보장 대왕을 조선왕으로 봉했던 것은 이 요동 지역이 고조선임을 말한다. 즉 요주가 존재하는 태행산맥을 기준으로 하는 영토인 것이다.

  강대했던 고구려의 부활이 꺼림직했기 때문에 중화에서는 발해를 발해말갈이라 하여 고구려인이 아니라 말갈인이 세운 나라인 것처럼 부르다가 713년에 와서야 발해로 고쳐 불렀다. 그러므로 『구당서』에서는 발해말갈이라고 썼으며 『신당서』에서는 발해로 바꾸었다. 중국인들은 아직도 발해가 말갈인들이 세운 나라라고 우기고 있으나 이는 눈가리고 아웅하는 것이나 마찬가지다. 『당서』의 기록에도 발해의 습속이 고구려나 거란과 대략 같았다고 하였으나, 말갈은 언급하지 않은 한 가지 사실만 보아도 이를 분명히 알 수 있다. 또 대조영은 국내외적으로 스스로 고구려를 이었다고 하였다.

33. 신라 장보고와 정연

신라말기 장보고는 생존 당시부터 이미 영웅으로 한·중·일에 널리 알려져 있었다. 『삼국사기』도 "을지문덕의 지략과 장보고의 용기는 드높고 뛰어나지만 기록 부족으로 중화측 기록에 의존할 수밖에 없다" 라며 '명장 열전'으로 특별히 다루고 있다. 장보고(張保皐)는 말과 창을 쓰는데 있어서 대적할 자가 없다고 할 정도로 무예가 뛰어났기에 궁복(弓福), 궁파(弓巴)라고 불리웠는데, 이는 말, 창 뿐만 아니라 활도 잘 쏜다는 뜻을 포함한다.

『삼국사기』「본기」와 「열전」이 약간씩 차이가 있게 서술되어 있는데,「본기」에는 왕실의 입장에서,「열전」에서는 장군의 입장에서 쓰여진 것으로 파악된다.

정년(鄭年)은 정연(連)으로도 쓰는데, 같은 신라인이고 물가에서 수영을 하면서 자랐다. 『삼국사기』에는 그들의 고향과 조상은 알 수 없다고 쓰여 있으나, 이들의 기록을 보면, 정연의 고향은 이름과 비슷한 현재 중국 강소성 연수(漣水)로 산동성의 적산법화원 아래이며, 장보고도 이와 비슷할 것으로 여겨진다.

두 사람은 모두 싸움을 잘하였으며, 정연은 바닷물 밑으로 들어가 잠수하고 50리(약 20km)를 헤엄쳐 다녀도 숨이 차지 않았다.

장보고와 정연의 용맹과 씩씩함을 비교하면, 장보고가 정연에게는 기술이 약간 모자랐으나 정연은 장보고를 형으로 불렀다. 즉 장보고는 나이가 조금 많았고 정연은 기예가 뛰어났으므로 항상 맞수가 되어 서로 지지 않으려 함께 실력을 다졌던 것이다.

장보고는 807년경 서주 무령군에 입대하였는데 '말을 타면서 창을 쓰는 데 있어서 대적할 자가 없다'라고 할 정도로 무예가 출중했다. '고향에서나 서주에서나 당할 자가 없었다'라고 하였는데 이에 서주(徐州)란 신라의 본토가 있는 중국 동해안 강소성에 있다. 이 곳 역시 연수와 가깝다. 장보고는 무령군의 소장이 되었다. 무령군은 크면 10개 주, 작으면 3-4개의 주(서주, 사주, 호주, 숙주)를 산하에 두었으며, 각 군대들은 서로 독립적이었는데, 장보고의 무령군은 주로 서주에 주둔하였다.

그런데 『구당서』에 보면 당시 서주는 당나라에 속하지 않았다고 한다. 서주는 옛적 팽성으로서 하·상나라 때에는 대팽씨국이라는 독립국이었고, 동한시대에도 팽성국으로 불리던 곳이다. 서주성은 3면이 하천으로 둘러싸여 있으며 변하(汴河)와 사수(泗水)가 흐르고 남쪽으로만 마차 등이 통할 수 있다. 그리고 남북조 시기에는 오늘은 이 나라, 내일은 저 나라에 속하였다고 한다. 중원으로부터 먼 산동성 태산의 아래쪽으로서 지형이 매우 험악하기 때문에 대인(선인, 군자)들의 나라인 고조선, 변진, 백제, 신라 등 우리 민족의 활동 무대가 되어왔다. 변하, 사수와 회수 하류를 남북으로 연결되 운하로 인하여 일찍이 남북 교역에 유용하게 활용되고 있었다.

예로부터 전략적 요충지로 비옥한 곡창지였으며 운하를 통하여 물자가 수송되는 중요한 이곳은 번진(蕃鎭)이라 불리었다. 번이란 중화에서 이민족을 지칭할 때 사용한 단어이다. 이 단어가 사용된 까닭을 생각해보면 고대 3한 중 하나인 변진을 음차한 것이 아닐까 싶다. 근처에 변하(汴河)가 있다.

당나라의 기록에 의하면 "횡포한 절도사의 간섭과 파괴 때문에 회수와 사수를 연결한 운하의 조운이 단절된 적이 많았다"고 하므로, 이곳은 이정기의 제나라 뿐만 아니라, 오래 전부터 서주 사람들, 그리고 후대에 와서 백제, 신라에 의해서 줄곧 경영되었고 중원으로부터 독립적이며 막강한 세력을 형성하고 있었던 것으로 파악되는 점이 매우 중요하다.

그런데 중국이 수양제의 대운하라고 알리고 있는 이 운하가 사실은 수양제가 만든 것이 아니라는 것이 밝혀졌다.

수나라는 38년간만 존속한 기마 민족인 선비족의 일파로, 고구려와 수차례 전투를 벌이고, 패전 끝에 멸망한 나라이다. 현재 중국이 주장하는 수양제가 한반도 길이보다 더 긴 운하를 건설하고, 연결했다는 소리는 지나가던 개도 웃을 만큼 비상식적 주장이다.

현재 중국의 지도를 보면 수양제의 '영제거', '통제거'가 황하 서쪽 오르도스에 현존 하는 것을 알 수 있는데, 이 길은 북쪽 흉노, 기마 민족들이 시안, 함양으로 내려오는 요충지이다.

그렇다면 중국 동부의 사수, 회수를 잇는 이 운하를 만들고 운영하였던 사람들은 과연 누구였을까? 고대에 토목공사 전문가 팽오 및 팽성 등이 존재하였던 시대 즉 서주의 최전성기로 서언왕때 만들어졌을 것이다.

무예를 숭상한 동이가 사는 서주에서도 특히 무령군 사람들은 용감하기가 제일이었다. 공격하는 성마다 함락시켰으며 난을 토벌하는 군사들 중에서 서주의 군사가 제일이었다. 당나라가 제멋대로 임명한 '치청절도사' 제나라 이정기의 후손 이사도를 토벌하는 전투에서도 무령군은 주축이 되었다. 당나라의 수도를 함락한 안록산의 난 때에도 안록산은 서주 지역과 양자강 이남은 차지하지 못하였다. 또 산동의 이예, 회서의 이희열, 오원제, 강남의 이기 등 많은 사람들이 난을 일으켰다고 하는데, 중화 측의 기록은 쓰여진 그대로가 아니라 숨겨진 뜻을 찾아서 제대로 해석해 보면, 이들은 모두 당나라와 별개인 독립 자치국이라는 뜻이다.

기록에 의하면 서주의 군졸들은 교만하여 수시로 통수 장군을 내쫓았다고 하는데 이는 서주가 고조선 서언왕의 후손이며 백제, 신라 등 동이의 땅이기 때문이다.

'서주의 병란은 역사가 유구하다'고 하였는데, '병란'이라는 중화식 표현에 대한 진실은 동이 사람들의 강한 군사력과 대응을 의미하는 것이다. 역사적으로 조조는 2차에 걸쳐서 서주 학살을 자행하였다. 또 821년 당 문제 때에 무령군 절도사 왕식도 서주 병사 2천 명을 학살하였는데 과연 이런 학살의 이유는 무엇이었을까? 바로 고대로부터 서언왕의 사람들이 훌륭하기에 미리 방지하고 서주의 힘을 약화시키기 위함이 아니겠는가?

828년 신라인들이 잡혀가서 노예로 팔려가고 있는 것을 보다 못해 장보고가 신라 흥덕 대왕에게 군대 지원을 요청하였다. "나라를 두루 돌아다녀 보니, 우리나라 사람들이 노비로 잡혀 가고 있었습니다. 청해에 진영을 설치하여 해적들이 사람들을 약취하여 데려가지 못하게 하시기 바랍니다" 청해는 신라 해로의 요충지이므로 대왕은 장보고를 청해 진영의 대사로 임명하고 군사 1만 명을 주어 설치케 하니, 이 뒤로는 신라 사람들을 노비로 납치해 파는 자가 없어졌다. 이 기록은 『삼국사기』, 『당서』에 모두 기록된다. 당나라 사람이 아닌, 현지(中國)인에게 납치 당했다고 기록된다. 과연 신라인은 누구에게 납치당하고 있었던 걸까? 또한 청해가 당나라 영토라면 어떻게 신라가 군사를 1만명 씩이나 주둔시킬 수 있겠는가? 장보고는 군대로 해적을 소탕할 뿐만 아니라 회수와 사수를 잇는 대운하를 안전하게 운영하고 신라가 그 부를 독점할 수 있도록 해상 무역까지 계획하고 싶었던 마음에서 제안하였던 것이리라. 청해는 신라의 요충지였다고 하는데 이곳은 과연 어디일까? 청구, 청주가 산동성에 있기에, 청해진 역시 산동성에 있어야 한다. 현재 그곳에 장보고의 적산 법화원이 존재한다.

　중국 동해안 해안지역 출신으로 바다에 익숙하고 소장임무를 잘 수행하였던 장보고는 그동안 모은 사재를 털어 땅을 매입하여 824년 산동성에 적산 법화원을 창건하였다. 엔닌의 『입당구법순례행기』를 보면 이 적산 법화원은 신라, 당나라, 일본의 승려들도 함께 하며 법화경을 읽었는데, 법화원 강경의식(講經儀式)은 신라 말과 신라향가로 진행하였다는 점을 주목해야 한다.. 진시(辰時)에 종을 울려 대중이 모두 법당에 모이면 강사가 등단하고 신라 말로 칭불(稱佛)하며, 또한 대중이 함께 계향·정향·혜향·혜탈향 등을 합송한다. 제목에 준하여 문답형식으로 경전을 강설한다. 장보고가 세운 적산 법화원은 신라인을 위한 불교사원이기 때문이다.

　정연이 하루는 수비하는 장수 풍원규에게 말하기를 "내가 동쪽으로 가서 장보고에게 한자리 부탁하려 한다." 하니 원규가 말하기를 "그대와 장보고의 사이는 나쁘지 않은가? 그곳에 가서 그의 손에 죽으면 어쩌려는가?" 라고 하였다. 정연이 말하기를 "명예롭게 전쟁터에서 죽지 않고, 굶어 죽으면 되겠는가? 그리고 그렇게 된다면 고향 땅에서 죽는 것도 괜찮은 일 아니겠는가?" 하고 드디어 연수를 떠나 청해진 장보고를 만났다. 이 대화를 보면 바로 청해진 근방이 장보고와 정연의 고향으로 드러나는 것이다.

정연이 장보고와 함께 술을 마시면서 마음껏 즐기고 있는데 술자리가 끝나기 전에, 신라 대왕이 살해되고 나라가 어지러워져서 현재 신라에는 임금이 없다는 소문이 들렸다.

아찬 김우징이 김명을 두려워하여 처자와 함께 황산진구(黃山津口)로 달아나 배를 타고 가서 청해진 장보고에게 말했다. "김명이 왕을 죽이고 스스로 신라 왕이 되었고, 이홍은 임금과 아버지를 함부로 살해하였으니, 나는 김명과 같은 하늘에 더 이상 살 수가 없다. 장보고 장군께서 군사를 빌려주면 임금과 아버지의 원수를 갚으려 한다."

여기 나오는 황산진구는 산동성 남부의 대황산구(大黃山口), 황산진(黃山鎭)으로 해석된다. 그 곳 동쪽에 바로 적산 법화원이 있고, 청해의 진영(淸海鎭)과 발음이 유사한 정해의 진영(靖海衛)이 현재 실존하고 있기 때문이다.

김우징의 부탁을 듣고 장보고가 말하였다. "옛 사람의 말에 의로움을 보고도 행동하지 않는 자는 용기가 없는 것이라 하였으니, 내 비록 그릇은 안되나 명령에 따르겠습니다" 하며 군사 5,000명을 나누어 친구 정연에게 주면서 그의 손을 잡고 말했다. "네가 아니면 이 재앙과 난리를 평정하지 못할 것이다" 이에 정연은 신라 신무왕을 세우는데 혁혁한 공을 세우게 된다. 또 장보고도 군사 5,000명을 나누어 준다는 것은 대단한 결단이였고 정연에 대한 믿음에서 우러나옴이었다.

『삼국사기』「본기」는 「열전」과 다소 차이가 있어, 신라 희강왕은 살해당한 것이 아니라 김명을 두려워하여 자결한 것으로 나온다. 어쨌든 838년 장보고와 정연의 도움으로 김우징이 신무왕에 등극한 후 청해진 대사 장보고를 불러 감의(感義)군사로 봉하고 식읍 2,000호를 주었다. 그러나 신무왕은 재위 6개월 만에

흉사하고 만다. 신무왕의 태자가 그 뒤 왕위를 이어 문성왕이 되었으며, 아버지를 도와준 은혜를 잊지 않고 장보고를 재상으로 삼았다. 정연으로 하여금 진해(鎭海)장군으로 삼고, 장보고를 대신하여 청해를 지키게 하였다.

당나라의 시인인 두목은 『번천집(樊川集)』에서 장보고와 정연에 대해 감동하였다. 정연이 장보고에게 갈 때 틀림없이 "저 사람은 성공하게 되었고 나는 미천하니, 내가 자신을 낮춘다면 당연히 옛날에 서운한 것이 있다고 한들 나를 죽이겠는가" 라고 생각했을 것이다. 과연 정연을 죽이지 않았으니 장보고는 그리하였고 정연에게 큰 일까지 맡긴 것이다. "나라에 군자 한 사람만 있으면, 그 나라는 망하지 않는다" 는 말이 있다. 대개 나라가 망하는 것은 사람이 없어서가 아니라, 망할 때를 당하여 어진 사람을 쓰지 않기 때문이다. 진실로 어진 사람을 쓸 줄 안다면 한 사람으로도 족한 것이다. 또한 신당서의 공동저자 송기(宋祈)도 장보고를 아주 높이 평가하면서 다음과 같이 말하였다.

"아아! 개인적인 원망에도 상호 해치지 않고, 나라 일을 먼저 걱정한 사람으로는 진(晉)나라때는 기해(祁奚)가 있었고, 당(唐)나라 때는 분양(汾陽)과 장보고가 있었으니, 누가 과연 이(夷)족에 사람이 없다고 할 것인가?"

특이하게도 신당서는 여기서 '기해, 곽분양, 장보고'를 모두 동이 사람이라고 말하고 있다. 동이 사람도 벼슬을 하였던 것을 설명하는 것이다. 기해는 춘추시대 진(晉)나라 대부를 지냈던 인물로 공평무사한 인재 천거로 이름났었는데, 해(奚)자를 이름에 사용하고 있으므로 동이임이 잘 파악된다. '해'자는 동이삼한에 소속된 72개 국가 명칭에 무수히 등장하며, 돼지족 및 태양족 등을 뜻한다. 또 분양은 화주(華州, 하남성) 정현(鄭縣)사람으로서 안록산의 난 때에 이민족의 침입을 무마시킴으로써 망하기 직전의 당 조정을 구해낸 최고의 명장인데, 토번·회흘·당항(黨項)·강혼(羌渾)·노자(奴刺) 등 변방의 군사들 앞에 갑옷과 투구를 벗고 나타났으며 그들 민족으로부터 존경을 받았기에 설득에 성공하였던 것으로 이 역시 북방 사람과 밀접하였던 것으로 파악된다.

845년 신라 문성왕이 장보고의 딸을 왕비로 삼고자 하였으나 조정 신하들이 군사 및 경제력을 모두 갖춘 장보고가 두려워, 그럴싸하게 포장하여 만류하였다. "하나라는 도산을 얻어 흥하였고, 은나라는 신씨 덕분에 번창하였고, 주나라는 포사로 인하여 멸망하였고, 진나라는 여희 때문에 혼란하였으니, 섬사람의 딸을 어떻게 왕실에 들이시렵니까?"

이듬해 약속되었던 딸의 혼사 문제가 성사되지 않고 홀대를 받자, 장보고는 문성왕에게 원한을 가지고 청해진을 거점으로 반란을 일으켰다고 기록하는데, 이는 염장(閻長)이라는 자에게 사주하여 암살하도록 한 신라 조정측의 기록으로 보인다. 염장은 장보고의 수하에 있던 사람으로 신라 신무왕 옹립에도 동참했으며 무주 별가로 종사하던 자이다. 장보고에게 거짓 투항하여 술자리에서 그를 암살하고 돌아갔다. 그 대가로 아간(아찬)에 임명되었으며 이어서 청해진 세력의 저항을 진압했다. 이후 청해진 사람들은 벽골군으로 강제 이주된다. 신라 조정의 신하들은 개인적 이득에 앞섰고 국가의 번영은 생각하지 않았는데, 국익까지 생각하였던 장보고와는 정반대였다. 한창인 50세 전후에 염장에 의해 살해된 것으로서 너무나 안타까운 일이다.

장보고는 동남아시아의 교역로를 관장했던 최초의 인물이였다. 당시 거대한 선박인 곤륜선이 이용되었고, 발해, 당, 일본과의 교류 관장뿐 아니라 동남아시아 광산 및 유리 제조에 노동력이 활용되었으며, 풍부한 원료 즉 원석, 주석, 침향, 육계 등의 향신료, 원목 등이 수입되었고, 말레이시아의 말라카 해협을 통과해 페르시아까지 동서의 무역로가 펼쳐졌다. 아랍과의 교류를 통해 비단, 도자기, 범포, 칼, 청동거울 등의 금속가공품, 화전(花氈) 등이 수출되었다. 당시 신라는 발달한 선박, 항해술을 보유하고 있었으며 실크로드와 남해로의 교통지리 정보를 잘 알고 있었다.

바다로 둘러싸인 일본보다도, 내륙에 들어있는 당나라보다도, 지리적 특성상 백제·신라에게는 동남아시아의 해양로가 일찍이 개발되어 있었다.

항해에 필수인 나침반은 한침(旱針)이라고 불린다. 『삼국사기』 기록을 보면 당나라에서 요구하여 669년 5월 여름에 2상자씩이나 자석을 전해 주기도 하였다. 현재 이를 한침이라고 부르는 이유는 삼한의 한(韓), Khan 등을 음차한 것으로 추측되며 이는 (신)라침반에서 유래 되었다. 이러한 동서의 교류와 정보력, 그리고 기록된 지도가 기반이 되어 1402년 조선초에 「혼일강리역대국도」라는 세계지도가 탄생할 수가 있었다.

신라 패망 후, 고려 시대에는 실크, 도자기, 종이제조, 활자 기술이 꽃을 피우게 된다. 그렇기에 Corea 즉 고려라는 국명이 유럽과 아랍까지 널리 알려졌다. 『고려사』 기록에는 선창에서 말을 달릴 수도 있을 만큼 매우 큰 고려의 선박이 기록 되고 있다.

이는 당대에 지리적 특성상 신라와 고려가 세계적인 해상권을 장악하고 있었다는 점을 증명한다. 그 시작에 바로, 거대한 부를 이룬 장보고가 있었다.

東夷英雄傳

참고문헌

고동영. 북애. (2005). 규원사화. 한뿌리.
김상기. (1984). 동방문화 교류사 논고. 을유문화사.
김성구. (1998). 역사로 기록된 고조선 이야기. 규원사화 역주. 백산자료원.
김성호. 김상한 (2008). 한중일 국가기원과 그 역사. 맑은소리.
김성겸. (2008). 고구려의 숨겨진 역사를 찾아서. 지샘.
김성겸. (2020). 고구리 창세기 남당유고 추모경. 수서원.
김숙경. (2004). 흉노. 아이필드.
나영주. 김태경. 김윤명. 김지수. 남창희. 민성욱. 박덕규. 송옥진.
　　　(2021). 융합과학으로 본 동북아 고대사. 대한사랑.
낙빈기. 김재섭. (2016). 금문신고- 상중하. 한국금문학회.
대야발. 고동영. (1993). 단기고사. 한뿌리.
박제상. 김은수. (2022). 부도지. 한문화.
박창화. 하진규. (2023). 백제서기 백제왕기. 시민혁명.
신채호. (2018). 조선상고사. 부크크.
성헌식. (2023). 산서성의 지배자 고구리. 시민혁명.
심백강. (2021). 한국상고사 환국. 바른역사.
오재성. (2022). 숨겨진 역사를 찾아서. 다물구리.
유흠, 갈홍 엮음, 김장환. (2012) 서경잡기. 지식을만드는지식.
이기훈. (2019). 중국이 쓴 한국사. 주류성.
이돈성. (2016). 고조선 찾기. 책미래.
이일봉. (2000). 실증 한단고기. 정신세계사.
이희수. (2014). 쿠쉬나메. 청아출판사.
이진우. (2022). 옴니버스 한국사. 한국문학방송.
임승국. (1991). 한단고기. 정신세계사.
임동석. 갈홍. (2009). 신선전. 동서문화사.
정수일. (2014). 해상 실크로드 사전. 창비.
정희철. (2018). 다큐멘터리 삼국시대. 고구려이야기. 명진.
정희철. (2017). 다큐멘터리 삼국시대. 신라이야기. 명진.
조성훈. (2023). 한상고사. 북랩.
주학연. (2020). 진시황은 몽골어를 하는 여진족이었다. 우리역사연구재단.
한배달. (1987). 시원문화를 찾아서. 한배달역사문화강좌1.
황순종. (2012). 동북아 대륙에서 펼쳐진 우리 고대사. 지식산업사.
황순종. (2017). 매국의 역사학자, 그들만의 세상. 만권당.
황순종. (2022). 국사 수업이 싫어요. 만권당.
최재석. (2010). 일본 고대사의 진실. 경인문화사.
책보고. (2022). 왜곡된 한국사 복원지도, Youtube. google.

강희자전
광개토대왕릉비
고려사
국어
남사
남제서
논어
(구, 신) 당서
대대례기
동경잡기
동사강목
몽고지지
문헌통고
묵자
맹자
박물지
번천집
본초경집주
북부여기
사기
산해경
삼국유사
삼국사기
삼성기
상서 우공
설문해자
세본
송서
수문비사
수서
수경
시경
서경
습유기
양서
양산묵담

열자
역경
오월춘추
예기
자치통감
장자
전국책
조선왕조실록
주서
죽서기년
진서
중국고금지명대사전
제왕연대력
제왕세기
좌전
초사
춘추좌전
태백일사
태평환우기
통감고이
한원
한서
한서지리지
후한서
화랑세기
해동역사
회남자

책을 펴내며

시민혁명 출판사의 3번째 출간 도서. 구입 감사합니다.

　삼국과 고려의 본토는 줄곧 대륙 동부. 즉 동이(東夷)의 강역에 존재했다는 올바른 역사관에 맞게끔, 저자들의 동의하에 글들을 전면 수정, 편집하여 세상에 내놓습니다. 누구나 쉽게 우리 고대, 중세의 영웅들을 알았으면 하는 바람으로, 이번에는 국내의 친일, 친중 역사관을 가진 자들과 싸우시는 황순종 선생님과, 유물로써 우리 역사가 강대했음을 증명하시는 현직 나영주 교수님과 함께 하였습니다.

동이란 무엇인가, 우리란 무엇인가?
늘 우리를 강조하는 민족, 강한 민족.

한반도 안에 역사를 구겨놓고 해석하는 식민역사의 추종자들이 기득권 안에서 그들끼리 전문가인 양 대중을 무시하며, 스피커가 되어 떠듭니다. 우리 미래를 위협하는 주변국의 이론을 동조하며, 학계라는 선배 교수들의 매국 역사해석을 전혀 의심 없이 답습하고, 자신 있게 전파합니다. 절대 바뀌지 않습니다.
하지만 상식적인 역사의 진실은
깨어있는 지성인, 여러분 앞에 그 모습을 쉽게 드러냅니다.

이번 책도 최선을 다했습니다.
많은 분이 이 책을 사랑해주시고, 널리 알려주시기를 소망합니다.
행동하는 여러분들께 늘 깊은 감사를 드립니다.

　　　　　　　　　　　　시민혁명 출판사 대표, 유튜브 Creator
　　　　　　　　　　　　　　　　책보고　양지환

우리 고대 역사의 영웅들

1쇄 발행 2023년 11월
2쇄 발행 2024년 3월

저자   황순종, 나영주

펴낸이   책보고
내용수정/편집/표지디자인/본문디자인/마케팅   책보고
펴낸곳   시민혁명 출판사
출판번호 제 2023-000003호
주소 경기도 부천시 길주로 317 블래스랜드 303
대표연락처 booksbogo@naver.com
인쇄   모든인쇄문화사/ 인쇄문의 042)626-7563

ISBN 979-11-983903-3-2
정가 18,000원

보도,서평,연구,논문 등에서 수용적인 인용, 요약하는 경우를 제외하고는
출판사의 승낙 없이 이 책의 번역 내용을
무단 전재하거나 복제하는 것을 금합니다.
이 책은 국내 저작권법에 따라 보호받는 저작물입니다.